会 计 基 础（第3版）

主　编　盛　强　李建民　许道琼
副主编　赖　勇　韩金岑　梅　玫
　　　　陈凤霞　杨　会　杜　瑞
主　审　张　煜

北京理工大学出版社
BEIJING INSTITUTE OF TECHNOLOGY PRESS

版权专有　侵权必究

图书在版编目（CIP）数据

会计基础／盛强，李建民，许道琼主编． -- 3 版
． -- 北京：北京理工大学出版社，2023.10
　ISBN 978 - 7 - 5763 - 3069 - 4

Ⅰ．①会… Ⅱ．①盛… ②李… ③许… Ⅲ．①会计学
- 高等职业教育 - 教材 Ⅳ．①F230

中国国家版本馆 CIP 数据核字（2023）第 200599 号

责任编辑：申玉琴	文案编辑：申玉琴
责任校对：周瑞红	责任印制：施胜娟

出版发行 ／ 北京理工大学出版社有限责任公司
社　　址 ／ 北京市丰台区四合庄路 6 号
邮　　编 ／ 100070
电　　话 ／ （010）68914026（教材售后服务热线）
　　　　　　（010）68944437（课件资源服务热线）
网　　址 ／ http://www.bitpress.com.cn

版 印 次 ／ 2023 年 10 月第 3 版第 1 次印刷
印　　刷 ／ 河北盛世彩捷印刷有限公司
开　　本 ／ 787 mm × 1092 mm　1/16
印　　张 ／ 17
字　　数 ／ 398 千字
定　　价 ／ 92.00 元

图书出现印装质量问题，请拨打售后服务热线，负责调换

前　言

本书是国家在线精品课程"会计基础"配套教材，四川省"十四五"职业教育省级规划立项建设教材。本书第 2 版自出版以来，深受使用者好评。为更好地服务立德树人根本目标，聚焦课程思政改革，适应数字经济新发展，紧跟财税新政策、技术新需求，本书在第 2 版的基础上进行了修订。

本书依据《职业教育专业目录（2021 年版）》《企业会计准则》新要求而编写，坚持"数智赋能，以生为本，就业导向"，立足中国会计改革实际，吸收了会计理论研究的成果与国内外同类教材的长处，强调对学生会计理念和会计职业思维的培养，为培养高质量的会计技术技能人才提供丰富而新颖的财务会计基础知识。全书共分九大模块，包括会计入门、会计要素与会计等式训练、会计核算方法训练、主要经济业务的会计核算训练、填制和审核会计凭证、登记会计账簿、选择科学合理的账务处理程序、开展财产清查、编制财务会计报告等内容。本书具有以下特点：

● 聚焦立德树人，突出思政文化浸润。紧密结合课程思政要求，精心挖掘和提炼思政元素，自然融入教材，通过多种形式将"铸魂扎根""文化引领"与会计知识技能有机融合，让学习者在学习中浸润会计文化，自觉接受思政教育，如春在花，润物无声。

● 校企合作，凸显"岗课赛证"融通。从认知企业及其会计工作组织开始，结合会计实务技能比赛中的基本素养模块及助理会计师考试中的基本知识，详细介绍了会计核算的方法及其具体应用，内容安排符合学生认知过程和接受能力。

● 课程资源丰富，适应线上线下混合教学所需。配套国家在线精品课程"会计基础"（2022），课程资源十分丰富，通过国家智慧教育公共服务平台及智慧职教等平台，实现时时可学、处处可学。本书设有"知识链接"和"温馨提示"等栏目，在一些关键内容后增加了课堂实训练习，每模块后还配合教材内容以单项选择题、多项选择题、判断题、业务处理题以及案例分析题等形式编撰了大量实训题。这些习题既可强化学生职业能力的培养，拓宽学生视野，也可满足学生考证需要。

本书由盛强（南充职业技术学院）、李建民（四川文轩职业学院）、许道琼（广安职业技术学院）任主编，张煜（南充职业技术学院）任主审，赖勇（南充职业技术学院）、韩金岑（南充职业技术学院）、梅玫（南充职业技术学院）、陈风霞（南充职业技术学院）、杨会（南充职业技术学院）、杜瑞（南充文化旅游职业技术学院）任副主编。盛强、李建民、许道琼设计了本书的编写大纲，并负责全书的统稿和最后定稿工作。具体分工如下：模块 1

由徐勇（成都职业技术学院）、韩金岑（南充职业技术学院）编写，模块2由李建民编写，模块3由陈风霞、吴安荣（贵州城市职业学院）、彭智平（四川恒一会计师事务所）编写，模块4、模块5由盛强、梅玫编写，模块6由许道琼编写，模块7由杜瑞、杨会编写，模块8由赖勇编写，模块9由李建民、梅玫编写。

  本书既可作为高职高专会计专业及经管类相关专业的教学用书，也可作为广大会计爱好者的入门参考书。

  随着数智经济的快速发展，会计职业教育将面临越来越多的困难与挑战。由于作者水平有限，书中难免存在疏漏，敬请广大读者提出修改意见，让我们共享数智赋能会计职业的喜悦，以便再版时修订。对本书的意见与建议，请发电子邮件至 ncsheng@126.com。

  谢谢！

编　者

目 录

模块1　会计入门 ……………………………………………………………（1）
　任务1　会计的产生和发展 …………………………………………………（2）
　任务2　会计的含义及分类 …………………………………………………（5）
　任务3　会计对象 ……………………………………………………………（8）
　任务4　会计核算方法 ………………………………………………………（10）
　任务5　会计基本假设 ………………………………………………………（13）
　任务6　会计目标和会计信息质量要求 ……………………………………（15）
　任务7　会计信息化 …………………………………………………………（19）
　任务8　会计工作组织 ………………………………………………………（25）
　任务9　会计规范 ……………………………………………………………（31）

模块2　会计要素与会计等式训练 …………………………………………（36）
　任务1　会计要素 ……………………………………………………………（37）
　任务2　会计等式 ……………………………………………………………（48）
　任务3　会计要素的确认及计量 ……………………………………………（54）
　任务4　会计处理基础 ………………………………………………………（58）

模块3　会计核算方法训练 …………………………………………………（61）
　任务1　会计科目 ……………………………………………………………（62）
　任务2　会计账户 ……………………………………………………………（67）
　任务3　借贷记账法 …………………………………………………………（70）

模块4　主要经济业务的会计核算训练 ……………………………………（85）
　任务1　资金筹集业务的账务处理 …………………………………………（87）
　任务2　固定资产业务的账务处理 …………………………………………（94）
　任务3　材料采购业务的账务处理 …………………………………………（102）
　任务4　生产业务的账务处理 ………………………………………………（113）
　任务5　销售业务的账务处理 ………………………………………………（121）
　任务6　期间费用的账务处理 ………………………………………………（127）

任务 7　利润形成与分配业务的账务处理 …………………………………（131）

模块 5　填制和审核会计凭证 …………………………………………（143）
　　任务 1　会计凭证概述 ……………………………………………………（144）
　　任务 2　原始凭证 …………………………………………………………（153）
　　任务 3　记账凭证 …………………………………………………………（158）
　　任务 4　会计凭证的传递和保管 …………………………………………（163）

模块 6　登记会计账簿 …………………………………………………（168）
　　任务 1　会计账簿及其种类 ………………………………………………（169）
　　任务 2　会计账簿的启用和登记 …………………………………………（175）
　　任务 3　对账和结账 ………………………………………………………（188）
　　任务 4　错账查找与更正的方法 …………………………………………（191）
　　任务 5　账簿的更换和保管 ………………………………………………（196）

模块 7　选择科学合理的账务处理程序 ………………………………（198）
　　任务 1　账务处理程序概述 ………………………………………………（199）
　　任务 2　记账凭证账务处理程序 …………………………………………（200）
　　任务 3　汇总记账凭证账务处理程序 ……………………………………（206）
　　任务 4　科目汇总表账务处理程序 ………………………………………（210）

模块 8　开展财产清查 …………………………………………………（215）
　　任务 1　财产清查概述 ……………………………………………………（216）
　　任务 2　财产清查的方法 …………………………………………………（220）
　　任务 3　财产清查结果的处理 ……………………………………………（227）

模块 9　编制财务会计报告 ……………………………………………（234）
　　任务 1　财务报告概述 ……………………………………………………（235）
　　任务 2　资产负债表 ………………………………………………………（238）
　　任务 3　利润表 ……………………………………………………………（244）
　　任务 4　现金流量表 ………………………………………………………（250）
　　任务 5　所有者权益变动表 ………………………………………………（256）
　　任务 6　会计报表附注 ……………………………………………………（259）
　　任务 7　会计档案 …………………………………………………………（260）

参考文献 …………………………………………………………………（265）

模块 1

会计入门

知识框架

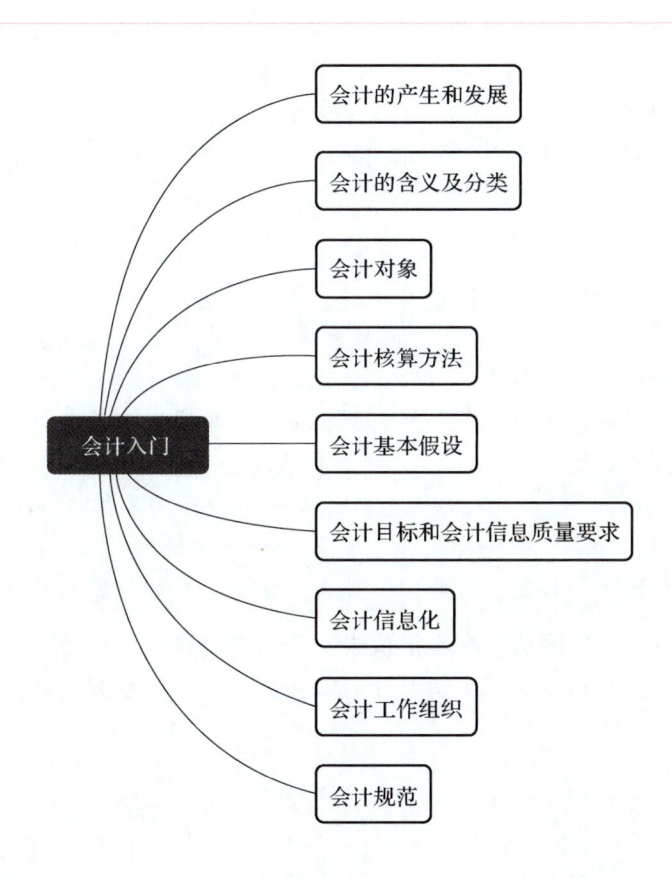

```
                    ┌─ 会计的产生和发展
                    ├─ 会计的含义及分类
                    ├─ 会计对象
                    ├─ 会计核算方法
         会计入门 ──┼─ 会计基本假设
                    ├─ 会计目标和会计信息质量要求
                    ├─ 会计信息化
                    ├─ 会计工作组织
                    └─ 会计规范
```

学习目标

知识目标
1. 了解会计的产生和发展、会计的分类
2. 理解会计的概念、特征及基本职能
3. 了解会计对象与目标
4. 掌握会计核算方法
5. 掌握会计基本假设的内容

6. 掌握会计信息质量的要求
7. 理解企业经济活动与会计信息的关系
8. 了解会计工作组织形式
9. 了解会计机构和会计工作岗位的设置
10. 了解会计职业种类
11. 掌握会计规范的组成内容及会计职业道德要求

能力目标

1. 能够对企业的经济活动进行正确描述
2. 能够对制造企业的资金运动过程进行正确描述
3. 能够初步掌握会计信息质量要求的运用
4. 能够梳理出基本的会计工作规范

素养目标

1. 通过了解中国会计及会计文化的产生和发展,树立文化自信和制度自信
2. 坚守"可靠性"原则,养成诚信为本、不做假账的职业素养
3. 培育和践行敬业、公正、法治、爱国等社会主义核心价值观
4. 坚守会计信息的"可靠性"、爱岗敬业的"及时性"、依法公正的"可比性"等原则

导入案例

张京出于对会计的好奇,高考填报志愿时,填报了会计专业,开学经过专业教育之后,他对"会计"的概念仍有很多的疑惑,他找到会计专业王老师请教,王老师说要学会计、做会计,首先就要知道什么是会计。

什么是会计?在日常生活中,不同的人站在不同的角度,有着各自不同的认识:

在校大学生认为会计是一个专业;单位领导认为会计是一个机构,挂着"财务部"或"财务科"牌子的职能部门;会计人员认为会计是一个职业和具体的技术工作;理论工作者认为会计是一门科学。所以,小会计上岗时,老会计会告诉他(她):会计,会计,快打、快记。即:会计就是记账、算账、报账……那么,如何记?如何算呢?

你是否也有张京一样的困惑?在本模块中,我们将向你介绍会计产生和发展的简史,帮助你正确理解会计的含义和特征,了解会计对象和会计目标,掌握会计核算方法及会计信息质量的要求。

任务1 会计的产生和发展

一、会计的产生

物质资料的生产是人类社会生存和发展的基础。在生产活动中,为了获得一定的劳动成果,必然要耗费一定的人力、财力和物力。在人类社会的早期,人们只是凭借头脑来记忆经济活动过程中的所得与耗费。随着生产活动的日益纷繁、复杂,大脑记忆已无法满足上述需要,于是,产生了"结绳记事""刻木记事""垒石计数"等原始的计量、计算、记录行为,但当时的会计还只是"生产职能的附带职能"。到了奴隶社会晚期,随着社会剩余产品

的增多，在劳动者之外，出现了为生产劳动提供一些辅助工作的专门阶层，这个阶层的人员专门记录、报告劳动的过程和结果。这一阶层的出现标志着会计进入了萌芽阶段。从旧石器时代中晚期到奴隶社会这一时期被会计史学家们称为会计的萌芽阶段。

二、会计的发展

会计发展的历史大致经历了古代会计、近代会计和现代会计三个阶段。

1. 古代会计

古代会计是指从会计的萌芽产生直至1494年。在奴隶社会的繁盛时期，生产力得到较大发展，特别是剩余产品与私有制的结合，私人财富得以积累，进而导致了受托责任会计的产生。进入封建社会后，社会制度的发展呈现出一定的差异。在中国是以皇帝为最高统治者的高度中央集权的社会体制，在欧洲则是以各封建主为中心，形成了大大小小的庄园，各庄园主在自己的庄园内拥有至高无上的权力。这样就出现了两种不同的社会结构：一种是中央高度集权的社会体制，另一种则是各庄园主相对独立的社会体制。进而产生了两种侧重点不同的会计，即以服务于奴隶主和后来封建王朝的财产记录与保管为主的"官厅会计"，以及服务于庄园主的、以最初报告委托与受托责任为目的的"庄园会计"。总体来讲，这一阶段的会计水平较低，也不存在专门的记账方法和统一的货币计价。对财富和经济活动的记录，主要是以文字叙述方式进行的，这一时期的会计基本上属于单式簿记，会计仅仅起到"账房管家"的作用。

2. 近代会计

随着资本主义的产生，各种商业活动开始活跃起来，商业贸易对资本的需求推动了借贷活动和银行信用的发展，此时，不但会计知识得到空前普及，而且单式簿记已很难满足商业经营管理对会计的基本要求。12—13世纪，为适应经营管理的需要，较为成熟的复式簿记方法在意大利的佛罗伦萨、热那亚和威尼斯等地产生、使用和推广。1494年，意大利数学家和传教士卢卡·帕乔利（Luca Pacioli）在其著作《算术、几何、比与比例概要》中专设一篇"计算与记录详论"（又称"簿记论"），第一次系统地介绍和论述了复式簿记。该书的问世标志着近代会计的开端，著名诗人歌德称复式簿记乃人类智慧之绝妙创造，卢卡·帕乔利也被公认为"现代会计之父"。但是，复式簿记并不是由帕乔利所创造，也很难归功于一时一地的任何人，它只能说是人们经过长期记账实践不断改进方法和技术的结果。1854年苏格兰成立了世界上第一个皇家特许会计师协会——爱丁堡会计师公会，标志着会计成为独立的职业。会计上将帕乔利复式簿记著作的出版和会计职业的出现视为近代会计史上的两个里程碑。

3. 现代会计

现代会计一般是指20世纪30年代以后的会计，这一阶段是会计的跨越式发展时期。现代会计的主要标志有会计目标的重大变化，管理会计形成并与财务会计分离，电子计算机在会计上的应用，以及随世界经济一体化而兴起的会计准则的国际趋同等。

20世纪30年代，现代经济的发展加速了企业组织形式的变更，股份有限公司经营形式的出现，使资产的所有权与经营权发生了分离。投资者和债权人迫切要求企业公开其财务报表，政府也相应公布了有关法规，会计职业界为此制定了公开会计信息的基本规范——会计原则，于是形成了以提供对外财务信息为主要任务的财务会计。进入20世纪50年代以后，在会计规范进一步深刻发展的同时，为适应现代管理科学的发展，以决策会计为主体，为全面提高企业经济效益服务的现代管理会计建立了。会计的职能范围越来越广，使其从只注重核算的传统簿记（Bookkeeping），发展为今天既核算又管理的具有现代含义的会计（Accounting）。随着科学技术日新月异的发展，电子计算机、互联网等现代科学技术手段在会计工作上的广泛应用，为会计的发展提供了新的强大动力，从而引发了会计技术手段的伟大变革。管理会计的诞生，电子计算机等科学技术手段在会计上的应用，都堪称会计发展史上新的里程碑。

从20世纪后半叶开始，特别是进入21世纪以来，世界市场经济一体化进程加快，会计的发展也不再仅限于一个国家或地区。国际经济交往在各个领域的扩展，经营资本在国际上的流动，新的会计实务不断涌现，建立全球统一的会计规范的呼声越来越高，用以规范会计实务的会计准则在越来越多的国家和地区实现了趋同。这些变化也给会计理论的进一步发展和完善提供了新的历史契机，作为"世界商业语言"的会计必将会有一个更快更好的发展。

会计产生和发展的历史表明：会计是适应生产活动发展的需要而产生的，并随着生产的发展而发展。经济越发展，会计越重要。正如马克思所说的那样："过程越是按照社会的规模进行……作为对过程进行控制和观念总结的簿记就越是必要。因此，簿记对资本主义生产比对手工业和农民的分散生产更为必要；对公有制生产比对资本主义生产更为必要。"

知识链接 1-1

我国会计发展的历史
（1911年以前）

会计在我国也有悠久的历史。中国伏羲时代即有"结绳记事"之法的出现，后来随着生产技术的进一步发展，大约在原始社会末期到奴隶社会初期，由于部落间交换活动的日益频繁，仅靠结绳已无法满足交易和生产活动的需要，最初意义上的会计凭证——"书契"开始出现。黄帝时期产生了制定会计计量标准的思想——出现了度量衡。夏朝开始用实物作为计量手段来反映实物产权的变化。在西周时就设立了"司会"官职，主管王朝财政经济收支的核算，当时首次出现"会计"二字构词连用，清代学者焦循所著的《孟子正义》一书中针对西周时期的会计解释为："零星算之为计，总合算之为会。"即："计"是指日常工作的零星核算，"会"是指一定时期经济情况的综合核算。

春秋时期的孔子提出了中国最早的会计原则："会计当而已矣。"意思是会计要真实、正确无误，会计的收付存要平衡。它与目前的"可靠性"原则相似。秦汉时期确立了"三柱结算法"，即以"入、出"为会计记录符号，以"入－出＝余"作为结算的基本公式，计算一定时期内某种财产的增减变化及其结果。西汉时采用的由郡国向朝廷呈报财务收支簿——"上计簿"可视为"会计报告"的滥觞。在唐代后期产生了"四柱清册"结算法，该法在宋代得到了普遍运用，并走向成熟。宋代时要求各级官吏按照"四柱"格式向中央政府和皇帝编制会计报告，包括年报、季报和月报，分别反映各种物资的"原(元)""入""出""存"情况。"四柱"是指"旧管""新收""开除""实在"，它们相当于现代会计的"期初结存""本期收入""本期支出""期末结存"。其结账公式为：旧管(期初结存)＋新收(本期收入)＝开除(本期支出)＋实在(期末结存)，它代表了单式记账法的最高成就。

明末清初，在"四柱清册"结算法的影响之下，我国会计结算方式有了突破性的进展，出现了中国复式记账法的早期形态——"龙门账"，它把全部账目划为"进"（各项收入）、"缴"（各项支出）、"存"（各项资产）、"该"（各项负债）四类，采用"进－缴＝存－该"的平衡公式计算盈亏，分别编制"进缴表"和"存该表"，两表计算结果完全相符，称为"合龙门"。"龙门账"中的"进缴表"相当于近代会计账中的损益表，"存该表"相当于近代会计中的资产负债表。到了清代，会计制度又有新的突破，即在"龙门账"的基础上设计发明了"四脚账法"，又称"天地合"。这种方法对日常发生的一切账项，既要登记它的来账方面，又要登记去账方面，借以全面反映同一账项的来龙去脉。这说明我国的会计已由单式记账向复式记账过渡。

1840年鸦片战争后，中国会计出现了中式会计的改良和借贷复式簿记的引进同时并存的局面。1905年，我国第一部复式记账著作——蔡锡勇的《连环账谱》问世，为中国引进借贷复式簿记之开端；1907年，谢霖与孟森合著的《银行簿记学》出版，为引进借贷复式簿记创造了条件；1908年创办的大清银行采用现金收付复式记账法，为中国改良中式簿记之先声。

任务2　会计的含义及分类

一、会计的含义

（一）会计的概念

会计是以货币为主要计量单位，运用一系列专门方法，对特定会计主体（如企事业、国家机关、社会团体和其他组织等单位）的经济活动进行连续、系统、全面和综合的核算和监督，旨在提高经济效益的一种经济管理工作。

（二）会计的基本特征

1. 会计是一种经济管理活动

会计是经济管理的重要组成部分，是以货币为主要计量单位，对企事业、国家机关、社会团体和其他组织的经济活动进行连续、系统、全面和综合的核算和监督的经济管理活动。

2. 会计是一个经济信息系统

会计不仅是经济管理活动，而且是为加强经济管理而建立的一个以提供财务信息为主的经济信息系统。会计信息系统可以分为四个层次：①会计信息传递系统；②会计信息处理系统；③会计信息解释和分析系统；④会计信息调节系统。

3. 会计以货币作为主要计量单位

会计对经济活动进行计量和记录时，可以采用实物、劳动和货币三种计量单位。实物和劳动计量单位量度分别为核算和监督各种不同的实物量和劳动时间而采用，但它们不具有综合性。唯一具有综合性的就是货币计量单位，因为货币是一切商品共同的等价形式，它可以将复杂的不同质的经济活动加以计量和综合，以取得各种总括的价值指标。

4. 会计对经济活动进行综合、连续、系统和全面的核算和监督

综合是指以货币作为统一的计量单位，将大量零星、分散的数据加以分类、汇总；连续是指按照经济活动发生的时间顺序逐笔、逐日记录，不允许中断和间断；系统是指对各种经济活动的记录要采用一系列专门的方法，遵循一定的处理程序，分门别类、科学有序地进行登记；全面是指对各种经济活动都要能反映其来龙去脉，不可任意取舍，不能遗漏。

5. 会计采用一系列专门的方法

观察、计量和记录是所有核算活动取得核算资料的共同手段，但会计核算在运用这些手段时，有其自己的特点，也形成了一系列专门的方法，包括填制和审核凭证、设置会计科目和账户、复式记账、登记会计账簿、成本计算、财产清查和编制财务会计报告等。这些专门方法的互相配合与综合利用，就构成了计量和记录、控制和监督经济活动的一整套完整的会计核算方法体系。

（三）会计的基本职能

会计职能是指会计在经济管理中所具有的功能。具体地讲，就是会计是用来做什么的。在社会经济发展的不同阶段，会计的职能具有不同的特点，但会计的基本职能是不变的，即对再生产过程进行核算和对经济活动实施监督。经济越发达，会计的职能越丰富，在基本职能基础上，会计还产生了预测经济前景、参与经济决策以及评价经营业绩等拓展职能。

1. 会计核算职能

会计核算职能，又称会计反映职能，是指会计以货币为主要计量单位，对特定主体的经济活动进行确认、计量、记录和报告。

确认是指运用特定会计方法、以文字和金额同时描述某一经济业务，使其金额反映在特定会计主体财务报表的合计数中的会计程序。它包括在会计记录中的初始确认和在财务报表中的最终确认。

计量是指以货币为主要计量单位对已确认需要进行会计核算的经济活动描述其金额的会计程序。

记录是指对特定会计主体的经济活动采用一定的记账方法、在会计特有的载体上（如会计凭证、会计账簿等）进行登记的会计程序。

报告是指在确认、计量和记录的基础上，以财务报告的形式向有关方面和人员提供的反映特定会计主体的财务会计信息（财务状况、经营成果、现金流量情况）。它是会计工作的最终环节，也是发挥会计职能和完成会计任务的基本方式。

会计核算具有以下三个特征：

一是以货币为主要计量单位，即主要从价值量上反映特定会计主体的经济活动；

二是反映过去已经发生的经济活动，由于已发生的经济活动的真实性是可以验证的，从而保证会计所提供的信息真实可靠；

三是会计反映具有综合性、连续性、系统性和全面性。

2. 会计监督职能

会计监督职能，又称会计控制职能，是指对特定主体经济活动和相关会计核算的真实性、合法性和合理性进行监督检查。会计监督的目的在于，使企业的各项经济业务和财务收支运行在国家法律、法规和制度允许的范围内，使企业的生产经营活动按预定的目标、计划和原则进行，以获得最优的经济效益。

会计监督具有以下两个特征：

一是主要利用会计核算所提供的各种价值指标进行货币监督；

二是对经济活动的全过程实施监督，包括事前监督、事中监督和事后监督。

3. 会计基本职能的关系

会计核算职能与监督职能是密切联系、相辅相成的。会计核算是会计监督的基础，没有可靠的、完整的会计核算资料和相关信息，会计监督就失去了依据，失去了存在的基础；而会计监督又是会计核算的保证，没有会计监督就难以保证会计核算所提供信息的真实性、可靠性，会计核算也就失去了存在的意义。

二、会计的分类

会计的种类很多，按不同的标准可以分为不同的种类。

（一）按会计信息的使用者分类

1. 财务会计

财务会计是以复式簿记作为数据处理和信息加工的基本方法，按照公认会计准则和国家统一的会计制度作为组织会计工作、处理会计业务的基本规范，旨在为投资者、债权人及其他利益相关者提供会计信息的对外报告会计。

财务会计的目标主要是向会计信息的外部使用者提供会计信息，使会计信息的使用者利用会计信息了解企业的财务状况和经营成果，帮助他们做出正确的决策。

2. 管理会计

管理会计是企业为了加强内部经营管理，提高经济效益，在企业经营管理过程中直接发挥作用的会计。管理会计的主要任务是向企业管理者提供内部经营管理和经营决策的会计信息。因此，又称为内部会计。

与财务会计不同，管理会计不要求运用复式记账方法，也不要求遵循公认会计原则，它通过对财务会计信息的深加工和再利用，实现对经营过程的预测、决策、规划、控制和责任考评。

（二）按会计所服务的领域分类

1. 企业会计

企业会计是指服务于企业单位的会计。因为企业是以营利为目的的营利组织，因此也将企业会计称为经营会计。企业会计主要反映企业的财务状况和经营者的经营业绩。它有其特定的会计对象和专门的会计方法。财务会计和成本会计等都属于企业会计的范围。

2. 非营利组织会计

非营利组织会计是指服务于非营利组织的会计，所谓非营利组织，一般是指民间非营利组织，包括社会团体、基金会、民办非企业单位等民间组织，但不包括公立非营利组织。公立非营利组织一般是依靠国有资产举办的国有事业单位，这类非营利组织与政府公共部门比较接近，往往适用政府会计相关核算制度。

3. 政府会计

政府会计是指将会计学的基本原理应用于政府公共部门中的一门专业会计，主要用来反映政府公共部门的财务状况和财务活动成果，以及政府公共管理部门的成本费用，其目标主要是满足国家宏观经济管理和预算管理的需要。目前，我国政府会计包括财政总预算会计、行政单位会计和事业单位会计。

任务 3　会计对象

会计对象与会计核算方法

会计对象就是指会计核算和监督的内容。在微观上，会计对象表现为一个单位或组织能用货币表现的经济活动；在宏观上，会计对象表现为社会再生产过程中的资金运动。

由于各单位的经济活动内容不同，其资金运动形式也各有所异。在企业单位，资金运动具体表现为经营资金的运动；在行政事业单位，则表现为预算资金的运动。即使是企业，其资金运动的特点也各不相同。下面主要以制造企业和商品流通企业为例说明企业会计的具体对象。

一、制造企业资金运动

制造企业是从事工业品与生活消费产品生产和销售的营利性经济组织。其再生产过程是以生产过程为中心的供应、生产和销售过程的统一。制造企业的资金运动过程包括资金投入、资金循环和周转（又称资金的运用）以及资金退出三个基本环节。制造企业的资金运动过程如图 1-1 所示。

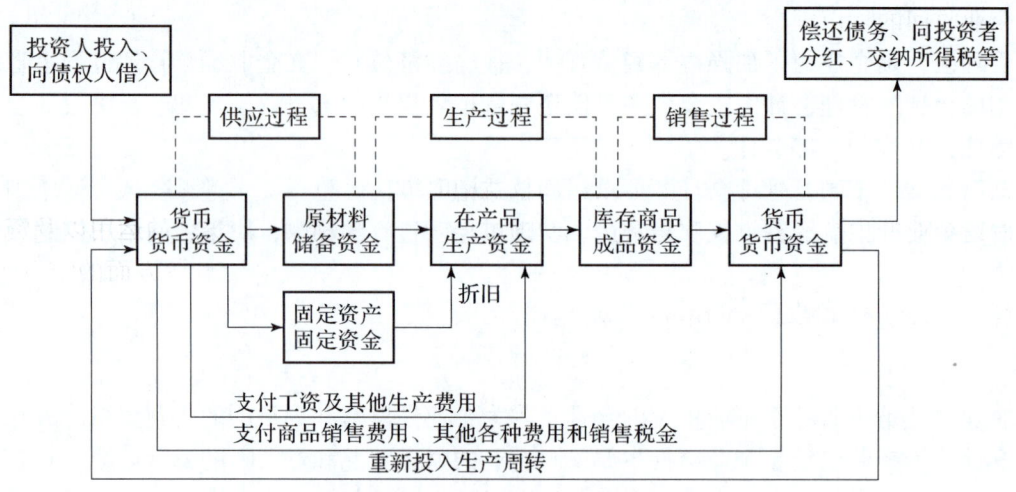

图 1-1　制造企业的资金运动过程

1. 资金的投入

资金的投入是资金运动的起点，包括投资人投入的资金和向债权人借入的资金两部分。投资人投入的资金属于企业的所有者权益，其主要部分构成企业的资本金，它是企业开展生产经营活动的"本钱"，在企业存续期内无须偿还。借入资金主要是向银行等金融机构借入的信贷资金，属于债权人权益（即企业负债），借入资金需要按期偿还并支付利息。资金投入企业会使企业的资产和权益同时增加。

2. 资金的循环和周转

资金的循环和周转又称资金的运用，是企业资金运动的第二个环节，也是企业资金运动最主要、最重要的环节。制造企业的资金循环和周转可分为供应过程、生产过程和销售过程三个阶段。同时，资金在循环和周转中呈现货币资金、储备资金、生产资金和成品资金四种形态。如果再考虑产品销售后的资金回笼，则还有结算资金形态。

（1）供应过程。它是制造企业为生产做准备的阶段。在这个阶段里，为了保证正常的生产经营活动，企业需要采购各种原材料、辅助材料及包装物等，这就要和供应单位发生相应的货款结算关系。经过采购供应过程，企业的资金从货币资金转化为储备资金。

（2）生产过程。它既是产品的制造过程，又是资产的耗费过程。在这个阶段，企业将储备的各种材料物资投入生产，由工人使用各种机器设备对原材料进行加工制造，最后生产出具有崭新用途的产品。生产过程中，企业的储备资金在产品完工之前转化为生产资金；待产品完工后又由生产资金转化为成品资金。

（3）销售过程。它是制造企业销售产品、实现产品价值的过程。在这个阶段，企业将生产的产品销售出去，并通过与购货方发生的货款结算业务取得销售收入。同时，企业的成品资金又转化为货币资金。

企业的资金从货币资金状态开始，依次经过供应过程、生产过程和销售过程，分别转化为储备资金、生产资金、成品资金等不同的存在形态，最后又回到货币资金状态，这种资金运动的全过程称为资金循环。资金周转是指资金周而复始、连续不断地循环。企业资金的循环和周转过程既是资金不同形态的转化过程，也是实现资金保值增值的过程。

3. 资金的退出

企业收回的货币资金一般要大于垫付的资金，增加的这部分价值就是企业的利润。企业实现的利润，按规定应以税金的形式上交一部分给国家，净利润则要按规定的顺序进行分配。这样，企业收回的货币资金中用于偿还到期负债及利息、交纳税金和向投资人作为利润分配的这部分资金退出了企业的资金循环和周转，剩余的资金则留在企业，继续参加企业的再生产过程。资金的退出会使企业的资产和权益同时减少。

制造企业的生产经营过程就是资金运动的过程，在资金的投入、资金的运用以及资金的退出三个组成部分中，每一部分都会发生不同的经济业务，以及企业与各方面的结算关系，这些都是企业要核算和监督的内容，制造企业的资金运动关系如图1-2所示。

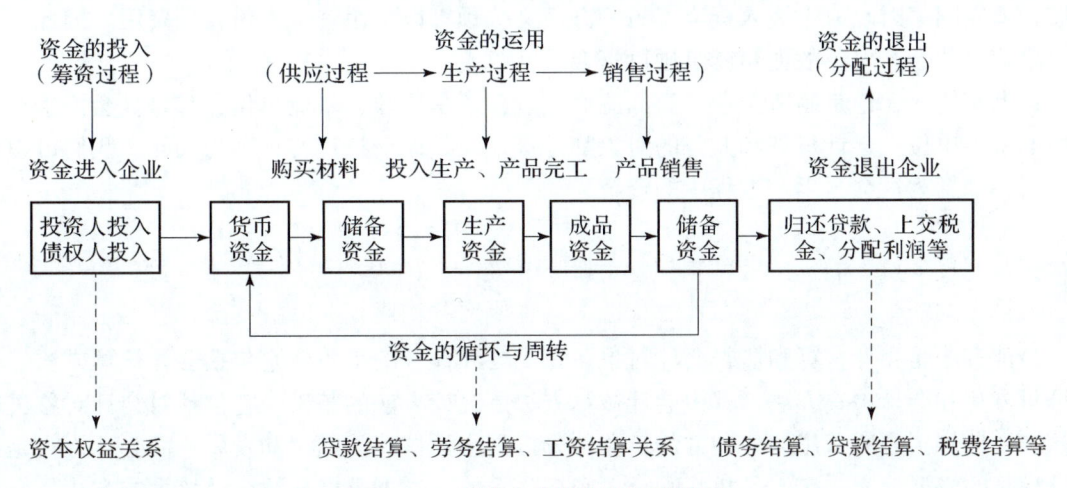

图1-2 制造企业的资金运动关系

企业资金运动的三个基本环节是相互联系、相互制约的,没有资金的投入,就没有资金的循环和周转;没有资金的循环和周转,也就不会有债务的偿还、税金的上交和利润的分配;没有资金的退出,也就不会有新一轮资金的投入,就更不会有企业的进一步发展。

二、商品流通企业资金运动

商品流通企业是从事商品流通的营利性经济组织,其再生产过程是商品采购和商品销售过程的统一。其资金运动也包括资金的投入、资金的循环和周转以及资金的退出三个基本环节,其中,资金的投入和资金的退出与制造企业完全相同。只是商品流通企业的资金循环和周转即资金的运用,只包括采购和销售两个过程,资金的形态也只有货币资金形态和商品资金形态两种。商品流通企业的资金运动过程如图 1-3 所示。

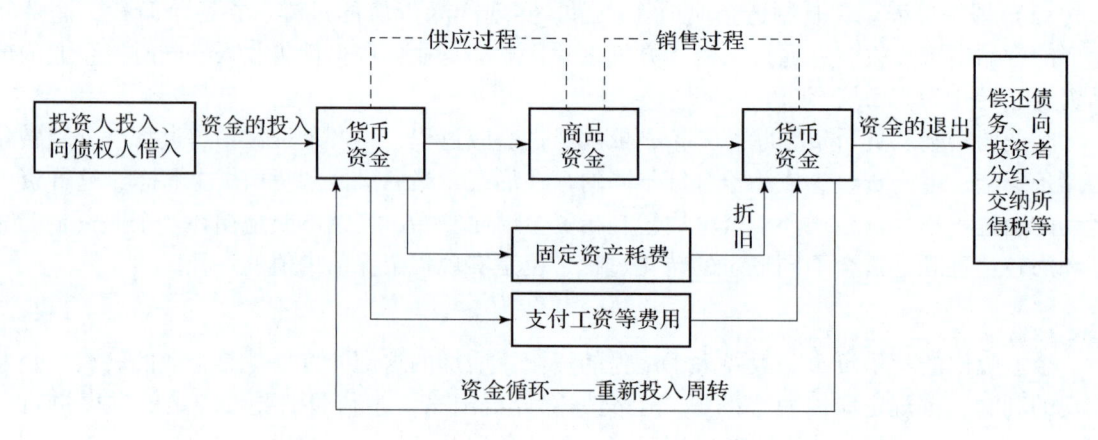

图 1-3 商品流通企业的资金运动过程

行政、事业单位为完成国家赋予的任务,同样需要一定数量的资金,但其资金来源主要是国家财政拨款。行政、事业单位在正常业务活动过程中,所消耗的人力、物力和财力的货币表现,即为行政费用和业务费用。一般来说,行政、事业单位没有或只有很少一部分业务收入,因为费用开支主要是靠国家财政预算拨款。因此,行政、事业单位的经济活动,一方面按预算向国家财政取得拨入资金;另一方面又按预算以货币资金支付各项费用。因此,行政、事业单位会计对象的内容就是预算资金及其收支。

综上所述,无论是制造企业、商品流通企业,还是行政、事业单位,都是社会再生产过程中的基本单位,会计核算和监督的对象都是资金及其运动过程,正因为如此,我们可以把会计对象概括为社会再生产过程中的资金运动。

任务 4 会计核算方法

会计方法是会计核算和监督会计对象、完成会计任务的手段。它包括会计核算方法、会计分析方法和会计检查方法。其中会计核算方法是会计方法的基础,它包括对会计对象进行确认、计量和报告所采用的各种方法;会计分析是会计核算的继续和发展;而会计检查是对会计核算的必要补充。它们是相互配合、密切联系的。本书重点介绍会计核算的方法,会计分析方法和会计检查方法将在其他会计课程中介绍。

一、会计核算方法体系

会计核算方法体系由填制和审核会计凭证、设置会计科目和账户、复式记账、登记会计账簿、成本计算、财产清查、编制财务会计报告等七种专门方法构成。它们相互联系、紧密结合，确保会计工作有序进行。

1. 填制和审核会计凭证

会计核算必须要做到有凭有据。会计凭证（如发票、收据等）就是记录经济业务的发生和完成情况、进行会计核算的重要凭据。填制和审核会计凭证是为了保证账户记录的正确、完整，保证记录的经济业务合理、合法而采用的一种专门方法。会计凭证一般分为两种：一种是在经济业务发生时取得或填制的会计凭证（如发票等），称为原始凭证；另一种是由会计人员根据原始凭证进行加工整理，为记账提供直接依据的会计凭证，称为记账凭证。填制记账凭证是会计上的一项经常性工作，审核会计凭证的合法性、合理性、真实性和完整性是会计人员的一项重要职责。

2. 设置会计科目和账户

企业发生的经济业务形式各异，而信息使用者对会计信息的需求是分门别类、各有侧重，这就要求会计工作在全面、客观地反映和监督企业经济活动的前提下，还要对复杂多样的会计对象进行科学分类，每一类起一个名称，会计上称为会计科目，在这个名称下设置具体的核算地方，并明确记账方向，这个地方在会计上称为账户，这一系列的技术手段，就是会计核算方法之一——设置会计科目和账户。

设置会计科目和账户是对会计对象的具体内容进行归类核算和监督的一种专门方法。通过设置会计科目和账户，分类登记发生的各项经济业务内容，以及所引起的各种资金的增减变化情况，以此取得各种不同性质的核算指标，分门别类地为经济管理提供信息资料。

3. 复式记账

复式记账是指对每一项经济业务，以相等的金额，同时在两个或两个以上相互关联的账户中进行登记，借以全面反映会计对象具体内容增减变化的一种专门方法。采用复式记账的方法，不仅能够通过账户之间的对应关系反映经济业务的全过程，而且能够通过账户之间的平衡关系，核对账簿记录是否正确。

4. 登记会计账簿

企业每天都要发生若干笔经济业务，会计人员对每笔经济业务都要在审核原始凭证后，填制记账凭证，即填单，然后再登到账本上，即记账，这是会计核算的又一个专门方法——登记会计账簿。

登记会计账簿简称记账，是指根据审核无误的会计凭证在账簿中系统、连续地记录经济业务内容的一种专门方法。账簿，俗称账本，是会计上记录经济业务的一种重要载体。在实际工作中，账户就是设置在账簿当中的，登记会计账簿在一定意义上来说就是登记账户。登记会计账簿和填制与审核会计凭证两种方法之间存在着密切的联系。这种联系如图1-4所示。

5. 成本计算

企业经营的目的是盈利，为获取盈利必然会先期投入各项费用。会计人员将企业发生的

```
经济业务 → 原始凭证
         ↓
       记账凭证 → 账簿
```

图 1-4　登记会计账簿和填制与审核会计凭证的联系

这些费用按照一定的归属对象归集起来,计算出总成本和单位成本,在此基础上,将一定时期的成本费用与取得的收入相配比,才能确定企业的经营成果是盈利还是亏损。因此,成本计算也是会计核算的重要方法之一。

成本计算就是按一定的成本计算对象归集、分配所发生的全部费用,从而确定各成本计算对象的总成本和单位成本的一种专门方法,这种方法主要是在企业会计中采用。

6. 财产清查

企业的货币资金、往来结算款项以及各项财产物资都有专人负责管理,为保证账目准确,实物完整,就应该定期或不定期地进行盘点和清查。财产清查是通过盘点实物、核对账目查明财产物资的实际结存数与账面结存数是否相符的一种专门方法。

财产清查的目的是保证账户记录的真实准确,保证账实相符。在实际工作中,由于工作中的差错、违法乱纪行为、自然损耗和灾害等原因,往往导致财产物资、往来款项和货币资金的实有数与账存数产生差异。通过财产清查,可以纠正错误数字,使账存数与实存数保持一致;可以及时对积压、残缺和账外财产物资以及对外拖欠的款项做出处理,挖掘物资潜力、加速资金周转;可以及时制止损失浪费事件的发生,减少企业资产的流失。

7. 编制财务会计报告

企业发生的经济业务经过上述会计核算方法已经进行了全面、系统、连续的记录与反映,但这些记录是具体的、分散的,而信息使用者对会计信息的要求既有分类、具体的,也有概括、抽象的,这就需要编制财务会计报告。财务会计报告主要是以账面记录为依据,经过加工处理而形成的一套完整的会计信息指标体系。

编制财务会计报告是对企业会计核算工作的汇总和总结,是定期、总括地反映企业财务状况、经营成果、现金流量等各方面财务情况的一种专门方法,也是企业考核计划、预算执行情况,检查企业工作质量,评价企业经济效益的重要依据。

二、会计循环

会计循环是指按照一定的步骤反复运行的会计程序。虽然各个单位各有其特点,但在组织会计核算工作时,其会计处理的基本过程和步骤总体上是一致的,这些步骤始于会计期初、终于会计期末。

从会计工作流程看,会计循环由确认、计量、记录和报告等环节组成;从会计核算的具体内容看,会计循环由填制和审核会计凭证、设置会计科目和账户、复式记账、登记会计账簿、成本计算、财产清查、编制财务会计报告等组成。会计循环既是会计信息产生的步骤,也是会计核算的基本过程,其基本步骤如图 1-5 所示。

图 1-5 会计循环基本步骤

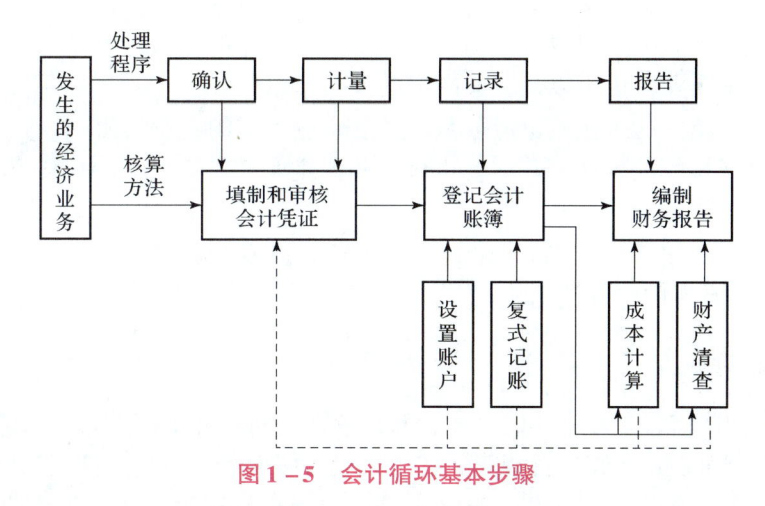

如果一个单位以一年为一个会计期间，则会计循环历时一年，如果企业按月（或季）结账和编制会计报表，则会计循环历时一个月（或季）。

任务5　会计基本假设

会计基本假设又称会计核算的基本前提，是指为了保证会计工作的正常进行和会计信息的质量，对会计核算的范围、内容、基本程序和方法所做的合理设定。它是人们在长期的会计实践中逐步认识和总结形成的。结合我国实际情况，企业在组织会计核算时，应遵循的会计基本假设包括会计主体假设、持续经营假设、会计分期假设和货币计量假设。

一、会计主体

会计主体又称会计实体、会计个体，是指会计工作为其服务的特定单位或组织。会计主体一般应具备三个条件：①具有一定数量的资金；②进行独立的生产经营活动或其他活动；③实行独立核算。会计主体假设为会计工作和会计核算界定了空间范围，明确了会计人员在会计核算中应采取的立场，解决了为谁记账、算账、报账的问题。

为了向会计信息使用者提供对其决策有用的信息，会计确认、计量和报告应当集中反映特定服务对象的经济活动。会计主体假设认为，每一会计主体不仅与其他会计主体相区别，而且独立于其本身的所有者之外。也就是说，会计所反映的是一个特定会计主体的经济业务，而不是其他会计主体的经济业务，也不是企业所有者的经济活动。

同时应当注意，会计主体与法律主体（法人）并非对等的概念。一般来说，法律主体必然是一个会计主体，但会计主体不一定是法律主体。例如，一个企业作为一个法律主体，应当建立财务会计系统，独立反映其财务状况、经营成果和现金流量。但是，会计主体不一定是法律主体。例如，企业集团中的母公司拥有若干子公司，母、子公司虽然是不同的法律主体，但是母公司对子公司拥有控制权，为了全面反映企业集团的财务状况、经营成果和现金流量，有必要将企业集团作为一个会计主体，编制合并财务报表，在这种情况下，尽管企业集团不属于法律主体，但它却是会计主体。

【例1-1】　关于会计主体的概念，下列各项说法中，不正确的是（　　）。

A. 可以是独立法人，也可以不是法人

B. 可以是一个企业，也可以是企业内部的某一个单位

C. 可以是一个单一的企业，也可以是由几个企业组成的企业集团

D. 会计主体所核算的生产经营活动也包括其他企业或投资者个人的其他生产经营活动

答案：D

解析：会计所反映的是一个特定会计主体的经济业务，而不是其他会计主体的经济业务，也不是企业所有者的财务活动。

二、持续经营

持续经营，是指作为会计主体的企业，其经营活动将按照既定的目标持续下去，在可以预见的将来，不会面临破产和进行清算。在持续经营假设下，会计核算应当以企业持续、正常的生产经营活动为前提；会计人员在此前提下选择会计程序及会计处理方法进行会计核算；企业将按原定的用途去使用现有的资源，同时也将按原先承诺的条件去清偿债务。例如，以历史成本作为企业经济资源的计价基础，对长期资产的折旧和摊销以及有关企业偿债能力的计算等，都是基于这一假设。

从逻辑上看，持续经营假设是会计主体假设的延伸。因为，确定了企业是会计主体，势必要假设企业能存在多久。一个企业的未来发展方向只可能有两种，一是按照经营目标持续经营，二是经营不善导致破产清算。不同的发展方向决定企业采用不同的方法进行会计核算。

如果企业不具备持续经营的前提条件，而是已经或即将停止营业、宣告破产而清算，则此假设就不再适用，会计处理方法也要进行相应改变，按国家关于企业清算的相关规定进行会计核算。

三、会计分期

会计分期，又称会计期间，是指将一个持续经营企业的生产活动划分为一个个连续的、长短相同的期间。

持续经营假设意味着企业经营活动在时间的长河中无休止地运行。那么，在会计活动中，会计人员提供的会计信息，应从何时开始，又何时终止？显然，要等到企业的经营活动全部结束时，再进行盈亏核算和编制报表是不可能的。所以，会计核算应当划分会计期间。

会计分期的目的在于将持续经营的生产活动划分成连续、相等的期间，据以结算盈亏、按期编制财务报告，并及时向各有关方面提供有关企业财务状况、经营成果和现金流量的信息。会计期间通常分为年度和中期。中期，是指短于一个完整的会计年度的报告期间，包括半年度、季度和月度。在我国，会计期间均按公历起讫日期确定。

会计分期假设有着非常重要的意义。由于有了会计分期，才产生了本期与非本期的区别，也才产生了权责发生制和收付实现制。只有正确地划分会计期间，才能准确地提供财务状况和经营成果的资料，才能进行会计信息的比较。

知识链接 1—2

日历年度还是会计年度

会计分期假设导致的另一个后果是公司必须选择其报告周期的起止日期。在我国，会计

期间均按公历起讫日期确定，即按日历年度。大多数美国的大公司也以日历年度来编制财务报告。这意味着，它们以每年的12月31日为截止日期编报年度财务报告，分别以3月31日、6月30日、9月30日和12月31日为截止日期编报季度财务报告。然而，还有一些公司选择并非结束于12月31日的12个月为报告周期来编报财务报告，称为会计年度。季节性经营的公司通常选择按会计年度来编报财务报告，因为对它们而言，报告周期包含整个销售旺季的财务报告更有意义。

例如，像Target、沃尔玛、Kohl这样的大型零售企业，经常将它们的会计年度结束在圣诞节销售旺季过后的1月31日。许多食品行业的企业，如通用磨坊公司，在冬季播种的粮食作物丰收之后的5月或6月编制财务报表。而农用机械行业的公司，如迪尔公司，通常在销售旺季的夏季之后的9月或10月编制财务报表。烟草行业的主要加工企业——环球烟叶公司，则在每年的6月30日结束会计年度，因为此时前一年的烟草作物恰好全部加工完毕。

四、货币计量

货币计量，是指会计主体在会计核算过程中采用货币作为计量单位，计量、记录和报告会计主体的生产经营活动。

在会计的确认、计量和报告过程中之所以选择货币为基础进行计量，是由货币本身的属性决定的。其他计量单位，如重量、长度、容积、台、件等，只能从一个侧面反映企业的生产经营情况，无法在量上进行汇总和比较，只有选择货币这一共同尺度进行计量，才能全面反映企业的生产经营情况。

用货币作为会计统一的计量手段，又必然引出一个假定，即假定货币本身的价值稳定或变化甚微。只有这样，才能对会计主体发生的经济活动进行连续、系统的记录，综合汇总，并对不同时期的会计信息进行比较、分析与评价。

在货币计量前提下，我国企业的会计核算应以人民币作为记账本位币。业务收支以人民币以外的货币为主的企业，可以选择其中一种外币作为记账本位币，但是编报的财务报告应当折算为人民币。在境外设立的中国企业向国内报送的财务报告，也应当折算为人民币。

在有些情况下，统一采用货币计量也有缺陷，某些影响企业财务状况和经营成果的因素，如企业经营战略、研发能力、市场竞争力等，往往难以用货币来计量，但这些信息对于使用者决策来讲也很重要，为此，实务中要求企业在财务报告附注中补充披露有关非财务信息来弥补上述缺陷。

上述四项会计假设，具有相互依存、相互补充的关系。会计主体界定了会计核算的空间范围，持续经营与会计分期确定了会计核算的时间，货币计量为会计核算提供了计量尺度。没有会计主体，就不会有持续经营，没有持续经营，就不会有会计分期；没有货币计量，就不会有现代会计。

任务6　会计目标和会计信息质量要求

一、会计的目标

会计目标，又称财务报告目标，是人们期望通过会计活动达到的目的，它是对会计自身

会计目标与会计信息质量要求

所提供的经济信息的内容、种类、时间、方式及质量等方面的要求，对会计发展具有导向作用。会计目标主要解决：第一，向谁提供会计信息，或者说谁是会计信息的使用者。第二，提供什么样的会计信息。即会计信息的使用者需要什么样的会计信息。

《企业会计准则——基本准则》规定我国财务报告的目标是：向财务报告使用者提供与企业财务状况、经营成果和现金流量等方面有关的会计信息，反映企业管理层受托责任的履行情况，有助于财务报告使用者做出经济决策。

1. 向财务报告使用者提供对决策有用的信息

财务报告使用者主要包括投资者、债权人、企业管理者、政府及其相关部门和社会公众等。满足投资者的信息需要是企业财务报告编制的首要出发点，是市场经济发展的必然。财务报告所提供的信息应当如实反映企业的财务状况、经营成果以及现金流量等情况，从而有助于财务报告使用者正确、合理地评价企业的资产质量、偿债能力、盈利能力和营运效率等；有助于使用者根据相关会计信息做出理性的投资决策；有助于使用者评估与投资有关的未来现金流量的金额、时间和风险等。

2. 反映企业管理层受托责任的履行情况

现代企业制度强调企业所有权和经营权相分离，企业管理层是受委托人之托经营管理企业及其各项资产，负有受托责任。即企业管理层所经营管理的企业各项资产基本上均为投资者投入的资本（或者留存收益作为再投资）或者向债权人借入的资金所形成的，企业管理层有责任妥善保管并合理、有效运用这些资产。企业的投资者或债权人，需要及时或者经常了解企业管理层保管、使用资产的情况，以便于评价企业管理层责任的履行情况和业绩情况，并决定是否需要加强企业内部控制和其他制度建设，是否需要更换管理层等。

二、会计信息质量要求

会计信息质量要求，又称会计信息质量特征，是对企业财务报告所提供高质量会计信息的基本规范，也是衡量企业会计工作质量的标准。它主要回答：什么样的会计信息才算有用或有助于决策。根据我国《企业会计准则——基本准则》的规定，会计信息质量特征包括可靠性、相关性、可理解性、可比性、实质重于形式、重要性、谨慎性和及时性。其中，可靠性、相关性、可理解性和可比性是会计信息的首要质量要求，是企业财务报告中所提供会计信息应具备的基本质量特征；实质重于形式、重要性、谨慎性和及时性是会计信息的次级质量要求，是对可靠性、相关性、可理解性和可比性等首要质量要求的补充和完善，如图1-6所示。

会计信息质量要求
- 首要质量要求
  - 可靠性
  - 相关性
  - 可理解性
  - 可比性
- 次级质量要求
  - 实质重于形式
  - 重要性
  - 谨慎性
  - 及时性

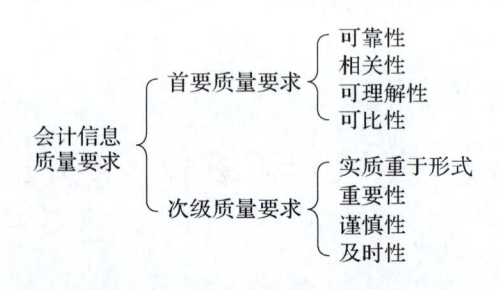

图1-6 会计信息的质量要求

1. 可靠性

可靠性，也称客观性，它要求"企业应当以实际发生的交易或事项为依据进行会计确认、计量和报告，如实反映符合确认和计量要求的各项会计对象及其他相关信息，保证会计信息真实可靠、内容完整"。可靠性要求企业做到：

（1）真实，即以实际发生的经济业务为依据进行会计核算。

（2）可靠，是指在经济业务进行记录和报告时，应以客观事实为依据，不偏不倚、不受主观意志的左右。

（3）完整，凡是与会计信息使用者决策相关的有用信息都应充分披露，包括报表及附注。

可靠性是高质量会计信息的重要基础和关键所在，也是对会计信息质量的首要要求。只有可靠的信息才有利于财务报告使用者据以做出合理的经济决策；虚假的会计信息只能对财务报告使用者产生误导，致使其做出错误的决策，不仅会给信息使用者造成重大经济损失，而且会影响正常的社会经济发展秩序，甚至会危及社会的稳定。

知识链接 1—3

失信的代价——安达信的败落

创立于 1913 年、总部设在芝加哥的安达信，是全球原五大会计师事务所之一。它代理着美国 2 300 家上市公司（占美国上市公司总数的 17%）的审计业务，在全球 84 个国家设有 390 个分公司，拥有 4 700 名合伙人，2 000 家合作伙伴，专业人员达 8.5 万人，2001 年财政年度的收入为 93.4 亿美元。安达信 1979 年开始进入中国市场，相继在香港、北京、上海、重庆、广州、深圳设立了事务所，员工达 2 000 名。

就是这样一个强盛的企业，2002 年因"安然丑闻"被美国国会、司法部、证券交易委员会相继展开调查，同时面临因安然突然倒塌而蒙受巨大损失的公司股东和前雇员向法院提出的总值 250 亿美元的集体诉讼，包括福特汽车、默克制药、联邦快递、德尔塔航空公司在内的 36 家大客户也与安达信解除了合同。2002 年 8 月 31 日，安达信会计师事务所宣布，从即日起放弃在美国的全部审计业务，正式退出其从事了 89 年的审计行业。

中文把 Andersen 译为"安达信"，既传神，又合乎会计师事务所的身份。但是很不幸，安达信的所作所为使自己名实不符，辜负了这个好译名。

信用对所有的企业都重要，而对会计师事务所尤其重要。对一个会计师事务所来说，如果失去了信用，就等于丧失了赖以安身立命的根本。安达信的致命错误恰恰是不珍惜它本应视为生命的东西。实际上，安达信在审计活动中的弄虚作假并非始自今日，也并非密不漏风，但均被它一一应付过去，并未造成太大影响。于是，侥幸心理和短期利益驱使着安达信在作假的歧路上越走越远，终至东窗事发，不可收拾。

当然，也不乏坚守诚信的事例。通用电气 CEO 杰克·韦尔奇在其自传中就极言诚信的重要，他说："我们没有警察，没有监狱。我们必须依靠我们员工的诚信，这是我们的第一道防线。"可以说，通用电气的市值之所以能在短短 20 年里猛增 30 多倍，排名由世界第十跃升至第二，是与诚信经营大有关系的。通用的成功与安达信的败落，从正反两方面证明了诚信对于经营的极端重要性。无论经营的策略多么巧妙，都不能离开诚信，诚信才是真正的长久之计和根本方略；失信等于自杀，等于跟自己过不去。

安达信的败落还证明，无论是一个人，一个企业，还是一个民族，乃至一个国家，其最大的敌人不是竞争对手，而是自己。老子曰："胜人者有力，自胜者强。"意思是说，战胜别人的人只是有力量，能够战胜自己才算真正的强者。战胜自己的什么呢？当然是自己的弱点，比如过度膨胀的欲望、短期利益的诱惑、得意时的忘形、失意中的自馁以及人性的其他种种毛病。战胜了这些弱点和毛病，就能够成为真正的强者。

2. 相关性

相关性，又称有用性，要求"企业提供的会计信息应当与财务报告使用者的经济决策需要相关，有助于财务报告使用者对企业过去、现在或者未来的情况做出评价或者预测"。相关性要求企业做到：

（1）信息提供应以可靠性为基础。只有会计核算的依据真实可靠，会计信息才具有决策各方使用的价值。

（2）信息提供要同时兼顾使用各方的实际需要。因为不同的信息使用者对会计信息的要求也各不相同。会计人员要在保证真实性的前提下，尽可能满足他们的不同需要，根据不同的决策目标，提供更有针对性的相关信息，减少决策的盲目性。

（3）信息提供要有助于企业对未来的预测。因为会计信息的作用不仅是对已经发生经济业务的反映和佐证，更在于对未来的经济活动提供参考和借鉴。所以会计人员不仅要收集、记录信息，更要运用科学的方法加工、整理信息，为企业的经营管理提供预测的有用信息。

3. 可理解性

可理解性，又称明晰性，要求"企业提供的会计信息应当清晰明了，便于财务报告使用者理解和使用"。理解是使用的前提，可理解性是决策者与有用性的连接点。如果会计信息不能被决策者所理解，那么会计信息就毫无用处。因此，可理解性不仅是会计信息的一种质量标准，也是一个与信息使用者有关的质量标准。它要求会计人员应尽可能地传递、表达简明扼要、通俗易懂的会计信息，也要求信息使用者学习、了解有关的企业经营知识和会计知识，提高自身的综合素质，不断增强理解和使用会计信息的能力。

4. 可比性

可比性是指企业提供的会计信息应当相互可比。它包括以下两层含义：

（1）同一企业不同时期可比。同一企业不同时期发生的相同或者相似的交易或者事项，应当采用一致的会计政策，不得随意变更。确需变更的，应当在附注中说明。

（2）不同企业相同会计期间可比。不同企业发生的相同或者相似的交易或者事项，应当采用规定的会计政策，确保会计信息口径一致、相互可比。

5. 实质重于形式

企业发生的交易或事项在多数情况下，其经济实质和法律形式是一致的，在有些情况下会出现不一致。实质重于形式原则要求"企业应当按照交易或者事项的经济实质进行会计确认、计量和报告，不应仅以交易或者事项的法律形式为依据"。

随着企业融资渠道的多元化，融资租入固定资产已成为许多企业融资的重要方式之一。在这种情况下，就会出现交易或者事项的经济实质与法律形式的分离。融资租入设备相当于承租企业采用分期付款的办法向出租企业购买所租入的设备。在设备款未付清之时，从法律形式上讲，设备的所有权并没有转移给承租人。但从经济性质上讲，由于租赁期相当或接近于设备的寿命周期，与该项资产有关的收益和风险已经转移给承租企业，承租企业实质上已经行使对该资产的控制权。按照实质重于形式原则的要求，企业对这类比较特殊的经济业务在会计核算中应注重其经济实质，而不必完全拘泥于其法律形式。即对融资租入设备在设备款未付清之时，在会计上也可以作为企业的自有资产进行核算。

6. 重要性

重要性是指财务报告在全面反映企业的财务状况和经营成果的同时，应当区别经济业务的重要程度，采用不同的会计处理程序和方法，要求企业提供的会计信息应当反映与企业财务状况、经营成果和现金流量等有关的所有重要交易或者事项。

重要性的含义是：对于重要的经济业务，应单独核算、分项反映，力求准确，并在财务报告中做重点说明；对于不重要的经济业务，在不影响会计信息可靠性的情况下，可适当简化会计核算或合并反映，以便集中精力抓好关键。

财务报告中提供的会计信息的省略或者错报会影响投资者等使用者据此做出的决策，该信息就具有重要性。重要性的应用需要依赖职业判断，企业应当根据其所处环境和实际情况，从项目的性质和金额大小两方面加以判断。例如，企业发生的某些支出，金额较小的，从支出受益期来看，可能需要若干会计期间进行分摊，但根据重要性要求，可以一次计入当期损益。

7. 谨慎性

谨慎性，又称稳健性，要求"企业对交易或者事项进行会计确认、计量和报告应当保持应有的谨慎，不应高估资产或收益，低估负债和费用"。

在市场经济环境下，企业的生产经营活动面临着多种风险和不确定性。会计人员只有按照谨慎性原则去处理经济业务，充分估计到各种风险和损失，既不高估资产或收益，也不低估负债或费用，才能使会计人员提供的会计信息更保守、更可靠。根据《企业会计准则》的要求，对应收款项计提坏账准备，对存货等计提跌价准备都是谨慎原则在会计核算中的具体运用。

8. 及时性

及时性是信息有用性的前提条件，要求"企业对于已经发生的交易或事项，应当及时进行会计确认、计量和报告，不得提前或延后"。会计信息的价值在于帮助所有者或者其他方面做出经济决策，具有时效性。即使是可靠、相关的会计信息，如果不及时提供，那么对于使用者的效用就会大大降低，甚至不再具有实际意义。在会计核算工作中，及时性原则要求会计人员做到三个及时：一是及时收集会计信息；二是及时处理会计信息；三是及时传递会计信息。这三个及时贯穿于会计工作的全过程。

任务7　会计信息化

一、会计信息化概述

（一）会计信息化的含义

会计信息化作为一门学科，有交叉学科特殊性。从会计学的角度看，会计信息化是信技术在会计学中的应用结果；从信息科学的角度看，它是社会信息化的组成部分。会计信息化是信息化学科的一个子集，具有信息化学科的一般特征和属性，可以从信息化学科本身出发来研究会计信息化这一信息化学科分支。同时会计信息化学科也是会计学的一个分支，是为会计管理服务的，以会计学的学科理论为支撑。

（二）会计信息化的特点

会计信息化给会计工作带来的是整个会计实务环境的变化，包括会计信息的采集、存储、处理、反馈、统计分析和决策环境的变革。由于信息技术对会计实务工作的环境带来了质的变化，使得会计实务工作的工作质量、处理效率、信息反映的能力与手工条件相比有了巨大的进步。

1. 全面性

在现代信息社会环境中，会计的所有领域都应全面运用现代信息技术，实现会计信息化。从范围上看，会计信息化包括会计基本理论与方法、会计实务、会计教育以及政府对会计的管理等所有会计领域；从功能上看，会计信息化不光是进行会计核算，还包括会计监督、会计预测与决策，并根据信息管理的原理和信息技术重整会计流程；从技术手段上看，会计信息化不仅要采用计算机技术，而且要以网络技术和通信等现代化技术为主，进行现代会计信息系统的构建。

2. 开放性

在会计信息化的条件下，由于采用了现代信息技术，使信息的传递更加具有时效性、共享性。企业内外部可以通过已建立起的信息渠道采集和获取第一手数据，使各部门、各机构可以通过网络更加便捷地工作。

3. 集成性

会计信息化将对传统会计组织和业务处理流程进行重整，以支持"虚拟企业""数据银行"等新的组织形式和管理模式。这一过程的出发点和终结点都是实现信息的集成化。

4. 多元性

会计信息化条件下，会计已不再只是提供会计信息的系统，而是能够实现提供的信息空间渠道多元化；并可对系统实施实时控制，提供信息的时间多元化；可选用各种不同的方法进行试算，比较差异，提供信息的渠道多元化；除了提供数字化信息也可提供图形化信息以及语言化信息，提供信息的形式多元化。

5. 职能性

信息化使会计的反映职能得到加强。表现在计算机信息处理环境以较低的成本为财务会计的确认、计量、记录和呈报提供更多可选择的方式和方法。随着企业整体信息化的实现，会计信息源和信息表示结构由一元走向多元，即会计工作中记账凭证的信息直接来源于各种业务过程，信息系统用户可以通过原始信息得到更加全面的决策信息，无论是对内还是对外的报告，在内容和报告方式上，都可以满足更为广泛的信息需求。

6. 准确性

在实现管理会计信息化之前，企业的业务发生不能与财务实时联动，而是在每一项业务发生以后才会反映到财务上。财务在整个业务进展过程中处于被动状态，只体现了事后反映、核算的职能，没有事前预测和事中控制，造成运作中存在很多疏漏，财务数据与实际业务脱节，管理者进行决策只能凭感觉"拍脑袋"，而不是依据准确的、实时的信息。在实现管理会计信息化后，企业发生的所有业务的整个状态都能准确、如实地反映到财务上，从而被全程控制。通畅透明的信息一方面保障了成本核算客观准确，另一方面也杜绝了信息造假的隐患。

7. 可预测性

在当今信息化时代，企业的外部环境，比如市场供求、国内外政治经济形势、竞争对手等情况变幻莫测，而内部环境随着生产技术不断升级，生产工艺越来越复杂，员工管理越来越困难，面临着战略风险、财务风险、市场风险、运营风险和法律风险等一系列风险，使得对其难以掌控。在实现全面风险管理信息化后，通过制定标准的风险模型，企业能及时对风险信息进行识别、监测。如果财务状况出现异常，如销量下降、成本上涨、收入下滑等，可以通过系统实现风险的快速预警，及时向企业管理者反映，以便采取必要的防范措施。此外，全面风险管理信息化的实现还可以提供风险报告，并且可以追溯发生的原因。

（三）会计信息化对传统会计职能的影响

会计信息化加快了业务的处理，为传统的财务会计职能的转变产生了一定的影响。

（1）对会计反映职能的影响。系统经过捕捉、整理、分析、辨别过滤、选择，最后选择出真实、准确的会计信息，使财务会计工作更加精细化、规范化，且为信息的优化处理做出基础的保障。在财务会计核算过程中，信息化处理系统将信息形成账单，经过审核后自动形成多种类型的账本模式。

（2）对会计管理职能的影响。会计信息化具有智能化，能够搜集、整理并共享信息，真正实现会计核算的自动化。它不仅节省了人力，使操作简单化，还节省了企业资本投入，会计工作人员能够将精力放在会计管理工作上，使企业会计管理得到完善，并使会计工作得到全面发展。

（3）对会计控制职能的影响。在企业的经营与决策环节中，会计控制职能有助于建立科学的控制系统，使控制信息最优化。信息的优化是通过科学的方法获取的，并被会计控制职能及时控制。实施全面控制，结合实际使控制逾越空间的界限，将过去、现在以及将来相结合，在过去的基础上进行创新，在现在的控制中及时处理问题，在将来的控制中实现优化发展。

> **知识链接 1-4**

切实加快会计审计数字化转型步伐

财政部在正式印发的《会计改革与发展"十四五"规划纲要》中明确要求：

1. 积极推动会计工作数字化转型

做好会计工作数字化转型顶层设计。修订《企业会计信息化工作规范》，将会计信息化工作规范的适用范围从企业扩展至行政事业单位，实现会计信息化对单位会计核算流程和管理的全面覆盖。加强会计数据标准体系建设，研究制定涵盖输入、处理和输出等会计核算和管理全流程、各阶段的统一的企业会计数据标准。进一步健全对企业业务全流程数据的收集、治理、分析和利用机制，推动统一的企业会计数据标准应用。探索建立跨平台、结构化的会计数据共享机制。制定、试点并逐步推广电子凭证会计数据标准，推动电子会计凭证开具、接收、入账和归档全程数字化和无纸化。推动企业将内控制度和流程嵌入信息系统，推动行政事业单位借助信息化手段确保内部控制制度有效实施，推动地方试点乡镇街道等基层行政单位借助信息化手段提升内部控制。研究信息化新技术并应用于会计基础工作、管理会计实践、财务会计工作和单位财务会计信息系统建设中。

2. 积极推动审计工作数字化转型

鼓励会计师事务所积极探索注册会计师审计工作数字化转型。大力推进函证数字化工作，加快推进函证集约化、规范化、数字化进程。积极推进函证数字化试点工作，制定、完善函证业务、数据等标准，加快函证电子化平台建设并规范、有序、安全运行，利用信息技术手段解决函证不实等问题，以提升审计效率效果、防范金融风险。研究制定注册会计师审计数字化转型相关指引，鼓励会计师事务所依法依规利用数字化审计技术。

3. 积极推动会计管理工作数字化转型

优化全国统一会计人员管理服务平台，持续采集更新会计人员信息，完善会计人员信用信息，有效发挥平台社会服务功能，提高会计人员管理效率。完善财政会计行业管理系统，加大会计师事务所信息披露力度，满足企事业单位选聘会计师事务所信息需求。升级全国代理记账机构管理系统，积极探索依托信息化手段，实现对行业发展状况的实时动态跟踪，完善对代理记账机构的信用信息公示，提升事中事后监管效能。稳步推进会计行业管理信息化建设，发挥会计数据标准的作用，打通不同平台之间的数据接口，运用会计管理大数据，为提升国家治理体系和治理能力现代化提供数据支撑。

二、财务共享服务中心

随着经济全球化与信息技术突飞猛进的发展，传统的财务会计处理方法受到了现代社会发展的严峻挑战，财务会计管理工作在进行快速而深刻的改革，财务共享服务这一概念应运而生。这种新型财务管理模式受到了人们的普遍认可，它满足了现代市场经济发展以及信息技术发展的需求。根据统计数据了解到，全球百强企业当中，使用财务共享管理方法的企业超过80%。不难看出，财务共享化已然成为企业财务管理工作运行的一个改革趋势，它能够为企业带来更多的便利。

（一）共享服务的概念与特点

1. 共享服务的概念

共享服务指的是以顾客需求作为导向，将企业各个业务单元各自处理工作的"分散式"管理予以集中，统一到一个半自主式的业务单元进行处理，从而建立一个服务中心。服务中心的主要职能就是为企业集团和企业的各个下属单位以及业务部门提供财务服务，通过这种整合到一起的财务管理模式，能够较为有效地实现企业针对核心业务进行投放与支持的工作，将有限的企业资源予以切实利用。长期利用财务共享服务能够使企业的市场竞争力得到提高，形成和保持长期的竞争优势，同时能够有效地降低企业生产成本、整合人力资源、保证产品质量、实现企业价值等。共享服务的服务提供范围广泛，包括财务会计、资金管理、人力资源、市场营销、采购管理与技术研发等部门。

2. 共享服务的特点

（1）规模性。共享服务具有一定的规模效应，多家大型企业在财务管理上采用共享服务模式，都取得了相对较好的成效。由于企业规模越大，相应的业务流程就越复杂，重复性劳动较多，各部门工作反复冗杂，在分散的情况下要维系快速平稳的运行状态较为困难。因共享服务能够将各部门的财务管理工作进行统一规划，能够减轻部门在财务工作上的压力，企业将不同单元的同质化业务进行交流与改造，能够加速企业的整体运行速度并降低企业生产成本。

（2）统一性。共享服务针对不同业务部门的业务流程进行标准化革新，能够建立起一个统一的操作模式，并针对各部门工作采用统一的运作流程，执行统一的业务标准。

（3）服务性。作为一个服务工作中心，所提供的服务是以顾客需求作为导向，为实现达到顾客满意度的目标，通过专业人员对专业知识的应用而为顾客提供专业性共享服务。既具有相当程度的专业性也具备很高的服务性。

（二）财务共享对财务管理职能的影响

1. 高效整合企业流程

企业的工作内容大多处于一个繁重的状态，业务量多，所以企业财务管理部门通常也有很多工作要做，主要包括对固定资产、存货、总账、会计报告、财务收款的管理等。但这些内容并不是全部适用于财务共享制度，企业应将交易量较高、人力资源占用过多、可以针对其做出标准化操作流程的工作项目作为财务共享模式的对象。通过财务共享，将这些冗杂的工作进行统一的整改，将财务信息进行一个系统化整合，这样可以有效提高企业的工作效率，加强财务处理准确度，减轻企业各部门的工作压力。

2. 提高财务管理效率

财务共享能够将总公司及下属分公司的所有电子数据汇总到一起，在数据的汇总与分析工作上不再需要像传统的财务管理模式一样进行分批分期的数据汇报。分公司也可以将自身各部门的财务管理统一进行，设立子公司的财务共享系统，从而使企业的整合能力大大提升，共享服务中心的服务趋向成熟化，甚至可以延伸出专门的财务共享服务独立公司来为公司获取更多的利益。

3. 降低财务运作成本

不同于传统的财务管理模式，需要各分公司都设立财务部门并要求每一位财务管理工作者对整套财务系统达到较高的熟悉程度。在财务共享的模式下，财务管理人员只需负责整个账目处理当中的一个环节或几个环节，这样就能够在财务管理人员雇用方面节约一部分成本，同时保证工作质量。拥有一套成熟的财务共享管理系统，在管理工作上形成科学化流程，有利于企业资源的集中，能够为企业形成规模化的效应，在规模的实现过程中降低成本。

知识链接 1-5

中国石化集团：用共享服务打开财务转型之门

在经济全球化和信息技术发展中，共享服务应运而生。中国石化集团共享服务有限公司的共享服务中心堪称央企财务转型的一个典范。

1. 推动业财融合，实现企业管理转型

公司共享服务中心的成立绝非朝夕之功。从 2013 年起，公司就开始筹划共享服务的工作。其中，财务作为共享服务中心的一个重要板块，推动了业财一体系统集成——将企业本地生产系统接入共享系统，使生产信息与财务信息集成交互，通过业务和财务的管理协同、数据连通，实现财务部门和职能部门之间的数据共享，推动企业整体效益的提升。

业财同步推动了财务向业务延伸，业务信息向财务聚焦，优化再造了企业端业务流程，实行谁的业务谁发起，将财务人员从烦琐的重复性、事务性基础工作中解脱出来，调整工作重心，集中精力专注核心业务，加快向价值管理转型。

共享中心梳理总结部分企业卓越有效的业务流程和先进管理经验，并快速向相关企业推广复制，共享管理成果，充分发挥共享的规模效应。通过指标比对分析，共享中心向扬子石化推荐其他企业与供电公司结算的创新方法，调整预付款期间，使其每月降低资金占用1 000多万元。

2. 统一业务标准，提升会计信息质量

公司以《会计手册》为标准，基于企业业务场景梳理，制定发布了《财务共享服务业务操作规范》和《会计业务模板》，确保各企业输入同标准的数据，输出同口径的信息，为经营管理和决策支持提供了更加专业和可比的数据。这就协助了企业核对供应商往来，深化债权账龄分析，规范清理上千笔往来账款，提高了供应商信用等级管理。

在具体工作中，公司坚持"先标准、后上线，先规范、后迁移"，形成了4个阶段、15项工作内容的标准化实施模式，实现了所有共享企业一次性上线成功。据介绍，公司2017年创造了1个月顺利上线13家单位的"共享速度"，并先后对上线企业进行满意度调查，收到1 285份反馈表，财务共享服务总体满意度为84.57%。

公司确定了会计科目使用、客户供应商选择、金额、记账期间等13种类型、86项共性风险、2 150个风险点，制定180个防范措施，形成了风险防控常态化运行机制。建立运用管理体系，定期反馈企业在业务流程、内部控制等方面的薄弱环节，使会计信息更加标准、规范、透明，堵塞流程管理漏洞，降低业务处理风险，切实提高上线企业会计信息质量和财务规范化水平。

同时，公司共享中心建设了统一的共享运营平台，统一设计开发包含4个子系统的共享服务运营平台，与会计核算、资金管理等系统共享数据，完善服务申请、自动派工、服务评价、查询分析等功能，实现业务处理的自动化、流程化、专业化。经统计，上线企业同比备用金还款提高64%，新增借款下降61%。

3. 创新技术应用，提高共享服务效率

公司创新了"会计工厂凭证制作模式"，对会计人员进行专业化分工，应用制作标准化流程，实现业务处理流水线作业的凭证制作模式；建立起票据信息与财务信息的共享桥梁，利用影像识别技术自动采取信息，把会计核算从"多人全程赛"变为"多人接力赛"，将核算业务处理流程划分为业务分类、信息收集、预制审核等3个子流程，按照1∶8∶2的比例配置人员，从纵向全线单个处理变为横向节点批量操作，让会计工作更规范、更标准、更高效；将173个手工业务场景中139个纳入"会计工厂"，设计开发56个场景应用，单笔业务处理效率提高超过60%、模板差错率为零。

公司共享中心还建立起了税务信息与财务信息的共享桥梁。一张增值税发票从要素提取、到账务处理、再到税票验证，无须人工干预，全自动连贯触动完成。影像识别（OCR）核验比人工核验一张发票节约用时14秒左右，发票核验的效率提升率为46%~52%；当发票张数达到20张以上时，OCR对发票核验的效率提升率为54%~58%。

公司共享服务中心还对传统会计进行工业化改造，并予以信息化提升，建立了会计工厂、数据仓库、作业流水线，形成票据信息、人事信息、财务信息、税务信息、金融信息等多信息智能交互的数据集群，在标准化、集成化、自动化等方面取得了较好效果。

（资料来源：何欣哲．中国石化集团：用共享服务打开财务转型之门［N］．中国会计报，2018-01-05）

任务8　会计工作组织

会计工作作为一项综合性、政策性很强的管理工作，必须通过科学、合理地组织才能更好实现会计目标，协调好与其他经济管理工作之间的关系。我国会计工作实行"统一领导，分级管理"体制，《中华人民共和国会计法》（以下简称《会计法》）第7条规定，国务院财政部门主管全国的会计工作，县级以上地方各级人民政府财政部门管理本行政区域内的会计工作。下面主要介绍我国基层单位会计工作的组织。

一、会计工作组织及其要求

会计工作组织是指对会计机构的设置、会计人员的配备、会计制度的制定与执行等各项工作所做的统筹安排。组织和管理会计工作必须遵循以下要求：

（1）统一性要求，指必须按照《会计法》和《企业会计准则》以及其他相关会计法规制度的统一要求来组织会计工作，进行会计核算，实行会计监督。

（2）适应性要求，指各单位应在遵守国家法规和准则的前提下，根据自身管理特点及规模大小等情况组织会计工作，以适应企业自身发展的需要。

（3）效益性要求，指在保证会计工作质量的前提下，会计工作组织应讲求效益，节约人力和物力。会计凭证、账簿、报表的设计，会计机构的设置以及会计人员的配备等，都应避免烦琐，力求精简，引入会计电算化，从工艺上改进会计操作技术，提高工作效率。

（4）内部控制及责任制要求，指组织会计工作时，要遵循内部控制的原则，从现金出纳、财产物资进出以及各项费用的开支等方面形成彼此相互牵制的机制，防止工作中的失误和弊端。建立和完善会计工作责任制，对会计工作进行合理分工，不同岗位上的会计人员各司其职，使得会计处理手续和会计工作程序达到规范化、条理化。

二、会计工作组织形式

根据单位的规模大小和业务范围，会计工作组织形式一般有以下两种：

1. 集中核算形式

集中核算就是把整个单位的主要会计工作集中在会计部门，单位内部的其他部门和下属单位只对其发生的经济业务填制原始凭证，并定期将初步审核的原始凭证或原始凭证汇总表送交会计部门。实行集中核算的优点是会计部门可以集中掌握有关资料，便于了解整个单位的全面经济活动情况，减少核算层次；缺点是不利于单位内部经济责任制的落实。集中核算形式一般适用于小型企事业单位。

2. 非集中核算形式

非集中核算就是单位内部会计部门以外的其他部门和下属单位,可以在会计部门的指导下,进行会计工作。实行非集中核算,可以使各职能部门和下属单位随时了解本部门和单位的经济活动情况,及时分析问题和解决问题。但这种核算组织形式层次多、手续复杂、核算工作量大、不利于会计人员的分工。非集中核算形式一般适用于大中型企事业单位。

实际工作中,企事业单位可以单一地选用集中核算或非集中核算,也可以二者兼而有之。但是,无论采用哪一种核算形式,企事业单位对外的现金和银行存款往来、材料物资采购、商品销售、债权债务结算等业务都应由企事业单位会计部门集中办理。

三、会计机构和会计工作岗位设置

(一) 会计机构的设置

会计机构是由企事业单位内部设置的负责组织、领导和处理会计工作的职能部门。《会计法》第36条对会计机构和会计人员的设置做了如下规定:"各单位应当根据会计业务的需要,设置会计机构,或者在有关机构中设置会计人员并指定会计主管人员;不具备设置条件的,应当委托经批准设立从事会计代理记账业务的中介机构代理记账。"

1. 设置独立会计机构

一个单位是否单独设置会计机构,主要取决以下因素:一是单位规模的大小,二是经济业务和财务收支的繁简情况,三是经营管理的要求。

一般来说,规模较大、经济业务较多、财务收支量较大的单位,如大中型企事业和行政单位、会计业务较多的社团组织及其他经济组织等应当单独设置会计处、科、股等会计机构,会计机构应当配备会计机构负责人,如会计主管,大中型企业还可以设置总会计师。

由于会计工作与财务工作都是综合性的经济管理工作,二者联系十分紧密。在我国的实际工作中,大多数单位把财务与会计工作合并在一起,就是通常所说的财会机构。

2. 不设置会计机构

对于规模较小、人员少、会计业务简单,或者由于单位组织结构等原因,单位可以不设置独立的会计机构,但应当在有关机构中设置会计人员,并指定会计主管人员。

3. 代理记账

对于不具备设置会计机构条件的单位,应当委托经批准设立能够从事会计代理记账业务的中介机构代理记账。

代理记账机构可以接受委托,受托办理委托人的下列业务:

(1) 根据委托人提供的原始凭证和其他资料,按照国家统一的会计制度的规定进行会计核算,包括审核原始凭证、填制记账凭证、登记会计账簿、编制财务会计报告等;

(2) 对外提供财务会计报告;

(3) 向税务机关提供税务资料;

(4) 委托人委托的其他会计业务。

(二) 会计工作岗位设置

会计工作岗位,是指对一个单位的会计工作进行具体分工而设置的各个职能岗位。根据《会计基础工作规范》的规定,我国会计工作岗位设置及其职责如下:

1. 会计机构负责人

会计机构负责人又称会计主管岗位，负责组织领导本单位财务会计的全面工作。组织制定本单位的财务会计制度及核算办法，督促其贯彻执行；组织编制本单位的财务成本计划和资金使用预算；及时准确地编制会计、统计报表；分析财务成本费用和资金执行情况，总结经验，提出改进的意见并参与决策；组织财会人员学习政治理论和业务知识，并对其工作进行考核。

2. 出纳

负责办理现金收付和结算业务，登记现金和银行存款日记账，保管库存现金和各种有价证券，保管有关印章、空白收据和空白支票，保护现金、有价证券和票据的安全与完整。

3. 财产物资核算

会同有关部门制定本企业材料物资核算与管理办法，负责审查材料物资供应计划和供货合同，并监督其执行情况。会同有关部门制定和落实储备资金定额，办理材料物资的请款和报销业务，计算确定材料物资采购成本。严格审查核对材料物资入库、出库凭证，进行材料物资明细核算，参与库存材料、物资的清查盘点工作。会同有关部门拟定固定资产的核算与管理办法，参与编制固定资产更新改造和大修理计划，负责固定资产的明细核算，按期编制反映固定资产增减变动的会计报表，计算和提取固定资产折旧，会同有关部门定期对固定资产进行盘点和清查并及时进行账务处理。

4. 工资核算

负责计算职工的薪酬，办理职工薪酬分配、结算和核算，监督工资薪酬的支付，分析工资政策的执行情况，编制有关工资报表。

5. 成本费用核算

会同有关部门拟定成本费用管理与核算办法，建立健全各项原始记录和定额资料。负责编制成本、费用计划，并将其指标分解落实到有关责任单位和个人。遵守国家的成本开支范围和开支标准，正确地归集和分配费用，计算产品成本，登记费用成本明细账，编制费用报表，并分析成本计划的执行情况。

6. 财务成果核算

负责编制收入、利润计划并组织实施。随时掌握销售状况，预测销售前景，及时督促销售部门完成销售计划，组织好销售货款的回收工作，正确地计算并及时地解缴有关税款。负责收入、应收款和利润的明细核算，编制有关收入、利润方面的会计报表，并对其实现情况进行分析，提出增加利润的措施。

7. 资金核算

负责资金的筹集、使用、调度和核算。了解和掌握资金市场的动态，为企业筹集生产经营所需资金，并合理安排、调度和使用资金，负责各项投资的明细分类核算。

8. 往来结算

负责应收应付、其他暂收暂付款项往来业务的办理、核对和清算，负责备用金的管理和核算，管理往来业务所涉及的凭证、账册和资料，及时处理无法收回或无法支付的款项，查明原因并及时向会计机构负责人报告。

9. 总账报表

负责总账的登记与核对，编制会计报表，负责财务状况和经营成果的综合分析，收集、整理各方面经济信息以便进行财务预测，制订或参与制订财务计划，参与企业的生产经营决策等。

10. 档案管理

负责制定会计档案的立卷、归档、保管、查阅和销毁等管理制度，保证会计档案的安全和完整，保证商业秘密不外泄。

11. 稽核

负责确立稽核工作的组织形式和具体分工，明确稽核工作的职责、权限，审核会计凭证，复核会计账簿、报表，审核财务收支的合理合法性，审查各项财务收支及计划的执行情况，提出经营管理的建议。

上述会计工作岗位的设置并非固定模式，单位可以根据自身的需要合并或重新分设，可以"一岗一人"，岗位工作量大的应该"一岗多人"，岗位工作量少的也可以"多岗一人"。同时，会计工作岗位的设置应当符合内部控制制度的要求，比如，凡是涉及货币资金和财务收支、结算及登记的任何一项工作，必须有两人或两人以上分工办理，会计凭证的填制工作和审核工作不能由同一个人办理；出纳人员不得兼任稽核，不得兼管收入、费用、债权债务账目的登记工作，等等。必要时单位还可以对岗位进行适当的轮换，以便于提高会计人员的综合能力，也有利于各岗位之间的配合。开展会计电算化和管理会计的单位，可以根据需要设置相应的工作岗位与其他工作岗位相结合。

（三）会计工作的交接

会计工作交接是会计工作中的一项重要内容。办好会计工作交接，有利于保持会计工作的连续性和明确各自的责任，防止因会计人员的更换而出现会计核算混乱的现象。会计工作的交接应注意以下要求：

（1）会计人员工作调动或因故离职，必须与接替人员办理交接手续，并将本人所经管的会计工作在规定期限内移交清楚。没有办清交接手续的，不得调动或者离职。会计人员临时离职或因事、因病不能到职工作的，会计机构负责人、会计主管人员或单位领导必须指定人员接替或代理。

（2）接替人员应认真接管移交的工作，并继续办理移交的未了事项。移交后，如果发现原经管的会计业务有违反财会制度和财经纪律等问题，仍由原移交人负责。接替的会计人员应继续使用移交的账簿，不得自行另立新账，以保持会计记录的连续性。

（3）会计人员办理交接手续，必须有监交人负责监交。其中，一般会计人员办理交接手续，由会计机构负责人（会计主管人员）监交；会计机构负责人（会计主管人员）办理交接手续，由单位负责人监交，必要时主管单位可以派人会同监交。移交清册应当经过监交人员审查和签名、盖章，作为交接双方明确责任的证据。

（4）会计机构负责人、会计主管人员移交时，除按移交清册逐项移交外，还应将全部财务会计工作、重大的财务收支和会计人员的情况等向接替人员详细介绍，并对需要移交的遗留问题写出书面材料。

（5）交接完毕后，交接双方和监交人要在移交清册上签名或者盖章，并应在移交清册上注明单位名称、交接日期、交接双方以及监交人的职务和姓名、移交清册页数，以及需要说明的问题和意见等。移交清册一般应填制一式三份，交接双方各执一份，存档一份。

交接工作完成后，移交人员应当对所移交的会计资料的真实性、完整性负责。

四、会计人员

会计人员是指在企业、政府机关、社会团体和其他组织中从事财务会计工作的人员。合理地配备会计人员，提高会计人员的综合素质是每个单位做好会计工作的决定性因素，对会计核算管理系统的运行起着关键的作用。

（一）会计人员的职责与权限

1. 会计人员的职责

《会计法》中明确规定了会计人员的主要职责是：①会计人员应当具备从事会计工作所需要的专业能力；②会计人员应当遵守职业道德，提高业务素质；③不能提供虚假财务会计报告，做假账，隐匿或者故意销毁会计凭证、会计账簿、财务会计报告，贪污，挪用公款，职务侵占等；④会计人员调动工作或者离职，必须与接管人员办清交接手续。

2. 会计机构、会计人员的工作权限

单位负责人应当保证会计机构、会计人员依法履行职责，不得授意、指使、强令会计机构、会计人员违法办理会计事项。

（1）会计机构、会计人员对违反《会计法》和国家统一的会计制度规定的会计事项，有权拒绝办理或者按照职权予以纠正。

（2）会计机构、会计人员发现会计账簿记录与实物、款项及有关资料不相符的，按照国家统一的会计制度的规定有权自行处理的，应当及时处理；无权处理的，应当立即向单位负责人报告，请求查明原因，做出处理。

（3）任何单位和个人对违反《会计法》和国家统一的会计制度规定的行为，有权检举。

（4）有关法律、行政法规规定，须经注册会计师进行审计的单位，应当向受委托的会计师事务所如实提供会计凭证、会计账簿、财务会计报告和其他会计资料以及有关情况。

（二）会计人员任用

各单位应当根据会计业务的需要，设置会计机构，或者在有关机构中设置会计人员并指定会计主管人员；不具备设置条件的，应当委托经批准设立从事会计代理记账业务的中介机构代理记账。

国有的和国有资产占控股地位或者主导地位的大、中型企业必须设置总会计师。总会计师的任职资格、任免程序、职责权限由国务院规定。

会计机构内部应当建立稽核制度。出纳人员不得兼任稽核、会计档案保管和收入、支出、费用、债权债务账目的登记工作。

（三）会计职业

会计作为一个职业由来已久，可追溯至1854年苏格兰爱丁堡会计师公会的成立。会计职业伴随着经济的发展而发展，按照会计岗位工作目标和作用的不同，可分为单位会计和公共会计两类。

1. 单位会计职业

单位会计职业是指企业、政府机关、社会团体和其他组织等单位的会计，其主要工作任

务是会计核算、会计监督和财务管理等。在我国，单位会计职业按照专业技术职务可划分为高级会计师、会计师、助理会计师和会计员四个等级，高级会计师为高级职务，会计师为中级职务，助理会计师和会计员为初级职务。根据现行规定，高级会计师专业技术资格的取得，目前实行考评结合制度。会计师、助理会计师专业技术资格的取得需要通过全国统一考试，所考科目全部合格方可。会计员由单位根据国家规定直接聘任。

2. 公共会计职业

公共会计职业是指为社会各界服务的会计，主要是指注册会计师（CPA），他们依托会计师事务所，接受企业等当事人的委托，依法承办审计业务、会计咨询业务、会计服务业务及审阅和其他鉴证业务。不同于一般单位的会计人员，注册会计师以独立的第三方依法办理业务，以较高的专业水平和业务质量，受到社会公众的广泛认可和信任。

注册会计师是一种执业资格。在我国从事注册会计师，必须取得注册会计师考试全科合格证，并在会计师事务所从事审计工作两年以上，申请注册取得执业资格，才能独立承担审计业务。未取得执业资格者，只能作为注册会计师的助理人员。

知识链接1-6

会计：一个充满机遇和挑战的职业

会计职业在西方由来已久。在西方人眼中，医师、律师和会计师是西方主流的三大自由职业。提起医师，人们往往会想到亮铮铮的手术刀；提起律师，人们往往会想到法官大人手中的"惊堂锤"；而提起会计师，人们脑海中浮现的只有成堆的花花绿绿的钞票。

会计职业的发展是伴随着经济的发展而发展的。经济越发达的地方，会计也就越发达。美国的会计业就比中国要发达。

会计职业充满了机遇，回报也较优厚。在美国，会计从业人员占全国从业人员的2%，人均工资也大大超过一般的专业技术人员（包括教师）。我国外企中的财务主管的月平均收入是10 000元，"四大"会计师事务所的中方雇员最低收入每月5 000元以上。其次，会计工作给个人的职业道路带来了广阔的发展空间：世界500强企业中的首席执行官中，大约9%的教育背景是会计专业，35%是从首席财务官升任的。会计的教育或者职业背景为通向高层管理的道路奠定了坚实的基础。

基辛格，美国前国务卿，尼克松时代美国第一大谋臣，早年毕业于美国哈佛大学会计系，获学士学位。

何厚铧，澳门特别行政区首任行政长官，大学时代攻读经济类专业，在加拿大获工商管理硕士（MBA），并获加拿大注册会计师执业资格（CPA）。后在香港一家会计师事务所执业，继而执掌家业，从事银行业。1999年当选为澳门特别行政区长官。

戴相龙，中国人民银行前行长。作为中国金融界的权威人士、央行行长，戴相龙早年毕业于中央财经大学会计系，后来担任过多家银行的领导职务。对于会计，戴行长可谓"科班出身"，将其运用于金融监管中，可做到事半功倍，游刃有余。

成功的事例不胜枚举。会计界的确是个充满机遇与诱惑的世界，在这个行业中造就了无数成功人士。同时，会计更是充满挑战的职业，我国现有1 400万人从事会计职业，无论是就业还是升职都面临激烈的竞争，然而，虽然有如此多的会计从业者，我国却十分缺乏具有国际水准和现代经营观念的高水平会计人员。截至2017年年底，全国会计专业技术资格考试已成功组织 25 次，累计共有 637 万人通过相应级别的专业技术资格考试，其中初级 443 万人，中级 180 万人，高级 14 万人，《会计改革与发展"十三五"规划纲要》提出了到 2020 年年底具有初级资格会计人员达到 500 万人、具有中级资格会计人员达到 200 万人、具有高级资格会计人员达到 18 万人的目标。只有那些高素质的会计人员才能够脱颖而出，成为人们所羡慕的"金领"。

既然会计业是一个充满机遇与诱惑的世界，那么是机遇就会有挑战，是诱惑当然也会有陷阱。有成功者，当然也会有失败者。我们可以看到，在我国现阶段，凡是"大人物"因经济问题而倒台的，必定牵扯到会计。一些大企业的掌门人因经济问题而受到法律的严惩时，其总会计师也难逃法网，锒铛入狱。这也符合事物的发展规律——任何事物都具有两面性，都是矛盾的统一体。

任务 9　会计规范

会计规范是管理会计活动，规范会计行为的法律、法令、条例、规章、制度和道德守则等的总和。它是以一定的会计理论为基础，根据国家的有关方针、政策，对会计工作所做出的一系列约束，是会计行为的标准和评价会计工作质量的客观依据。

我国的会计规范，按性质不同可以分为会计法律法规和会计职业道德。

一、会计法律法规

按照制定的主体和效力不同，我国会计法律法规由高到低可以分为五个层次，如表 1-1 所示。

表 1-1　我国会计规范体系

层次	制定主体	具体内容	适用范围
第一层次	全国人大及其常委会	《中华人民共和国会计法》《中华人民共和国注册会计师法》	全国范围
第二层次	国务院	《企业财务会计报告条例》《总会计师条例》	全国范围
第三层次	财政部	主要包括会计准则体系、会计核算制度、会计监督制度、会计工作制度和会计机构、会计人员制度等	全国范围
第四层次	地方人大及其常委会	地方性会计法规	本地区
第五层次	企业	企业内部会计管理制度	本企业

（一）《中华人民共和国会计法》

《中华人民共和国会计法》（以下简称《会计法》）是会计工作的最高层次规范，是指导我国会计工作的最高准则,是制定其他会计法规的依据。最早的《会计法》于1985年1月21日经第六届全国人民代表大会常务委员会第九次会议通过。1993年12月29日第八届全国人民代表大会常务委员会第五次会议《关于修改〈中华人民共和国会计法〉的决定》第一次修正,1999年10月31日第九届全国人民代表大会常务委员会第十二次会议修订,从2000年7月1日起实施。2017年11月4日第十二届全国人民代表大会常务委员会第三十次会议《关于修改〈中华人民共和国会计法〉等十一部法律的决定》第二次修正,自2017年11月5日起施行,也就是现行的《会计法》。

(二)《企业财务会计报告条例》

《企业财务会计报告条例》由国务院于2000年6月21日发布,自2001年1月1日起施行。该条例共分六章四十六条,是对《会计法》中有关财务会计报告规定的细化。该条例要求企业负责人对本企业的财务会计报告的真实性和完整性负责;强调任何组织或者个人不得授意、指使、强令企业编制和对外提供虚假的或者隐瞒重要事实的财务会计报告;规定有关部门或者机构必须依据法律法规,索要企业财务会计报告;还规定了违法违规行为应承担的法律责任等。

(三) 会计准则体系

会计准则是指导会计业务处理的具有一定层次结构的会计规范,是会计人员从事会计工作的标准和指南。我国企业会计准则体系完善后,由40余项会计准则构成,分为两个层次,第一层次为基本准则,第二层次为具体会计准则。基本准则在整个准则体系中起统驭作用,主要规范会计目标、会计基本假定、会计信息的质量要求、会计要素的确认和计量等。具体会计准则分为一般业务准则、特殊行业的特定业务准则和报告准则三类。一般业务准则主要规范各类企业普遍适用的一般经济业务的确认和计量,如存货、固定资产等准则项目。特殊行业的特定业务准则主要规范特殊行业中特定业务的确认和计量,如石油天然气、农业等准则项目。报告准则主要规范普遍适用于各类企业通用的报告类准则,如现金流量表、合并财务报表等准则项目。

知识链接 1-7

中国历代会计法规建设

从奴隶社会至今,不同时期的统治阶级集团都依据当时社会经济发展需要,对会计立法做出过相应的规定。

西周时期

有了会计立法的雏形:周朝中央政府设立了会计主管官员——"司会"一职,它是会计的最高长官,主要职责是利用账册、数字、公文、户籍、地图等文件中的副本,考核各级官吏的工作,并检查、听取他们的会计报告。

战国时期

由魏文侯时李悝所编纂的《法经》,其中就有许多与会计有关的条款,最重要的是它在中国历史上首次就会计账簿及安全受法律保护的问题做出了明文规定。此外,在《账法》《杂法》等条文中,还对会计凭证、会计印鉴、仓储保管及度量衡等技术方面也规定了具体条款。

秦朝

法律中涉及会计方面的规定就更加具体。例如,在《效律》中就严格规定了会计人员必须廉洁奉公、账实相符、记载准确、计算无误等。同时还对会计交接、财物损耗等问题做了具体规定。

汉朝

对于会计账簿的设置与分类、会计簿籍的登记方法、会计计量单位与盈利的计算、会计凭证、会计报告、财物保管与盘点等方面做了规定，初步形成了一套较完备的制度。例如，在"上计律"中就具体规定了"上计簿"的拨出程序与时间，严令对上报不及时或者不实者治罪。

唐宋时期

史称中国封建经济发展的鼎盛时期，在会计方法的发展上产生了奠定当今账户结算余额原理的"四柱清册结算法"，在会计机构方面又设立了专司审计的机构——比部。在会计立法方面亦更趋完善，不仅规定对违反会计制度的人给予较严厉的处罚，而且限定凡属经济报告上隐漏重复，收支不实者均从严治罪，甚至在有关条文中还规定了会计报告的格式及书法誊写要求。

元、明、清时期

在当时的一些重要法典中，对会计制度均有相应的规定，并较之前朝更加具体与完善。

辛亥革命后

由于对外政治与经济交往范围的扩大，西方成功的会计理论与实务大量传入中国，推动了会计工作法制化的进程。1915年3月，北洋军阀政府参议院通过了我国历史上第一部比较完善的会计法，共九章三十六条，史称为"民三会计法"。后来，又陆续颁布了一些专业会计法规，但后因袁世凯倒台，北洋军政府内部分裂，全国发生军阀混战事件，致使其未起到应有的作用。1935年，国民党政府也颁布了一部含十章一百二十七款的会计法，其内容详尽，分项说明具体，加上于1945年颁布的会计师法，对于当时规范会计工作起了重要作用。

中华人民共和国成立

财政部于1949年12月设置了管理全国会计工作的专门机构，会计立法工作逐步展开。在20世纪50年代到60年代早期，主要以财政部的名义颁发了一系列行业性的会计制度，形成了一套较为完善的会计操作法规体系。

20世纪80年代

发展经济、改革开放的政策加快了会计法制建设的步伐。1985年1月21日第六届全国人大九次会议审议通过《会计法》并于同年5月1日起正式实施，《会计法》的颁布标志着中华人民共和国第一部关于会计工作基本法律性文件的诞生。社会主义市场经济体制的建立，给会计工作提出了一系列新课题，有必要对构成会计法制体系基础的《会计法》进行调整。

20世纪90年代

1993年12月29日，第八届全国人大五次会议做出了《关于修改〈中华人民共和国会计法〉的决定》，修改后的《会计法》，实施范围扩大，会计工作地位与作用突出，更适应我国会计自身改革及在具体事务处理上与国际通行惯例相接轨的需要；还为企业股份制改造、转换企业经营机制、转变政府职能、强化经济的宏观调控等方面充分发挥会计的作用提供了必要的法律保证。1999年10月31日,九届全国人大十二次会议再次修订了《会计法》,其具体条款的规定更加适合经济发展对会计改革的要求。

回顾我国会计法制化的历史,从中得到的启发是:不论哪朝哪代,会计工作都要有相当的制度规范,都必须遵守一定的规则,这是自古以来开展会计工作的基本要求。

(资料来源:陈杰·中国财经报)

二、会计职业道德

在会计工作中,除了必须将本职工作置于法律、法规的约束和规范之下外,还必须具备与其职能相适应的职业道德水准,市场经济越发展,对会计工作的职业道德水准要求越高。

(一) 会计职业道德及其主要特征

会计职业道德是指在会计职业活动中应当遵循的、体现会计职业特征的、调整会计职业关系的职业行为准则和规范。它的特征主要有以下两个方面:

一是自觉性与强制性相结合,具有一定的强制性;

二是在关注从业单位利益的同时,较多地关注公众利益,把公众利益放在第一位,在发生道德冲突时要坚持原则,不得损害社会公众利益。

(二) 会计职业道德的主要内容

1. 敬业爱岗

热爱本职工作,这是一起工作的出发点。会计人员只有爱岗敬业,才会勤奋、努力钻研业务,以强烈的事业心、责任感从事会计工作。

2. 熟悉法规

会计工作时时、事事、处处涉及执法守规方面的问题。会计人员不仅要熟悉财经法律,还要能结合自身工作进行广泛宣传,在处理各项经济业务时做到知法依法、知章循章。

3. 依法办理

会计人员应按照会计法规的要求依法办事,树立自己职业的形象和人格的尊严,敢于抵制歪风邪气,保证会计信息真实和完整。

4. 客观公正

会计人员在办理会计事务中,应当实事求是、客观公正。这是一种工作态度,也是会计人员追求的一种境界。做好会计工作,不仅要有过硬的技术本领,也同样需要有实事求是的精神和客观公正的态度。

5. 搞好服务

会计人员应当熟悉本单位的生产经营和业务管理情况,并积极运用所掌握的会计信息和会计方法,为改善单位的内部管理、提高经济效益服务。会计工作作为经济管理的重要组成部分,树立服务意识、提高服务质量、努力维护和提升会计职业的良好社会形象,是会计人员的职责所在。

6. 保守秘密

会计人员应当保守本单位的商业秘密,除法律规定和单位负责人同意外,不能私自向外界提供或者泄露单位的会计信息。

7. 参与管理

简单来讲，参与管理就是参加管理活动，为管理者当参谋，为管理活动服务。其基本要求：

一是努力钻研业务，熟悉财经法规和相关制度，提高业务技能，为参与管理打下坚实的基础；二是熟悉服务对象的经营活动和业务流程，使管理活动更具针对性和有效性。

8. 强化服务

强化服务就是要求会计人员具有文明的服务态度、强烈的服务意识和优良的服务质量。其基本要求：一是强化服务意识。会计人员要树立强烈的服务意识，为管理者服务、为所有者服务、为社会公众服务、为人民服务。二是提高服务质量。

一体化训练

模块 2

会计要素与会计等式训练

知识框架

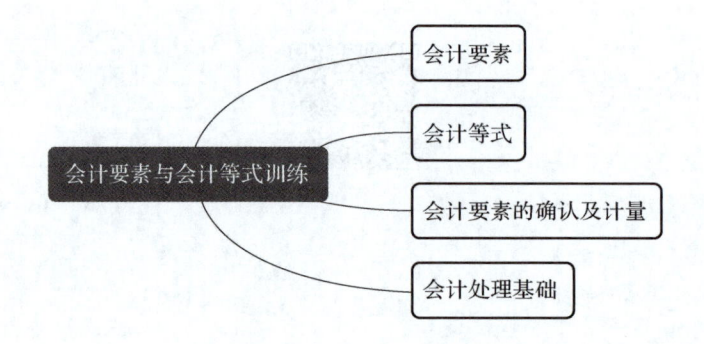

```
                    ┌─ 会计要素
                    │
会计要素与会计等式训练 ─┼─ 会计等式
                    │
                    ├─ 会计要素的确认及计量
                    │
                    └─ 会计处理基础
```

学习目标

知识目标
1. 掌握会计要素的定义、特征及分类
2. 掌握会计等式以及经济业务发生对会计等式的影响
3. 了解会计要素确认条件及五种会计计量属性
4. 掌握会计要素的确认和计量的要求
5. 理解会计处理基础特别是权责发生制

能力目标
1. 能够正确区分六个会计要素
2. 能够正确描述经济业务发生对会计等式影响的各种类型
3. 能够初步掌握权责发生制的运用

素养目标
1. 通过了解会计要素，具备"边界"意识、"计量"意识等职业素养
2. 通过学习会计处理的权责发生制，具备"责任与担当"意识
3. 通过学习会计等式，具备一定的公平意识和审美能力

导入案例

小王一直渴望自主创业，大学毕业后，他用父母给他的资金 25 000 元（银行存款）于

2023 年 10 月投资开办了一家名为"必胜"的中式快餐店,主营面类、盖饭类食品。开办当月发生了如下业务,如表 2-1 所示。

表 2-1 2023 年 10 月经济业务

经济业务内容	金额/元	备注
租用小铺面一间,当月房租	1 500	款已支付
购买桌、凳及餐具等快餐店必需用品一批	3 500	款已支付
购买收款机一部	1 200	款已支付
在电视上做广告宣传,发生广告费用	800	其中 500 元未付
小王从银行提取现金用于个人生活支出	700	已办理
当月雇工的工资	1 900	款已支付
当月发生的水电费	150	尚未付款
本月采购原材料（假设当月已全部耗用）	4 500	款已付

当月快餐店的收入已全部存入银行,10 月 31 日银行账户余额为 21 800 元。

小王认为,由于快餐店刚起步,开销较大,尽管亏了 3 200 元（期末银行存款余额 21 800 - 期初银行存款余额 25 000）,但快餐店的顾客较多,生意不错,他对前景充满信心。

同学们,你认为小王计算亏损的依据是否正确？如何才能正确地反映"必胜"快餐店 2023 年 10 月的财务状况和经营成果呢？

本项目将介绍反映会计主体财务状况和经营成果的六个会计要素；通过对经济业务的分析,帮助你深刻理解反映会计要素内在经济关系的会计等式；明确会计要素确认、计量的定义和要求；掌握会计处理基础特别是权责发生制的特点与运用。

任务 1 会计要素

会计要素是对会计对象按经济特征所进行的最基本分类,是会计对象的具体化。我国《企业会计准则》将会计要素分为六大类,即资产、负债、所有者权益、收入、费用和利润。其中,资产、负债和所有者权益要素侧重于反映企业的财务状况,收入、费用和利润要素侧重于反映企业的经营成果。

会计要素的分类是人的主观意识和客观要求相结合的产物。各个国家会形成不同的会计要素,如美国财务会计准则委员会（FASB）将会计要素划分为资产、负债、产权、业主投资、派给业主款、全面收益、收入、费用、利得和损失十项；国际会计准则委员会（IASC）将会计要素划分为资产、负债、产权、收益和费用五项。但不管怎样分类,所有的会计要素要能涵盖全部经济业务,每个会计要素都有其特定的内容,会计要素之间在内容上应具有互斥性。

一、反映企业财务状况的会计要素

（一）资产

资产是指过去的交易或事项形成的、由企业拥有或者控制的、预期会给企业带来经济利益的资源。

1. 资产的特征

资产具有以下几个方面的特征：

（1）资产是由企业过去的交易或事项所形成的。只有过去发生的交易或事项才能增加或减少资产，预期在未来发生的交易或事项不形成资产。即资产必须是现实的资产，而不能是预期的资产。所谓过去的交易或者事项，包括购买、生产、建造等行为或者其他交易和事项。例如，企业有购买某存货的意愿或者计划，若购买行为尚未发生，就不符合资产的定义，不能确认为存货资产。

（2）资产是企业拥有或者控制的资源。企业享有资产的所有权，通常表明企业能够排他性地从资产中获取经济利益。一般而言，在判断资产是否存在时，所有权是考虑的首要因素。有些情况下，资产虽然不为企业所拥有，但企业控制了这些资产，同样表明企业能够从资产中获取经济利益，符合会计上对资产的定义。例如，某企业以融资租赁方式租入一项固定资产，尽管企业并不拥有其所有权，但是如果租赁合同规定的租赁期相当长，接近于该资产的使用寿命，表明企业控制了该资产的使用及其所能带来的经济利益，应当将其作为企业的资产予以确认、计量和报告。

（3）资产预期会给企业带来经济利益。即资产能给企业直接或者间接带来现金和现金等价物流入的潜力。如果某一项目预期不能给企业带来经济利益，那么就不能将其确认为企业的资产。前期已经确认为资产的项目，如果不能再为企业带来经济利益，也不能再确认为企业的资产。例如，待处理财产损失以及某些财务挂账等，由于不符合资产定义，均不应确认为资产。

2. 资产的确认条件

一项资源是否被确认为资产，除符合资产定义外，还需同时满足以下两个条件：

（1）与该资产有关的经济利益很可能流入企业。能否带来经济利益是资产的一个本质特征，在编制财务报告时，如果与资源有关的经济利益很可能流入企业，那么就应当将其作为资产予以确认；反之，不能确认为资产。

（2）该资源的成本或者价值能够可靠地计量。资源的成本是指取得该资产发生的实际成本；资源的价值一般指其公允价值，在某些情况下，企业取得的资产没有发生实际成本或者发生的实际成本很小，例如企业持有的某些衍生金融工具形成的资产，对于这些资产，就要考虑其公允价值能否可靠计量。

只有同时符合资产定义和确认条件的资源，才应当列入资产负债表；如果只符合资产的定义、但不符合资产确认条件的，就不应当列入资产负债表。

3. 资产的分类

企业的资产按其流动性可以分为流动资产和非流动资产。

（1）流动资产。满足下列条件之一的资产就应归属为流动资产：

①预计在一个正常营业周期中变现、出售或耗用。

所谓变现，一般是针对应收款项等而言，指将资产转化为货币资金，如收回应收票据款及应收账款，销售商品收回货款等；所谓出售，一般是针对产品等存货而言，指对外转让资产所有权，如销售库存商品；所谓耗用，是指在生产经营过程中的消耗使用，如生产中领用原材料，固定资产在生产经营中的磨损等。

正常营业周期，是指企业从购买用于加工的资产起至实现现金或现金等价物的期间。正常营业周期通常短于一年，但是，也存在正常营业周期长于一年的情况，在这种情况下，与生产循环相关的产成品、应收账款、原材料尽管是超过一年才变现、出售或耗用，仍应作为流动资产。正常营业周期不能确定的，应当以一年（12个月）作为正常营业周期。

②主要为交易目的而持有。

③预计在资产负债表日起一年内（含一年）变现。

④自资产负债表日起一年内，交换其他资产或清偿负债的能力不受限制的现金或现金等价物。

在实务中存在用途受限制的现金或现金等价物，例如，用途受到限制的信用证存款、汇票存款、技改资金存款（专项存款）等不能作为流动资产。

实务中，流动资产主要包括货币资金、交易性金融资产、应收及预付款项、存货和一年内到期的非流动资产等。

思考：以下各种流动资产满足流动资产以上四个条件的哪一个条件？

货币资金，是指企业拥有的以货币形态存在的那部分资产，包括库存现金、银行存款和其他货币资金。其中，其他货币资金又包括外埠存款、银行汇票存款、银行本票存款、信用卡存款、信用证保证金存款和存出投资款等。

交易性金融资产，是指企业为近期出售而持有的金融资产，包括企业利用闲置资金以赚取价差为目的而购入的股票、债券、基金等。

应收及预付款项，是指企业在日常经营过程中发生的各种债权，包括应收票据、应收账款、预付账款和其他应收款等。

存货，是指企业在日常活动中持有以备出售的产成品或商品、处在生产过程中的在产品、在生产过程或提供劳务过程中耗用的材料、物料等。包括原材料、在产品、半成品、产成品、库存商品及周转材料等。

实务中，持有待售的非流动资产也应当归类为流动资产。

（2）非流动资产是指不能在一年或者超过一年的一个营业周期内变现或者耗用的资产，主要包括可供出售金融资产、持有至到期投资、长期应收款、长期股权投资、投资性房地产、固定资产、工程物资、无形资产、长期待摊费用等。

长期股权投资，是企业持有的对其子公司、合营企业及联营企业的权益性投资以及企业持有的对被投资单位不具有控制、共同控制或重大影响，并且在活跃市场中没有报价、公允价值不能可靠计量的权益性投资。

固定资产，是指同时具有下列特征的有形资产：为生产商品、提供劳务、出租或经营管理而持有的；使用寿命超过一个会计年度。

无形资产，是指企业拥有或者控制的没有实物形态的可辨认非货币性资产，如专利权、非专利技术、商标权、著作权、土地所有权、特许经营权等。

长期待摊费用，是指企业已经发生但应由本期和以后各期负担的分摊期限在一年以上的各项支出，如以经营租赁方式租入的固定资产发生的改良支出等。

资产要素的构成内容如图2-1所示。

```
         ┌ 流动资产 ┌ 货币资金 ┌ 库存现金
         │         │         │ 银行存款
         │         │         └ 其他货币资金
         │         │ 交易性金融资产
         │         │ 应收及预付款项 ┌ 应收票据
         │         │               │ 应收账款
         │         │               │ 其他应收款
         │         │               └ 预付账款
资产 ┤   │         │ 存货 ┌ 原材料
         │         │      │ 半成品、在产品
         │         │      └ 库存商品
         │ 非流动资产 ┌ 长期股权投资
         │           │ 固定资产 ┌ 房屋、建筑物、运输工具
         │           │         └ 机器、设备
         │           │ 无形资产 ┌ 专利权、非专利技术、土地所有权、
         │           │         └ 商标权、著作权、特许经营权
         └           └ 其他资产：长期待摊费用
```

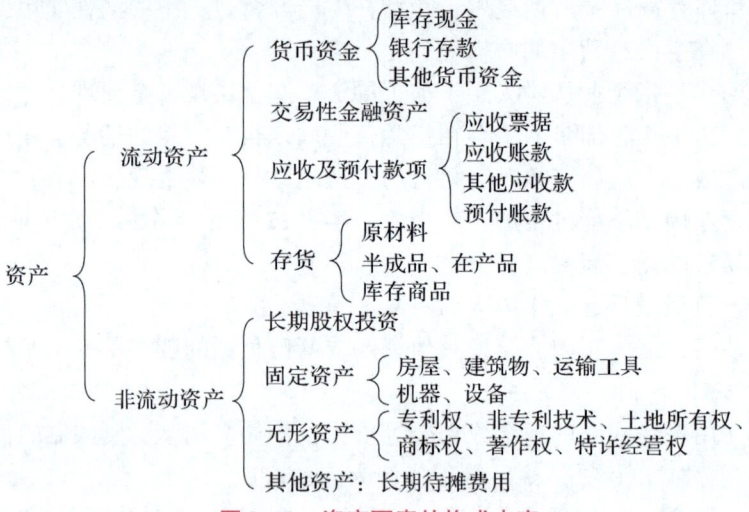

图2-1 资产要素的构成内容

知识链接2-1

资产与收益的关系

资产和收益两个概念有着密切的关系。资产是某一时点特定会计主体拥有或控制的经济资源，资产的本质是预期能带来经济利益；收益是某一期间由资产产生的经济利益的净流入。二者之间的关系如同树与果实之间的关系——果实长在树上，果实可以消费掉。若将树毁掉，就不再有果实了；细心保养树并施肥，将来树就会结出更多的果实。可以说，收益一定来自资产，而收益的多少并非完全取决于资产价值的大小；相反，资产的价值大小来自收益的多少。就像庄稼的确依赖于土地，但庄稼的价值并不取决于土地。相反，土地的价值取决于生长在土地上的庄稼。

（二）负债

负债是指企业过去的交易或事项形成的、预期会导致经济利益流出企业的现时义务。

1. 负债的特征

（1）负债是由过去的交易或事项形成的。只有过去的交易或者事项才能形成负债，企业将在未来发生的承诺、签订的购买合同等交易或者事项，不能形成负债。

（2）负债是企业承担的现时义务。现时义务是指企业在现时条件下承诺的义务，未来发生的交易或事项形成的义务，不应当确认为负债。

（3）负债的清偿预期会导致经济利益流出企业。无论债务以何种形式出现，其作为一种现时义务，最终的履行预期均会导致经济利益流出企业。企业不能或很少回避，如果企业能够回避，则不能确认为企业的负债。企业的债务，可以通过资产偿还，也可以提供劳务偿还，还可以通过举借新债来偿还。

2. 负债的确认条件

一项义务是否被确认为负债，除符合负债定义外，还需同时满足以下两个确认条件。

(1) 与该义务有关的经济利益很可能流出企业。
(2) 未来流出的经济利益的金额能够可靠地计量。

只有同时符合负债定义和确认条件的义务，才应当列入资产负债表；如果只符合负债的定义、但不符合负债确认条件的，不应当列入资产负债表。

3. 负债的分类

负债按其流动性不同可分为流动负债和非流动负债。

（1）流动负债。满足下列条件之一的负债，应归属于流动负债。

①预计在一个正常营业周期中清偿。
②主要为交易目的而持有。
③自资产负债表日起一年内到期应予以清偿。
④企业无权自主地将清偿推迟到资产负债表日后一年以上。

流动负债包括短期借款、应付票据、应付账款、预收账款、应付职工薪酬、应交税费、应付股利、其他应付款和一年内到期的长期借款等。

思考：以下各种流动负债满足流动负债以上四个条件的哪一个条件？

短期借款，是指企业从银行或其他金融机构借入的期限在一年以下（含一年）的各种借款。如企业从银行取得的、用来补充流动资金不足的临时性借款。

应付票据，是指企业因购买材料、商品或接受劳务供应等经营活动，采用商业汇票结算方式而发生的应付给供应单位的款项。

应付账款，是指企业因购买材料、商品或接受劳务供应等应付给供应单位的款项。

预收账款，是指企业按照合同的规定，预收购货单位的货款。

应付职工薪酬，是指企业因获得职工提供的服务而给予职工的各种形式的报酬。包括应支付给职工的工资、奖金、津贴和补贴、各种职工福利、社会保险、住房公积金、工会经费、职工教育经费、因解除与职工的劳动关系而给予的补偿费等。

应交税费，是指企业按规定应交纳的各种税金和费用，包括增值税、消费税、城市维护建设税、资源税、企业所得税、土地增值税、房产税、车船税、土地使用税、教育费附加、矿产资源补偿费等。

应付股利，是指企业应付给投资者的现金股利或利润。

其他应付款，是指企业除应付账款、应付票据、预收账款、应付职工薪酬、应交税费、应付股利等经营活动以外的其他应付、暂收款项，如应付经营租入固定资产和包装物的租金、存入保证金、职工未按期领取的工资及应付、暂收所属单位、个人的款项等。

实务中，持有待售的非流动负债应当归类为流动负债。

（2）非流动负债是指偿还期在一年或者超过一年的一个营业周期以上的债务，包括长期借款、应付债券、长期应付款等。

长期借款，是指企业从银行或其他金融机构借入的期限在一年以上的各项借款。企业借入长期借款，主要是为了长期工程项目。

应付债券，是指企业为筹集长期资金而实际发行的长期债券。

长期应付款，是指除长期借款和应付债券以外的其他长期应付款项，包括应付引进设备款、融资租入固定资产应付款等。

对于在资产负债表日起一年内到期的负债，企业有意图且有能力自主地将清偿义务展期至资产负债表日后一年以上的,应当归类为非流动负债。

负债要素的构成内容如图2-2所示。

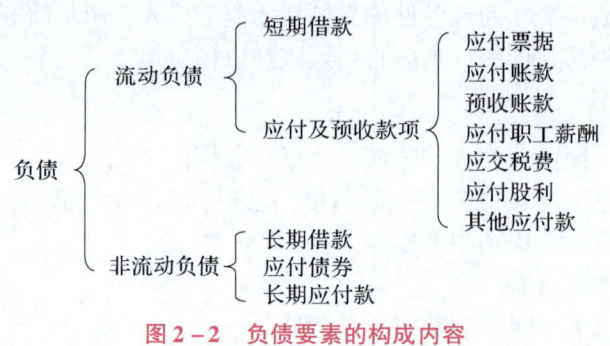

$$
负债\begin{cases} 流动负债 \begin{cases} 短期借款 \\ 应付及预收款项 \begin{cases} 应付票据 \\ 应付账款 \\ 预收账款 \\ 应付职工薪酬 \\ 应交税费 \\ 应付股利 \\ 其他应付款 \end{cases} \end{cases} \\ 非流动负债 \begin{cases} 长期借款 \\ 应付债券 \\ 长期应付款 \end{cases} \end{cases}
$$

图2-2 负债要素的构成内容

(三) 所有者权益

所有者权益,是指企业资产扣除负债后由所有者享有的剩余权益。公司的所有者权益又称股东权益。它在数值上等于企业全部资产减去全部负债后的余额。其实质是企业从投资者手中所吸收的投入资本及其增值。

1. 所有者权益的构成

所有者权益的来源包括所有者投入的资本、直接计入所有者权益的利得和损失、留存收益等,通常由实收资本(或股本)、资本公积(含资本溢价或股本溢价、其他资本公积)、盈余公积和未分配利润构成。

(1) 实收资本。企业的实收资本(即股份制企业的股本)是指投资者按照企业章程或合同、协议的约定,实际投入企业的资本。

(2) 资本公积。企业的资本公积也称准资本,是指归企业所有者共有的资本,主要来源于资本在投入过程中所产生的溢价,以及直接计入所有者权益的利得和损失。直接计入所有者权益的利得和损失,是指不应计入当期损益、会导致所有者权益增减变动的、与所有者投入的资本或者向所有者分配利润无关的利得和损失,如企业资产评估增值、外币报表折算差额等。资本公积主要用于转增资本。

(3) 盈余公积。盈余公积是指企业按照法律、法规的规定从净利润中提取的留存收益。它包括法定盈余公积与任意盈余公积。法定盈余公积指企业按照《公司法》规定的比例从净利润中提取的盈余公积金;任意盈余公积指企业经股东大会或类似机构批准后按照规定的比例从净利润中提取的盈余公积金。企业的盈余公积可以用于弥补亏损、转增资本(股本),符合规定条件的企业,也可以用盈余公积分派现金股利。

(4) 未分配利润。未分配利润是指企业留待以后年度分配的利润。

所有者权益要素的构成内容如图2-3所示。

2. 所有者权益与负债的区别

所有者权益和负债虽然同是企业的权益,都体现了企业的资金来源,但二者之间却有着本质的不同,具体表现为以下四个方面:

(1) 性质不同。在企业持续经营的情况下,所有者权益是企业的一项可以长期使用的资金,只有在企业清算时才予以退还;负债是企业对债权人所承担的经济责任,企业负有偿还的义务。

```
                    ┌ 所有者投入资本 ┌ 实收资本（或股本）
                    │               └ 资本公积——资本溢价（或股本溢价） ┐
所有者权益 ┤ 直接计入所有者权益的利得和损失 ──→ 资本公积——其他资本公积 ├ 资本公积
                    │                                                    ┘
                    └ 留存收益 ┌ 盈余公积
                              └ 未分配利润
```

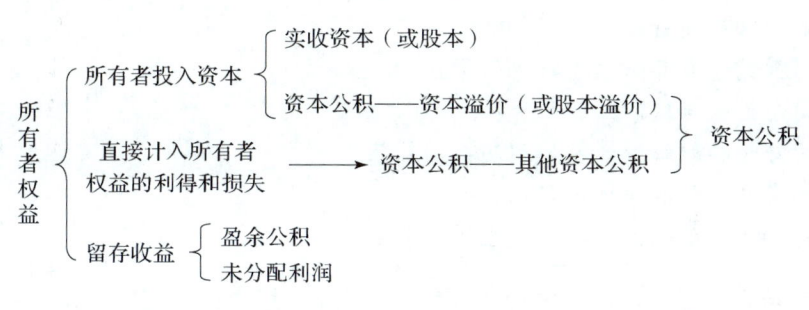

图 2 – 3 所有者权益要素的构成内容

（2）享受的权利不同。所有者凭借其所有权参与企业经营管理和利润分配，而债权人只享有按期收回利息和债务本金的权利。

（3）风险不同。所有者获得收益需视企业的盈利水平及经营政策而定，风险较大；债权人获取的利息一般是预先可以确定的固定数额，无论盈亏，企业都要按期付息，风险相对较小。在企业清算时，负债人对企业资产的要求权优先于所有者。

（4）计量特性不同。负债可以单独直接计量，而所有者权益除了投资者投资时以外，一般不能直接计量，而是通过资产和负债的计量来进行间接的计量。

为负债支付的利息是企业的经营费用，可以冲抵部分应税所得和应交所得税，对所有者支付的股利是企业收益的分配，应从所得税后的净收益中支付。

3. 所有者权益的确认条件

所有者权益的确认、计量主要取决于资产、负债、收入、费用等其他会计要素的确认和计量。通常企业收入增加时，会导致资产的增加，相应地会增加所有者权益；企业发生费用时，会导致负债增加，相应地会减少所有者权益。因此，企业日常经营的好坏和资产负债的质量直接决定着企业所有者权益的增减变化和资本的保值增值。所有者权益各项目应列入资产负债表。

课堂实训 2 – 1：判断以下项目属于反映企业财务状况的哪一类会计要素。

（1）企业库存现金；

（2）公司从银行借入的还款期为两个季度的借款；

（3）企业生产完工已入库的产品；

（4）投资人投入的资金；

（5）购入材料未付的货款；

（6）公司收到的股票溢价发行收入；

（7）企业车间的设备；

（8）公司按照一定比例提取的法定公积金；

（9）销售商品未收的货款；

（10）公司因出租、出借包装物已向对方收取的押金；

（11）出差人员预借的差旅费；

（12）应向国家交纳的税金；

（13）公司预提的短期借款利息；

（14）企业未分配利润；

（15）企业购入的商标权；
（16）公司因销售商品而预先收取的货款；
（17）公司应该支付给职工的工资；
（18）公司应该分配给投资人的利润；
（19）销售商品时收取的增值税；
（20）公司购买大型生产设备而发生的安装费。

二、反映经营成果的会计要素

（一）收入

收入是指企业在日常活动中形成的、会导致所有者权益增加、与所有者投入资本无关的经济利益的总流入。其中，日常活动是指企业为完成其经营目标所从事的经常性活动以及与之相关的其他活动。

收入确认和计量大致分为以下五步。

1. 识别与客户订立的合同

合同，是指双方或多方之间订立有法律约束力的权利义务的协议，包括书面形式、口头形式以及其他可验证的形式（如隐含于商业惯例或企业以往的习惯做法中等）。

2. 识别合同中的单项履约义务

合同开始日，企业应当对合同进行评估，识别该合同包含的各单项履约义务，并确定各单项履约义务是在某一时段内履行，还是在某一时点履行，然后，在履行了各单项履约义务时分别确认收入。履约义务，是指合同中企业向客户转让可明确区分商品的承诺。企业应当将下列向客户转让商品的承诺作为单项履约义务：

（1）企业向客户转让可明确区分商品的承诺。
①客户能够从该商品本身或从该商品与其他易于获得资源一起使用中受益；
②企业向客户转让该商品的承诺与合同中其他承诺可单独区分。
（2）企业向客户转让一系列实质相同且转让模式相同的、可明确区分商品的承诺。

3. 确定交易价格

交易价格，是指企业因向客户转让商品而预期有权收取的对价金额。企业代第三方收取的款项（例如增值税）以及企业预期将退还给客户的款项，应当作为负债进行会计处理，不计入交易价格。合同标价并不一定代表交易价格，企业应当根据合同条款，并结合以往的习惯做法等确定交易价格。企业在确定交易价格时，应当假定将按照现有合同的约定向客户转让商品，且该合同不会被取消、续约或变更。

4. 将交易价格分摊至各单项履约义务

当合同中包含两项或多项履约义务时，企业应当在合同开始日，按照各单项履约义务所承诺商品的单独售价的相对比例，将交易价格分摊至各单项履约义务。单独售价即企业向客户单独销售商品的价格。单独售价无法直接观察的，企业应当综合考虑其能够合理取得的全部相关信息，采用市场调整法、成本加成法、余值法等合理估计单独售价。

市场调整法，是指企业根据某商品或类似商品的市场售价，考虑本企业的成本和毛利等进行适当调整后，确定其单独售价的方法。成本加成法，是指企业根据某商品的预计成本加上其合理毛利后的价格，确定其单独售价的方法。余值法，是指企业根据合同交易价格减去合同中其他商品可观察的单独售价后的余值，确定某商品单独售价的方法。企业应当最大限度地采用可观察的输入值，并对类似的情况采用一致的估计方法。

企业在商品近期售价波动幅度巨大，或者因未定价且未曾单独销售而使售价无法可靠确定时，可采用余值法估计其单独售价。

5. 履行每一单项履约义务时确认收入

企业应当在履行了合同中的履约义务，即客户取得相关商品控制权时确认收入。企业应当根据实际情况，首先判断履约义务是否满足在某一时段内履行的条件，如不满足，则该履约义务属于在某一时点履行的履约义务。对于在某一时段内履行的履约义务，企业应当选取恰当的方法来确定履约进度；对于在某一时点履行的履约义务，企业应当综合分析控制权转移的迹象，判断其转移时点。

（二）费用

费用是指企业在日常活动中发生、会导致所有者权益减少、与所有者分配利润无关的经济利益的总流出。

1. 费用的特征

（1）费用是企业在日常活动中发生的经济利益的流出，而不是偶发的交易或事项中发生的经济利益流出。企业在日常活动中为了获取收入，必然要耗费人力、物力和财力，如制造企业生产产品要耗费原材料、使用机器设备、支付工资、负担借款利息等。因此，从本质上看，费用是企业在生产经营活动中垫付的资金，费用的发生会导致企业经济利益的流出，但这种流出可以从企业收入中得到抵补。值得注意的是，非日常活动导致企业经济利益的流出不属于企业的费用而应当作为损失处理。如企业处置固定资产或无形资产时发生的净损失以及违反规定支付的罚款等。

（2）费用可能表现为资产的减少或负债的增加，或二者兼而有之。费用的发生形式多种多样，既可能表现为资产的减少，如企业在产品销售中用现金或银行存款支付应由企业负担的运输费、装卸费、广告费等销售费用；也可能表现为负债的增加，如负担长期借款利息；还可能是二者的组合，如企业发生的广告费用，部分以现金支付，部分未付。

（3）费用将引起所有者权益的减少。费用是企业在生产经营过程中发生的各种耗用，发生费用中能予以对象化的部分就是产品成本，即制造成本；不能予以对象化，则是期间费用，包括管理费用、销售费用和财务费用。费用是经营成果的扣除要素，收入扣除费用后形成企业一定期间的利润。由于费用是经济利益的流出，所以，费用能引起所有者权益的减少。

需要注意的是，企业在生产经营过程中发生的资产的减少并非都会引起企业所有者权益的减少。例如，企业以银行存款偿付一项债务本金，只是一项资产和一项负债的等额的减少，对所有者权益没有影响，因此，不属于费用。

（4）费用不包括向所有者分配利润所带来的经济利益的流出。向所有者分配利润虽然是企业的日常活动，并能使所有者权益减少，但不属于企业费用发生的经济业务。

2. 费用的分类

费用有狭义与广义之分，费用会计要素是指狭义的费用。

(1) 狭义的费用，是指生产费用与期间费用，具体包括计入产品（或劳务）成本的费用、税金及附加和期间费用。

①计入产品（或劳务）成本的费用，又称营业成本，包括主营业务成本和其他业务成本。是指企业为生产产品、提供劳务而发生的各种耗费，包括为生产产品、提供劳务而发生的直接材料费用、直接人工费用和各种间接费用。它首先表现为产品（或劳务）成本，在确认收入时，按配比原则，企业应当将已销售产品或已提供劳务的成本确认为费用，从当期收入中扣除。

②税金及附加，该科目核算企业经营活动发生的消费税、城市维护建设税、资源税、教育费附加及房产税、土地使用税、车船使用税、印花税等相关税费。

③期间费用包括销售费用、管理费用和财务费用。

销售费用，是指企业在销售商品过程中发生的各项费用，包括企业在销售商品的过程中发生的运输费、装卸费、包装费、保险费、展览费和广告费，以及为销售本企业的商品而专设的销售机构（含销售网点、售后服务网点等）的职工薪酬等经营费用。

管理费用，是指企业为组织和管理生产经营活动而发生的各项费用，包括企业的董事会和行政管理部门的职工工资、修理费、办公费和差旅费等公司经费，以及聘请中介机构费、咨询费（含顾问费）、业务招待费等费用。管理费用的受益对象是整个企业，而不是企业的某个部门。

财务费用，是指企业为筹集生产经营所需资金而发生的各项费用，包括应当作为期间费用的利息支出（减利息收入）、汇兑损失（减汇兑收益）以及相关的手续费等。

知识链接 2-2

费用与成本的关系

费用与成本的联系：费用与成本都是企业为达到生产经营目的而发生的支出，体现为企业资产的减少或负债的增加，并需要由企业生产经营实现的收入来补偿；费用的发生是成本形成的基础，没有费用的发生，也就谈不上任何对象的成本，成本是按一定对象所归集的费用，是对象化了的费用，二者在经济内容上是一致的；在一定情况下，成本与费用可以相互转化，如企业的产品销售后，其生产成本就转化为销售当期的费用，称为营业成本。

费用与成本的区别：费用与一定的会计期间相联系，而与生产哪一种产品无关，是一个与收入相配比的概念；而成本是和一定种类和数量的产品相联系，而不论发生在哪一个会计期间。

(2) 广义的费用，除包括以上内容外，还包括资产减值损失、营业外支出和所得税费用。

①资产减值损失，是指企业计提的坏账准备、存货跌价准备和固定资产减值准备等所形成的损失。

②营业外支出，是指企业发生的与其生产经营活动无直接关系的各项支出，如固定资产盘亏、处置固定资产净损失、处置无形资产净损失、罚款支出、捐赠支出和非常损失等。

③所得税费用是指企业按企业所得税法的规定向国家交纳的所得税。

广义费用的构成内容如图 2-4 所示。

```
                              ┌─ 生产费用 ─┬─ 营业成本 ─┬─ 主营业务成本
                              │            │            └─ 其他业务成本
         ┌─ 狭义的费用 ───────┤            └─ 税金及附加
         │   （会计）         │            ┌─ 销售费用
广义的 ──┤                    └─ 期间费用 ─┼─ 管理费用
  费用   │                                 └─ 财务费用
         ├─ 资产减值损失
         ├─ 营业外支出 ── 固定资产亏盘、处置固定资产净损失、处置无形
         │                资产净损失、罚款支出、捐赠支出和非常损失
         └─ 所得税费用
```

图 2-4　广义费用的构成内容

3. 费用的确认条件

费用的确认除符合费用定义外，还需同时满足以下确认条件：
（1）与费用相关的经济利益应当很可能流出企业；
（2）经济利益流出企业的结果会导致资产的减少或者负债的增加；
（3）经济利益的流出额能够可靠计量。

只有同时符合费用定义和确认条件时，费用才应当列入利润表。

（三）利润

利润是指企业在一定会计期间的经营成果。企业实现了利润，将增加企业的所有者权益；反之，企业发生了亏损，将减少企业的所有者权益。利润是评价企业管理层业绩的指标之一，也是投资者等财务报告使用者进行决策时的重要参考。

1. 利润的构成

利润包括收入减去费用后的净额、直接计入当期损益（利润）的利得和损失等。其中收入减去费用后的净额反映企业日常活动的经营业绩，直接计入当期利润的利得和损失反映企业非日常活动的业绩。直接计入当期利润的利得和损失，是指应当计入当期损益、最终会引起所有者权益发生增减变动的、与所有者投入资本或者向所有者分配利润无关的利得或者损失。利润要素主要包括营业利润（含投资收益、公允价值变动损益、资产减值损失）、营业外收入、营业外支出和所得税费用。

实务中，利润有营业利润、利润总额和净利润。

营业利润 = 营业收入 - 营业成本 - 税金及附加 - 销售费用 - 管理费用 - 财务费用 -
　　　　　信用减值损失 - 资产减值损失 + 其他收益 + 投资收益（- 投资损失）+
　　　　　公允价值变动收益（- 公允价值变动损失）+ 资产处置收益
　　　　　（- 资产处置损失）

利润总额 = 营业利润 + 营业外收入 - 营业外支出

净利润 = 利润总额 - 所得税费用

其中：

营业收入 = 主营业务收入 + 其他业务收入

营业成本 = 主营业务成本 + 其他业务成本

2. 利润的确认条件

利润的确认主要依赖于收入和费用，以及直接计入当期利润的利得和损失的确认，其金额的确定也主要取决于收入、费用、利得、损失金额的计量。利润各项目应列入利润表。

知识链接 2-3

利得、损失、其他综合收益和综合收益总额

利得是指由企业非日常活动所形成的、会导致所有者权益增加的、与所有者投入资本无关的经济利益的流入。

损失是指由企业非日常活动所发生的、会导致所有者权益减少的、与向所有者分配利润无关的经济利益的流出。

利得包括直接计入当期损益（利润）的利得和直接计入所有者权益的利得。前者一般计入营业外收入，后者作为其他综合收益项目计入资本公积（其他资本公积）。损失包括直接计入当期损益（利润）的损失和直接计入所有者权益的损失。前者一般计入营业外支出等，后者作为其他综合收益项目计入资本公积（其他资本公积）。

其他综合收益，是指企业根据企业会计准则规定未在当期损益中确认的各项利得和损失。

其他综合收益＝直接计入所有者权益的利得＋直接计入所有者权益的损失

综合收益是指企业在某一期间除与所有者以其所有者身份进行的交易之外的其他交易或事项所引起的所有者权益变动。综合收益总额项目反映净利润和其他综合收益扣除所得税影响后的净额相加后的合计金额。

综合收益总额＝净利润＋其他综合收益－计入其他综合收益项目相关的所得税影响

课堂实训 2-2：判断以下项目属于反映企业经营成果的哪一类会计要素。

（1）销售商品而获取的收入；
（2）对外股权投资而取得的收入；
（3）对外提供加工劳务而获得的收入；
（4）为希望工程发生的捐款支出；
（5）公司销售产品而发生的消费税；
（6）出租固定资产收到的租金收入；
（7）公司销售商品所发生的成本；
（8）公司销售商品所发生的广告费；
（9）生产经营期间发生的利息支出；
（10）公司管理部门发生的各项经费支出；
（11）公司处置生产设备而发生的净损失；
（12）公司发生的业务招待费支出；
（13）公司转让无形资产所有权的收益；
（14）公司收到的政府补助；
（15）公司当年实现的净利润。

任务 2　会计等式

每一笔经济业务的发生都会引起企业的资金运动，也必然涉及相互联系的会计要素，这种用来描述会计要素之间内在关系的数学表达式就叫会计等式，也称会计恒等式或会计方程

式。会计等式是复式记账、编制财务报告的理论基础。

一、财务状况等式

财务状况等式亦称基本会计等式和静态会计等式，反映了企业某一特定时点资产、负债和所有者权益的关系。企业的价值总是表现为两个方面：一方面以一定的物质形态存在，即企业的"资产"，它是企业价值自然属性的体现；另一方面又表现为相应的要求权，即企业的"权益"，表明资产归谁所有，这是企业价值社会属性的体现。企业的权益中，属于投资人的部分称为"所有者权益"，属于债权人的部分称为"负债"。由于资产与权益是同一价值的不同表现，因而两者在数量上是相等的。两者之间的这种平衡关系可表示为：

$$资产 = 权益 = 负债 + 所有者权益$$

财务状况等式是设置账户、复式记账、试算平衡和编制资产负债表的理论依据。

二、经营成果等式

经营成果等式亦称动态会计等式，反映了企业一定时期收入、费用和利润的关系。可用下式表示：

$$收入 - 费用 = 利润$$

在实务中，由于收入不包括直接计入当期损益（利润）的利得，费用不包括直接计入当期损益（利润）的损失，所以收入减去费用，并经过调整后，才等于利润。

经营成果等式是计算企业损益的依据，也是企业编制利润表的基础。

三、综合会计等式

综合会计等式也称扩展的会计等式，是由财务状况等式和经营成果等式综合而成的，用以全面反映企业六项会计要素之间的内在经济关系的等式。企业生产经营活动产生收入、费用和利润后，则会计等式就会演变为：

$$资产 = 负债 + 所有者权益 + 利润$$

或

$$资产 = 负债 + 所有者权益 + （收入 - 费用）$$

$$资产 + 费用 = 负债 + 所有者权益 + 收入$$

收入、费用和利润这三个要素的变化实质上都可以表现为所有者权益的变化，企业的生产经营成果必然影响所有者权益。企业获得的利润将使所有者权益增加，资产也会随之增加；企业发生亏损将使所有者权益减少，资产也会随之减少。综合会计等式只在会计期间内存在，期末时综合会计等式又恢复至"资产 = 负债 + 所有者权益"。

四、经济业务的发生对会计等式的影响

1. 经济业务的含义

经济业务，又称会计事项，是指在经济活动中使会计要素发生增减变动的交易或者事项，可分为经济交易和经济事项两类。经济交易是指企业与其他企业或单位发生交易行为而产生的经济事项，如向投资者筹集资金、向供货方购货、向银行归还借款、向购货方销货等；经济事项是指企业内部成本、费用的耗用，以及因各会计要素之间的调整而产生的经济事项，比如，生产经营过程中耗用的材料、机器设备的折旧、工资的分配及收入与费用的结

转等。

2. 经济业务的发生对"资产=负债+所有者权益"等式的影响

企业经济业务按其对财务状况等式的影响不同可以分为以下九种基本类型。

（1）一项资产增加、另一项资产等额减少的经济业务；
（2）一项负债增加、另一项负债等额减少的经济业务；
（3）一项所有者权益增加、另一项所有者权益等额减少的经济业务；
（4）一项资产增加、一项负债等额增加的经济业务；
（5）一项资产增加、一项所有者权益等额增加的经济业务。
（6）一项资产减少、一项负债等额减少的经济业务；
（7）一项资产减少、一项所有者权益等额减少的经济业务；
（8）一项负债增加、一项所有者权益等额减少的经济业务；
（9）一项所有者权益增加、一项负债等额减少的经济业务。

上述九类基本经济业务的发生均不影响财务状况等式的平衡关系，具体分为三种情形：基本经济业务（1）（2）（3）（8）（9）使财务状况等式左右两边的金额保持不变；基本经济业务（4）（5）使财务状况等式左右两边的金额等额增加；基本经济业务（6）（7）使财务状况等式左右两边的金额等额减少。

上述经济业务的发生对会计等式的影响九种类型，可用图 2-5 表示。

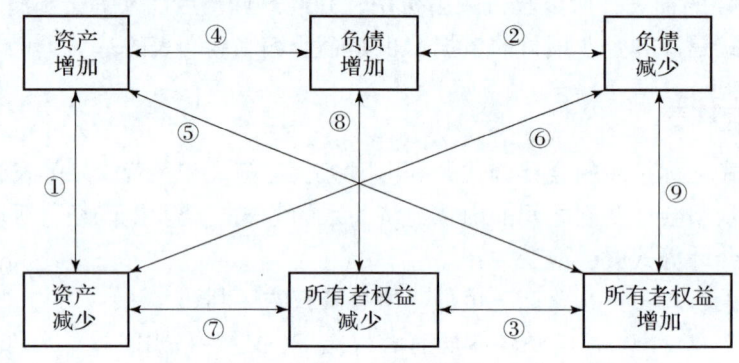

图 2-5　经济业务发生对会计等式影响的九种类型

【例 2-1】科华公司 2023 年 1 月 1 日拥有资产 583 000 元，其中债权人提供的资金即负债为 183 000 元，所有者权益为 400 000 元。科华公司 2023 年 1 月份发生下列经济业务。

（1）3 日，从银行提取现金 5 000 元备用。

该项经济业务的发生，使企业一方面一项资产——库存现金增加了 5 000 元，另一方面一项资产——银行存款减少了 5 000 元，这一变化，使原有的平衡关系变化为：

资产(583 000 + 5 000 - 5 000) = 负债(183 000) + 所有者权益(400 000)

资产中的两个项目一增一减，金额相等，资产总额仍为 583 000 元，与负债和所有者权益保持平衡关系。

（2）5 日，经向银行申请，银行同意将短期借款 60 000 元转作长期借款。

这项经济业务的发生，使一项负债——短期借款减少 60 000 元，另一项负债——长期借款增加 60 000 元，资产和负债及所有者权益的平衡关系变为：

资产(583 000) = 负债(183 000 - 60 000 + 60 000) + 所有者权益(400 000)

负债中的两个项目一增一减，金额相等，负债总额不变，资产和所有者权益无变化，资产和负债及所有者权益双方金额仍为583 000元，保持平衡关系。

（3）8日，按规定将盈余公积20 000元转增投资者资本。

这项经济业务发生，使一项所有者权益——盈余公积减少，另一项所有者权益——实收资本增加，增减金额均为20 000元，平衡关系变为：

资产（583 000）=负债（183 000）+所有者权益（400 000+20 000-20 000）

所有者权益中的两个项目以相等金额一增一减，总额不变，资产项目无变化，左右双方金额均为583 000元，平衡关系不变。

（4）11日，从飞龙公司购进价值18 000元的原材料，货款未付。

这项经济业务的发生，使科华公司一方面增加了新资产——18 000元的原材料，另一方面增加了一项新的负债——应付账款18 000元，由于这一变化，资产和负债及所有者权益的平衡关系为：

资产（583 000+18 000）=负债（183 000+18 000）+所有者权益（400 000）

资产和负债及所有者权益双方各增加金额18 000元，总额均变为601 000元，仍然保持平衡关系。

（5）14日，收到南华公司交来银行存款50 000元，作为对本公司的投资。

这项经济业务的发生，使企业的资产——银行存款增加50 000元，同时使所有者权益——实收资本增加50 000元，由于这一变化，资产和负债及所有者权益的平衡关系为：

资产（601 000+50 000）=负债（201 000）+所有者权益（400 000+50 000）

资产和负债及所有者权益双方各增加50 000元，总额均为651 000元。

（6）21日，以银行存款20 000元偿还短期借款。

这笔经济业务的发生，引起负债——短期借款减少20 000元，资产——银行存款也减少20 000元，因此，资产和负债及所有者权益的平衡关系为：

资产（651 000-20 000）=负债（201 000-20 000）+所有者权益（450 000）

资产和负债及所有者权益双方各减少20 000元，双方总额均降为631 000元，仍保持平衡关系。

（7）24日，按法定程序报经批准，以银行存款20 000元退还个人投资款。

该经济业务的发生，使该企业资产——银行存款减少20 000元，同时使所有者权益——实收资本减少20 000元，资产和负债及所有者权益的平衡关系变化为：

资产（631 000-20 000）=负债（181 000）+所有者权益（450 000-20 000）

一项资产与一项所有者权益以相等金额同时减少，使资产和负债及所有者权益双方金额均降为611 000元，不影响平衡关系。

（8）29日，按规定计算出应付给投资者利润18 000元。

这一经济业务的发生，使企业的负债——应付利润增加18 000元，同时使所有者权益——未分配利润减少18 000元，资产和负债及所有者权益双方的平衡关系变为：

资产（611 000）=负债（181 000+18 000）+所有者权益（430 000-18 000）

一项负债和一项所有者权益以相同金额一增一减，资产项目无变化，左右双方金额仍均为611 000元，平衡关系不变。

（9）30日，华美公司同意将本公司前欠货款21 000元转为对本公司投资。

该经济业务的发生，使一项负债——应付账款减少21 000元，一项所有者权益——实收资本增加21 000元，双方平衡关系变为：

资产(611 000) = 负债(199 000 − 21 000) + 所有者权益(412 000 + 21 000)

公司负债与所有者权益一增一减，金额相等，故负债及所有者权益总额不变，资产无变化，资产和负债及所有者权益双方金额仍为611 000元，保持平衡关系。

3. 经济业务的发生对"资产＝负债＋所有者权益＋（收入－费用）"等式的影响

（1）企业收入的取得，或者表现为资产要素和收入要素同时、同等金额的增加，或者表现为收入要素的增加和负债要素同等金额的减少，结果，等式仍然保持平衡。

（2）企业费用的发生，或者表现为负债要素和费用要素同时、同等金额的增加，或者表现为费用要素的增加和资产要素同等金额的减少，结果，等式仍然保持平衡。

（3）在会计期末，将收入与费用相减得出企业的利润。利润在按规定程序进行分配以后，留存企业的部分（包括盈余公积金和未分配利润）转化为所有者权益的增加（或减少），同时，要么是资产要素相应增加（或减少），要么是负债要素相应减少（或增加），结果，等式仍然保持平衡。

【例2-2】 科华公司2023年2月1日拥有资产750 000元，其中债权人提供的资金即负债为200 000元，所有者权益为550 000元。科华公司2023年2月份发生下列经济业务：

（1）5日，公司销售商品一批80 000元，收到支票存入银行。（不考虑库存商品减少和主营业务成本的增加）

该项经济业务的发生，使企业的收入——主营业务收入增加了80 000元，另一方面使企业资产中的银行存款增加了80 000元。经济业务的发生对会计等式的影响可用下式表示：

资　产 ＝ 负　债	＋	所有者权益 ＋	（收入 － 费用）
750 000 ＝ 200 000	＋	550 000	
＋80 000			＋80 000
总计　830 000 ＝ 200 000	＋	550 000	＋80 000

资产增加了80 000元，收入也增加了80 000元，资产和权益金额相等，总额均为830 000元，会计等式保持平衡。

（2）11日，公司交付给甲公司一批商品，价值30 200元，货款已于1月前全额预收。（不考虑库存商品减少和主营业务成本的增加）

该项经济业务的发生，使企业的收入——主营业务收入增加了30 200元，另一方面使企业的一项负债——预收账款减少了30 200元。该经济业务的发生对会计等式的影响可表示如下：

资　产 ＝ 负　债	＋	所有者权益 ＋	（收入 － 费用）
830 000 ＝ 200 000	＋	550 000	＋80 000
－30 200			＋30 200
总计　830 000 ＝ 169 800	＋	550 000	＋110 200

资产和权益总额仍为830 000元，扩展的会计等式保持平衡关系。

(3) 15 日，用银行存款支付产品促销广告费 25 000 元。

该项经济业务的发生，使企业的费用——销售费用增加了 25 000 元，另一方面使企业资产中的银行存款减少了 25 000 元。经济业务的发生对平衡关系的影响可用下式表示：

资　产 = 负　债	+	所有者权益 +	（收入 - 费用）
830 000 = 169 800	+	550 000	+110 200
-25 000			-25 000
总计　805 000 = 169 800	+	550 000	+110 200 -25 000

资产和权益金额相等，总额均为 805 000 元，会计等式保持平衡关系。

(4) 28 日，公司预提本月短期借款利息 6 400 元。

该项经济业务的发生，使企业的费用——财务费用增加了 6 400 元，另一方面使企业的一项负债——应付利息增加了 6 400 元。平衡关系变化为：

资　产 = 负　债	+	所有者权益 +	（收入 - 费用）
805 000 = 169 800	+	550 000	+110 200 -25 000
+6 400			-6 400
总计　805 000 = 176 200	+	550 000	+110 200 -31 400

资产和权益金额相等，总额仍为 805 000 元，扩展的会计等式在原有的基础上继续保持平衡关系。

以上分析说明，资产、负债、所有者权益、收入、费用和利润这六大会计要素之间存在着一种恒等关系。会计等式反映了这种恒等关系，任何经济业务的发生都不会破坏会计等式的平衡关系。

知识链接 2-4

会计对象具体内容之间的相互关系

会计对象的具体内容是由资产、负债、所有者权益、收入、费用和利润六大要素组成的，它们是资金运动的具体体现。资金运动同其他运动一样，总是具有两种形式，即相对静止状态和显著变化过程。

相对静止状态即静态——资金运动在某一瞬间相对静止的状态——表现出资金运动在某一时点上停留的状态，它是特定会计主体经营活动的成果在资金方面的表现，因而反映了该会计主体的财务状况，这种状况反映出资金的双重存在，一方面表现为特定的物质存在，即价值自然属性的体现；另一方面又表现为相应的要求权，即为谁所有，是价值社会属性的体现。资产是用来描述价值的物质存在形式的，是资金的实物存在形态；负债和所有者权益是描述资金所有权关系的，即企业单位的资产一部分归债权人所有，其余归投资人所有。也就是说，负债和所有者权益是反映资产价值的来源渠道。

资金运动的显著变化过程表现为资金的投入、退出以及资金在循环周转过程中引起的资金的耗费与收回，收回的资金与耗费的资金相比后，表现为特定会计主体经营活动的成果。收入、费用和利润是企业一定时期经营活动结果的体现，它们反映该主体资金运动显著变化的情况即动态——资金运动在某一时期显著变化的过程——表现出资金运动在运动过程中变化的情况。

资金运动的静态是表明资金运动增减变动的结果的，而资金运动的动态则是表明资金运动增减变动原因的。会计既从资金运动的静态——资金运动的横断面进行反映，又从资金运动的动态——资金运动的纵剖面来反映，就可以反映整个资金运动过程，也就可以把资金运动的来龙去脉淋漓尽致地反映出来，以例2-2所发生的经济业务为例，会计对象具体内容之间的相互关系可通过图2-6表现出来。

```
资产                本期收入         负债                权益
期初余额 750 000    ① 80 000        期初余额 200 000    期初余额
+ ① 80 000          +② 30 200       - ② 30 200          200 000
- ③ 25 000          110 200         + ④ 6 400           +550 000
期末余额 805 000                    期末余额 176 200    750 000
                                                        期末余额
                    本期费用         所有者权益           176 200
                    ③ 25 000         期初余额 550 000    +550 000
                    +④ 6 400         期末余额 550 000    + 78 800
                    31 400                               805 000
                                    本期利润 78 800
                    资产与权益的恒等关系
```

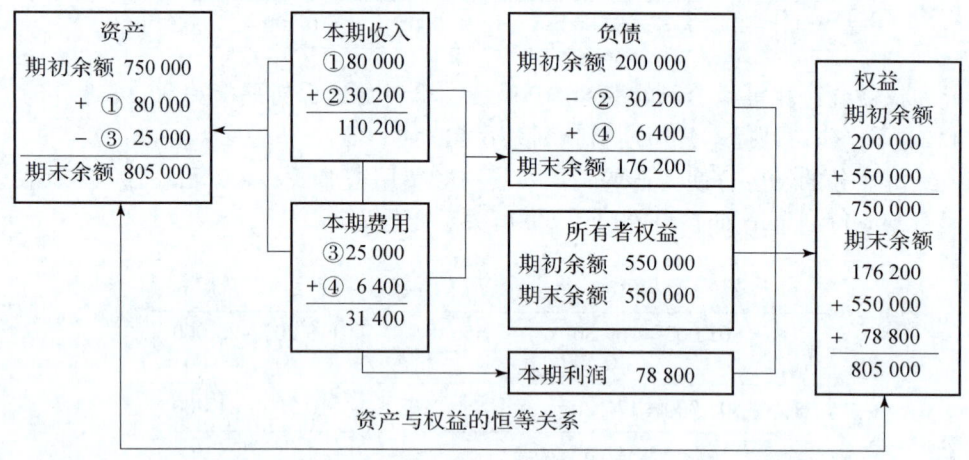

图2-6　会计对象具体内容相互关系示意

注：会计要素变化金额前面的①②③④分别表示例2-2中所发生经济业务的序号。

课堂实训2-3：（结合图2-6）

（1）请具体描述：①经济业务的发生对会计要素的影响；②经济业务的发生怎样影响企业的经营成果和财务状况？

（2）怎么理解"资金运动的静态是表明资金运动增减变动的结果的，而资金运动的动态则是表明资金运动增减变动原因的"？

任务3　会计要素的确认及计量

一、会计要素的确认

会计要素的确认是指将交易或事项中的某一项目作为一项会计要素加以记录和列入财务报表的过程。确认是财务会计的一项重要程序，主要解决某一个项目应否确认、何时确认以及如何确认三个问题，它包括在会计记录中的初始确认和在财务报表中的最终确认（再确认）。会计要素的确认必须符合一定的条件。

（一）初始确认条件

初始确认是指将交易或事项中的某一项目作为一项会计要素在账簿系统中按复式记账法的要求加以记录的会计程序。

初始确认的条件主要包括以下几个方面：

（1）符合会计要素的定义。相关经济业务发生后要确认一项要素，首先必须符合该要素的定义。

（2）有关的经济利益很可能流入或流出企业。这里的"很可能"表示经济利益流入或流出的可能性在50%以上。

（3）有关的价值以及流入或流出的经济利益能够可靠地计量。如果不能可靠计量，确认就没有意义。

（二）在财务报表中列示的条件

在财务报表中的最终确认是指在初始确认、计量的基础上，将相关会计要素列示在财务报表中，并对财务报表的合计数产生影响的会计程序。资产、负债、所有者权益在资产负债表中列示，而收入、费用、利润在利润表中列示。

根据准则规定，在报表中列示的条件是：符合要素定义和要素确认条件的项目才能列示在报表中，仅仅符合要素定义而不符合要素确认条件的项目不能在报表中列示。

各会计要素的具体确认条件可参考本项目任务1的相关知识。

二、会计要素的计量

会计计量主要解决已确认项目的货币计量问题。企业将符合确认条件的会计要素登记入账并列报于财务报表及其附注时，应当按照规定的会计计量属性进行计量，确定其金额。

会计计量是由计量尺度、计量单位、计量属性和计量对象所组成的一个系统。计量尺度是指以什么货币作为计量的手段，它解决的是以货币且以何种货币作为计量的尺度。在我国，会计计量的尺度是货币，一般应是人民币。计量单位是指以何种货币形式作为会计计量的单位，有两种基本形式：一种是名义货币单位，另一种是一般购买力货币单位。计量单位是由货币本身的特点，即货币在不同时期有不同的购买力所决定的。现行会计实务中一般采用名义货币单位。计量属性是指计量客体的特性或外在表现形式，如桌子的长度、铁矿的重量、楼房的面积等。从会计角度来看，计量属性反映的是用货币对会计要素进行计量时采用的标准。计量对象即计量客体，表现为资产、负债、所有者权益、收入、费用和利润六个会计要素。

会计计量的关键是计量属性的选择，会计实务中使用的计量属性主要有：历史成本、重置成本、可变现净值、现值和公允价值。

（一）历史成本

历史成本，又称实际成本，是指取得或制造某项财产物资时所实际支付的现金或其他等价物。用历史成本计量企业的资产负债等要素都应当基于经济业务的实际交易价格，而不必考虑随后市场价格变动的影响。这种计量属性具有客观、可验证、易取得、简单等优点。目前，历史成本一直是世界各国通行的最重要的会计计量属性，大部分的固定资产和存货最适宜用历史成本计量。

历史成本也有其局限性。比如在价格变动情况下，不同交易时点，相同历史成本代表不同的价值量，这些代表不同价值量的历史成本之间不具有可比性，正因如此，历史成本一般在物价变动不大的情况下使用。

（二）重置成本

重置成本，又称现行成本，是指按照当前市场条件，重新取得同样一项资产所需支付的现金或现金等价物金额。在重置成本计量下，资产按照现在购买相同或者相似资产所需支付的现金或者现金等价物的金额计量。负债按照现在偿付该项债务所需支付的现金或者现金等价物的金额计量。重置成本适用的前提是资产处于在用状态，一方面反映资产已经投入使用，另一方面反映资产能够继续使用，对所有者具有使用价值。盘盈的固定资产按重置成本入账就是会计实务中运用重置成本计量较典型的例子。

（三）可变现净值

可变现净值，是指在正常生产经营过程中，以资产预计售价减去进一步加工成本和预计销售费用以及相关税费后的净值。一般适用于计划未来销售的资产或未来清偿既定数额的负债，目前主要用于会计期末计提减值准备，如期末计提存货跌价准备。

（四）现值

现值，是指对未来现金流量以恰当的折现率进行折现后的价值，是考虑货币时间价值的一种计量属性。未来现金流量的现值反映了资产、负债的未来价值、产出价值和预期价值，也反映了资产的获利能力。其会计信息的决策相关性最强，最有利于财务决策，但会计信息的可靠性最差，无法编制出能真实反映企业财务状况和经营成果的财务报告，因而在会计实务中运用难度很大。

（五）公允价值

公允价值，是指市场参与者在计量日发生的有序交易中，出售一项资产所能收到或者转移一项负债所需支付的价格（即脱手价格）。所谓有序交易，是指在计量日前一段时期内相关资产或负债具有惯常市场活动（即日常的、惯例的）的交易。有序交易应当假定是在相关资产或负债的主要市场进行，若不存在主要市场的，企业应当假定该交易是在最有利市场进行。清算、亏本销售等被迫交易不属于有序交易。

公允价值是基于市场参与者角度，而不是基于特定主体角度对出售一项资产所能收到或者转移一项负债所需支付的价格的一种估计，这更好地表达了以市场为基础的公允价值目标，公允价值的本质是被计量项目的内在客观价值，公允价值的计量属性基于"计量日"时点，既可以用于初始计量，也可用于后续计量，是一种动态的计量属性。

以公允价值计量资产或负债时，企业首先应该选择相同资产或负债在活跃市场上的报价，其次就应采用估价技术（包括市场法、收益法和成本法）确定出售资产或者转移负债的公允价值。公允价值的运用依赖于完善资本市场的建立，实务中，绝大部分金融资产及投资性房地产、生物资产或收获时的农产品可使用公允价值计量。

知识链接 2-5

五种计量属性的特点

为了更好地理解与运用五种计量属性，可以按关注的时间、交换价值类型以及基于的事项等三种标准，将五种计量属性做如下分类，如表 2-2 所示。

表 2-2 五种计量属性

计量属性	关注的时间	交换价值类型	基于的事项
历史成本	过去	资产的获得或负债的发生（进入价格）	实际发生
重置成本	现在	资产的获得或负债的发生（进入价格）	假设发生
可变现净值	现在	资产的处置和债务的清偿（脱手价格）	假设发生

续表

计量属性	关注的时间	交换价值类型	基于的事项
现值	将来	资产的处置和债务的清偿（脱手价格）	预期发生
公允价值	计量日（现时动态性）	资产的处置和债务的清偿（脱手价格）	实际或假设发生

在会计实务中，由于各种会计要素本质上的差异，对计量有不同的要求。例如，资产和负债计量的主要目的有两个：一是确定取得（投入）的价值（即进入价格），它对于企业耗费的价值和资本成本计算具有重要的意义；二是确定变现（产出）价值（即脱手价格），它对于考察资产流动的结果或企业为偿付债务需要准备的流动性资源（预计现金的流出）同样重要。但对收入和费用的计量，则主要是为了揭示企业经营的净收益，或者是为了实现配比的需要。因此，资产和负债的计量可采取历史成本和变现价值的双重标准，而收入和费用的计量更适合于用现行价值标准。

三、会计要素确认与计量的要求

对会计要素进行确认与计量不仅要符合一定的条件，而且要在确认与计量过程中遵循以下要求：划分收益性支出与资本性支出、收入与费用配比、历史成本计量。

（一）划分收益性支出与资本性支出

会计核算应当合理划分收益性支出与资本性支出。凡支出的效益仅与本会计年度（或一个营业周期）相关，应当作为收益性支出；凡支出的效益与几个会计年度（或几个营业周期）相关，应当作为资本性支出。

划分收益性支出和资本性支出的目的在于正确确定企业的当期（一般指一个会计年度）损益。具体来说，收益性支出是为取得本期收益而发生的支出，应当作为本期费用，计入当期损益，列于利润表中，如已销售商品的成本、期间费用、所得税等。资本性支出是为形成生产经营能力，为以后各期取得收益而发生的各种支出，该项支出不能全部确认为本期费用，应当作为资产反映，列于资产负债表中，如购置固定资产和无形资产的支出等。

如果一项收益性支出按资本性支出处理，就会造成少计费用而多计资产，出现当期利润虚增而资产价值偏高的现象；如果资本性支出按收益性支出处理，则会出现多计费用、少计资产，以致当期利润虚减而资产价值偏低的结果。

【例2-3】下列各项支出中，属于收益性支出的是（　　）。
A. 购买固定资产发生的运杂费支出　　B. 购买专利权支出
C. 固定资产的日常修理支出　　　　　D. 购买工程物资支出
答案：C
解析：购买固定资产发生的运杂费支出应计入固定资产价值，属于资本性支出；购买专利权支出应计入无形资产价值，属于资本性支出；固定资产的日常修理支出应计入当期损益，原因是日常修理都属于中、小修理，发生的比较频繁，间隔期一般都在一年以内，属于收益性支出；购买工程物资的支出应计入工程物资，属于资本性支出。

（二）收入与费用配比

正确确定一个会计期间的收入和与其相关的费用，以便计算当期的损益，这是配比的要求。收入与费用配比包括两方面的配比问题：一是收入和费用在因果联系上的配比，即取得一定的收入时发生了一定的支出，而发生这些支出的目的就是取得这些收入；二是收入和费用在时间意义上的配比，即一定会计期间的收入和费用的配比。即本期确认的收入应与本期费用配比，如果收入要待到未来期间实现，相应的费用或已耗用的成本要递延到未来的实际受益期间。

实务中，由于某些未来收入项目带有较大的不确定性，费用和收入有时也不可能保持绝对一致的时间对应关系。例如，有些已耗成本（如销售广告费、固定资产维修支出）虽然可能与跨期收入有联系，但由于未来受益结果难以预计，往往也可以作为期间费用与期间收入相配比。

（三）历史成本计量

企业在对会计要素进行计量时，一般应当采用历史成本。物价变动时，除国家另有规定外，不得调整账面价值。

以历史成本为计价基础有助于对各项资产、负债项目的确认和对计量结果的验证和控制；同时，按照历史成本原则进行核算，也使得收入与费用的配比建立在实际交易的基础上，防止企业随意改动资产价格造成经营成果虚假或任意操纵企业的经营业绩。用历史成本计价比较客观，有原始凭证做证明，可以随时查证和防止随意更改。但这样做是建立在假设币值稳定基础之上的，如果发生物价变动导致币值出现不稳定情况，则需要使用其他的计价基础。

任务4　会计处理基础

会计处理基础，又称会计确认基础，主要是指会计要素确认的时间标准。对资产、负债来说，是否即期确认；对收入、费用来说，是否在发生的当期确认。收入和费用确认的时间基础比资产和负债更为重要和复杂。因为资产和负债通常都是单项交易，属于时点概念，只要交易成立，符合资产要素和负债要素的确认标准，就可以进行确认。收入和费用则不同，它们是反映企业经营业绩的期间概念。在一个期间内，会发生许多笔收入和费用，过程的起点和结束参差不齐，发生的收入和费用同其实现的期间经常出现跨期。会计实务中，会计确认的基础主要是针对企业的收入和费用，具体包括收付实现制和权责发生制两种。

一、收付实现制

收付实现制亦称现收现付制，是以款项是否实际收到或付出作为确定本期收入和费用的标准。凡是本期实际收到的款项，不论其是否属于本期实现的收入，都作为本期的收入处理；凡是本期付出的款项，不论其是否属于本期负担的费用，都作为本期的费用处理。这里款项的收付实务中主要是以现金收付为准，所以又称为现金制。

收付实现制核算手续简单，确定的企业收入、费用及利润具有较强的客观性，但收付实现制计算出来的利润不够准确、合理，可比性较差，所以它主要适用于行政、事业单位。目前，我国企业会计中现金流量表也是以收付实现制为基础编制。

二、权责发生制

权责发生制亦称应收应付制，是指企业以收入的权利和支付的义务是否归属于本期为标准来确认收入、费用的一种会计处理基础。也就是以应收应付为标准，而不是以款项的实际收付是否在本期发生为标准来确认本期的收入和费用。在权责发生制下，凡是属于本期实现的收入和发生的费用，不论款项是否实际收到或实际付出，都应作为本期的收入和费用入账；凡是不属于本期的收入和费用，即使款项在本期收到或付出，也不能作为本期的收入和费用处理。由于它不管款项的收付，而以收入和费用是否归属本期为准，所以又称应计制。

权责发生制能够更加真实、公允地反映特定会计期间的财务状况和经营成果，《企业会计准则——基本准则》明确规定，企业在会计确认、计量和报告中应当以权责发生制为基础。

权责发生制并不仅仅是收入、费用的确认基础，同时也是资产和负债的确认基础，每当确认一项收入时，必然同时以相同的金额确认一项资产的增加或一项负债的减少；而确认费用时，又必然同时以相同的金额确认一项资产的减少或一项负债的增加。

三、权责发生制与收付实现制的比较

【例 2-4】 科华公司 2023 年发生了如下经济业务。
（1）企业于 5 月 5 日销售商品一批，5 月 25 日收到货款，款项已存入银行。
（2）企业于 5 月 10 日销售商品一批，6 月 8 日收到货款，款项已存入银行。
（3）企业于 8 月 10 日收到某购货单位一笔货款，存入银行，但按合同规定于 9 月份交付商品。
（4）企业于 12 月 20 日以银行存款预付 2024 年全年的保险费。
（5）企业于 12 月 30 日购入办公用品一批，但款项在 2023 年 3 月份支付。
（6）企业于 12 月 30 日用银行存款支付本月水电费。

现分别采用权责发生制和收付实现制对以上六笔经济业务加以会计处理，具体情况可参考表 2-3。

表 2-3 权责发生制与收付实现制的比较

经济业务	权责发生制	收付实现制
（1）	权责发生制和收付实现制确认收入的结果完全相同，都作为 5 月份的收入	
（2）	作为 5 月份的收入	作为 6 月份的收入
（3）	作为 9 月份的收入	作为 8 月份的收入
（4）	先作为 2023 年 12 月份的预付款项，然后平均分摊到 2024 年每个月	作为 2023 年 12 月份的费用
（5）	作为 2023 年 12 月份的费用	作为 2023 年 3 月份的费用
（6）	权责发生制和收付实现制确认费用的结果完全相同，都作为 12 月份的费用	

从上面的举例可以看出，无论收入的权利和支出的义务归属于哪一期，只要款项的收付在本期，收付实现制就应确认为本期的收入和费用，不考虑预收收入和预付费用以及应计收入和应计费用的存在。到会计期末根据账簿记录确定本期的收入和费用，因为实际收到和付出的款项，必然已经登记入账，所以不存在对账簿记录于期末进行调整的问题。反之，凡本

期没有实际收到款项和付出款项，即使应归属于本期，也不作为本期收入和费用处理。

与收付实现制相反，在权责发生制下，必须考虑预收、预付和应收、应付，由于企业日常的账簿记录不能完全地反映本期的收入和费用，需要在会计期末对账簿记录进行调整，使未收到款项的应计收入和未付出款项的应付费用，以及收到款项而不完全属于本期的收入和付出款项而不完全属于本期的费用，归属于相应会计期间，以便正确计算本期的经营成果。

【例 2－5】 2022 年 12 月 20 日，明达网络公司与科华公司签订了一份计算机网络服务合同。合同规定：自 2023 年 1 月 1 日起，明达网络公司为科华公司提供 3 个月网络服务，服务期满（3 月 31 日），科华公司一次性支付服务费 9 万元，明达网络公司每月支付房租、水电、职员薪酬等及相关税费 1.8 万元。现分别用收付实现制和权责发生制计算明达网络公司 2022 年 1—3 月的收入、费用和利润的情况，如表 2－4 所示。

表 2－4　两种会计处理基础下明达网络公司经营成果情况　　单位：万元

项目	1月 ①	1月 ②	2月 ①	2月 ②	3月 ①	3月 ②	合计 ①	合计 ②
收入	0	3	0	3	9	3	9	9
费用	1.8	1.8	1.8	1.8	1.8	1.8	5.4	5.4
利润	-1.8	1.2	-1.8	1.2	7.2	1.2	3.6	3.6

注：①收付实现制；②权责发生制

明达网络公司采用两种会计处理基础在不同的会计时期（2023 年 1—3 月的每个月份）确定的经营成果是不相同的，但总的结果是一样的。可见，不同的会计处理基础，产生了不同的会计结论。

一体化训练

模块 3

会计核算方法训练

知识框架

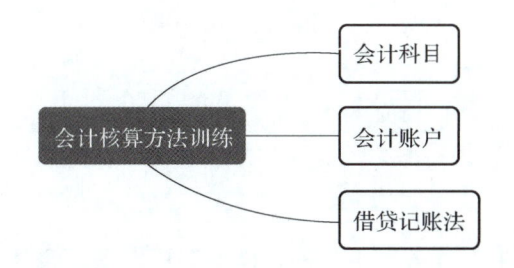

```
                    ┌── 会计科目
会计核算方法训练 ────┼── 会计账户
                    └── 借贷记账法
```

学习目标

知识目标

1. 了解会计科目的概念、分类及设置原则
2. 了解账户的概念、分类
3. 掌握账户与会计科目的关系
4. 了解复式记账法的概念与种类
5. 掌握借贷记账法的基本原理
6. 掌握借贷记账法下账户的结构
7. 了解会计分录的分类及编制

能力目标

1. 能初步使用常用的会计科目
2. 能够编制简单业务的会计分录
3. 能够熟练运用借贷记账法进行试算平衡

素养目标

1. 通过学习会计账户，养成全面分析企业经济业务的"全局意识"和"规则"意识
2. 通过学习借贷记账法，具备一定的审美能力

导入案例

小李 2023 年 7 月大学毕业后开始创业。最初，小李没请人做会计，凭自己的数学基础，

简单地将收入减去支出。后来，小李记账的困难越来越大：面对自有资金、银行的借款、向朋友的借款、添置的设备、营业执照注册费用、业务招待费用、材料购买、差旅费、员工工资、福利支出等，不知如何处理，急忙向做会计工作的同学小张请教。

小张向小李讲述了"中药房"的道理：中药房的柜台背后有很多的抽屉，抽屉上面都有标签。中药房为什么要有那么多抽屉？那是为了分类摆放药材；抽屉上的标签写的是什么？标签上写的是药材名称。如果没有抽屉，药材胡乱堆放，没有分类，要找药材非常麻烦；如果仅有抽屉，上面没有标签，不写药名，那就不知道抽屉里放的什么药，要找一种需要的药材同样非常麻烦。

随后，小李聘请小张做会计并接受建议：随着经济业务日渐增多，必须按会计制度要求建账并核算。设置会计科目和会计账户的目的与中药房设置抽屉与抽屉上面的标签相类似。会计账户如同抽屉，而会计科目如同抽屉上面的标签。

试析：企业设置会计科目和会计账户的目的是什么？

任务1　会计科目

一、会计科目的概念与分类

（一）会计科目的概念

企业在生产经营过程中，经常发生各种各样的会计事项。会计事项的发生，必然引起会计要素的增减变动。但是，由于同一会计要素内部的项目不同，其性质和内容也往往不同。例如，同属资产的"固定资产"和"原材料"，其经济内容、在生产中的作用和价值转移方式都不相同；同属负债的"应付账款""短期借款""长期借款"，其形成原因、债权人、偿还期限等也不相同。为了全面、系统、分类地核算和监督各项会计要素的增减变化，不但要取得各项会计要素增减变化及其结果的总括数据，还要取得一系列更加具体的分类的数量指标。为此，要求在实际工作中对会计要素做进一步的分类。这种分类的项目，在会计上叫作会计科目。会计科目就是对会计对象的具体内容（即会计要素）进行分类核算所规定的项目。

设置会计科目，一方面，为在账户中分门别类地核算各项会计要素的增减变化提供了依据，为企业经济管理提供一系列具体的分类的数量指标，为会计信息需求者提供全面、准确的信息。另一方面，设置会计科目，还可以将价值形式的综合核算和财产物资的实物核算有机结合，以有效控制企业的财产物资。同时，也是正确填制会计凭证、运用复式记账、登记账簿和编制会计报表的基础。

（二）会计科目的分类

会计科目是对会计要素按其经济内容所做的进一步分类。一个会计科目应明确反映特定的经济内容，但各个会计科目并非彼此孤立，而是相互联系、互相补充地组成一个完整的会计科目体系。会计科目可按其反映的经济内容（即所属会计要素）、所提供信息的详细程度及其统驭关系分类。

1. 按反映的经济内容分类

会计科目按其反映的经济内容不同，可分为资产类科目、负债类科目、共同类科目、所有者权益类科目、成本类科目和损益类科目。

（1）资产类科目，是对资产要素的具体内容进行分类核算的项目，按资产的流动性分为反映流动资产的科目和反映非流动资产的科目。

（2）负债类科目，是对负债要素的具体内容进行分类核算的项目，按负债的偿还期限分为反映流动负债的科目和反映非流动负债的科目。

（3）共同类科目，是既有资产性质又有负债性质的科目，主要有"清算资金往来""外汇买卖""衍生工具""套期工具""被套期项目"等科目。

（4）所有者权益类科目，是对所有者权益要素的具体内容进行分类核算的项目，按所有者权益的形成和性质可分为反映资本的科目和反映留存收益的科目。

（5）成本类科目，是对可归属于产品生产成本、劳务成本等的具体内容进行分类核算的项目，按成本的内容和性质的不同可分为反映制造成本的科目、反映劳务成本的科目等。

（6）损益类科目，是对收入、费用等的具体内容进行分类核算的项目。

2. 按提供信息的详细程度及其统驭关系分类

会计科目按其提供信息的详细程度及其统驭关系，可以分为总分类科目和明细分类科目。

（1）总分类科目，又称总账科目或一级科目，是对会计要素的具体内容进行总括分类，提供总括信息的会计科目。

（2）明细分类科目，又称明细科目，是对总分类科目做进一步分类，提供更为详细和具体会计信息的科目。如果某一总分类科目所属的明细分类科目较多，可在总分类科目下设置二级明细科目，在二级明细科目下设置三级明细科目。例如，在"原材料"总分类科目下，可按材料的类别设置二级科目，如表3-1所示。

表3-1　总分类科目、子目和细目关系

总分类科目（一级科目）	明细分类科目	
	二级科目（子目）	三级科目（细目）
原材料	原料及主要材料	圆钢 生铁 黄铜
原材料	辅助材料	润滑油 防锈剂
原材料	修理用备件	轴承 皮带
原材料	燃料	汽油 原煤

二、会计科目的设置

（一）会计科目设置的原则

各单位由于经济业务活动的具体内容、规模大小与业务繁简程度等情况不尽相同，在具体设置会计科目时，应考虑其自身特点和具体情况，但设置会计科目时都应遵循以下原则：

(1) 合法性原则。会计科目由财政部统一制定颁布，但企业可根据自身规模的大小、业务的繁简程度等自行增设、减少或合并某些会计科目。

(2) 相关性原则。必须符合会计目标的要求，以满足与企业有经济利益关系的各方面了解企业财务状况和经营成果的需要，满足企业内部加强经营管理的需要。

(3) 实用性原则。必须结合会计要素的特点，以便分门别类地反映和监督各项经济业务。例如制造业应设置"生产成本""制造费用"会计科目，用以核算和监督制造业产品的生产耗费，商品流通企业则不设置这样的科目。

(二) 常用会计科目

常用企业会计科目如表 3-2 所示。

表 3-2　常用企业会计科目（简表）

编号	会计科目名称	编号	会计科目名称
	一、资产类		二、负债类
1001	库存现金	2001	短期借款
1002	银行存款	2201	应付票据
1012	其他货币资金	2202	应付账款
1101	交易性金融资产	2203	预收账款
1121	应收票据		合同负债
1122	应收账款	2211	应付职工薪酬
1123	预付账款	2221	应交税费
	合同资产	2231	应付利息
	合同资产减值准备	2232	应付股利
1131	应收股利	2241	其他应付款
1132	应收利息	2501	长期借款
1221	其他应收款	2502	应付债券
1231	坏账准备	2701	长期应付款
1401	材料采购	2711	专项应付款
1402	在途物资	2801	预计负债
1403	原材料	2901	递延所得税负债
1404	材料成本差异		三、共同类（略）
1405	库存商品		四、所有者权益类
1406	发出商品	4001	实收资本（或股本）
1407	商品进销差价	4002	资本公积

续表

编号	会计科目名称	编号	会计科目名称
1408	委托加工物资		其他综合收益
1471	存货跌价准备	4101	盈余公积
1501	持有至到期投资	4103	本年利润
1502	持有至到期投资减值准备	4104	利润分配
1503	可供出售金融资产		五、成本类
1511	长期股权投资	5001	生产成本
1512	长期股权投资减值准备	5101	制造费用
1521	投资性房地产	5201	劳务成本
1531	长期应收款	5301	研发支出
1601	固定资产		六、损益类
1602	累计折旧	6001	主营业务收入
1603	固定资产减值准备	6051	其他业务收入
1604	在建工程	6101	公允价值变动损益
1605	工程物资	6111	投资收益
1606	固定资产清理	6115	资产处置损益
1701	无形资产	6117	其他收益
1702	累计摊销	6301	营业外收入
1703	无形资产减值准备	6401	主营业务成本
1711	商誉	6402	其他业务成本
1801	长期待摊费用	6403	税金及附加
1811	递延所得税资产	6601	销售费用
1901	待处理财产损溢	6602	管理费用
		6603	财务费用
		6701	资产减值损失
		6711	营业外支出
		6801	所得税费用

（三）会计科目的排序和编号

1. 会计科目的排序

会计科目按会计要素分类排列，顺序为：先资产后权益、先静态后动态，各项目内的顺序又分别按流动性、永久性、重要性等标志排列。每个大类中小类的会计科目排列顺序一般按照流动性的大小排列。例如，资产类中把流动资产排在前，其后是长期投资、固定资产、无形资产和其他资产等非流动资产；负债类科目按偿还债务的先后顺序把流动负债列在前面，长期负债等非流动负债列在后面。

2. 会计科目的编号

为便于编制会计凭证、登记账簿、查阅账目和实行会计电算化，会计科目表统一规定了会计科目的编号。总分类科目采取"四位数制"编号：千位数码代表会计科目按会计要素区分的类别；百位数码代表每大类会计科目下的较为详细的类别；十位和个位数码一般代表会计科目的顺序号。为便于增加和建立某些会计科目，科目编号留有空号，企业不应随意打乱重编。企业在填制会计凭证、登记账簿时，应当填列会计科目的名称，或者同时填列会计科目的名称和编号，不应只填科目编号不填科目名称。

课堂实训 3-1：嘉陵公司 2023 年 9 月 10 日的有关会计资料如表 3-3 所示，请你判断这些交易或事项所使用的会计科目名称及其分类，并在表 3-3 相应的空格内打"√"。

表 3-3　嘉陵公司会计科目分类表

交易或事项	会计科目名称	资产类	负债类	所有者权益类	损益类
库存现金 3 000 元					
中国银行存款 200 000 元					
生产用厂房 1 000 000 元					
仓库中的甲材料 50 000 元					
3 年期借款 100 000 元					
投资者投入的资本 150 000 元					
欠乙公司材料款 30 000 元					
生产产品领用材料 3 000 元					
职工出差借支差旅费 3 000 元					
销售产品取得收入 35 000 元					
尚未收回的货款 50 000 元					
广告费 5 000 元					
应付银行借款利息 2 000 元					
应付职工工资 60 000 元					
商标权价值 100 000 元					
行政部门的办公费 800 元					
应交国家税费 25 000 元					

任务2　会计账户

一、账户的概念与分类

（一）账户的概念

账户是根据会计科目设置的，具有一定格式和结构，用于分类反映会计要素增减变动情况及其结果的载体。设置账户是会计核算的一种专门方法。

为全面、系统、分类地核算和监督企业交易或事项的发生情况，我们在会计要素的基础上设置了会计科目，这也仅能表示所反映的会计要素的内容，而交易或事项发生后引起的各项会计要素的变化情况不能在会计科目中反映或者加以说明。由此，必须根据已经设置的会计科目，在账簿中开设账户，对所发生的经济业务在相应的账户中进行记录，以便序时、连续地反映经济业务发生所引起的各会计要素的增减变动情况，提供管理所需的会计核算资料。

（二）账户的分类

账户可根据其核算的经济内容、提供信息的详细程度及其统驭关系进行分类。

（1）根据核算的经济内容，账户分为资产类账户、负债类账户、共同类账户、所有者权益类账户、成本类账户和损益类账户六类。其中，有些资产类账户、负债类账户和所有者权益类账户存在备抵账户。备抵账户，又称抵减账户，是指用来抵减被调整账户余额，以确定被调整账户实有数额而设置的独立账户。

（2）根据提供信息的详细程度及其统驭关系，账户分为总分类账户和明细分类账户。

总分类账户和所属明细分类账户核算的内容相同，只是反映内容的详细程度有所不同，两者相互补充，相互制约，相互核对。总分类账户统驭和控制所属明细分类账户，明细分类账户从属于总分类账户。

总分类账户（即一级账户）是根据总分类科目开设的，提供的是总括的核算指标，一般只能用货币计量；明细分类账户（即二级账户或三级账户）是根据明细科目开设的，是对经济业务的具体内容进行明细核算、提供详细核算资料的账户，明细分类账户还可以细分为二级明细分类账户和三级明细分类账户。例如，在"原材料"总分类账户下，可设"原料及主要材料""辅助材料""修理用备件"等二级账户，在二级账户下按品名甲材料、乙材料、丙材料等开设三级账户。

总账及明细账格式分别如图3-1、图3-2所示。

总　　账

20××年		凭证		摘要	借方	√	贷方	√	借或贷	余额
月	日	种类	号数							

图3-1　总账账页格式

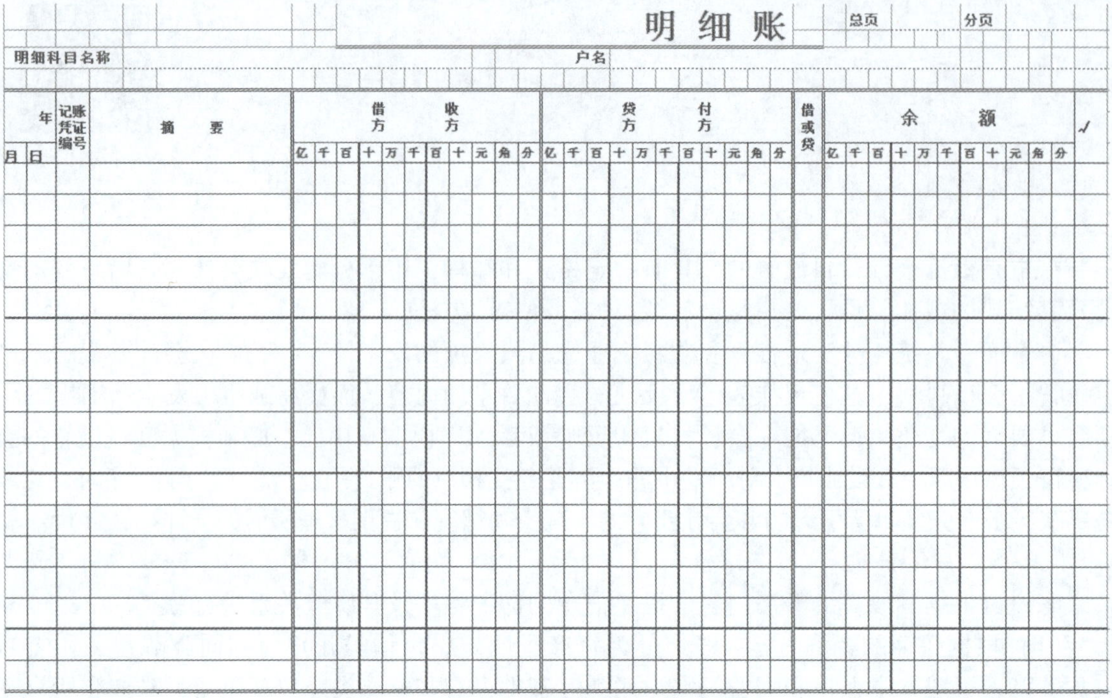

图 3-2 明细账账页格式

二、账户的功能与结构

(一) 账户的功能

账户的功能在于连续、系统、完整地提供企业经济活动中各会计要素增减变动及其结果的具体信息。其中，会计要素在特定会计期间增加和减少的金额，分别称为账户的"本期增加发生额"和"本期减少发生额"，二者统称为账户的"本期发生额"；会计要素在会计期末的增减变动结果，称为账户的"余额"，具体表现为期初余额和期末余额，账户上期的期末余额转入本期，即为本期的期初余额；账户本期的期末余额转入下期，即为下期的期初余额。账户的期初余额、期末余额、本期增加发生额和本期减少发生额统称为账户的四个金额要素。对于同一账户而言，它们之间的基本关系为：

期末余额 = 期初余额 + 本期增加发生额 - 本期减少发生额

(二) 账户的结构

账户的结构是指账户的组成部分及其相互关系。账户通常由以下内容组成：

(1) 账户名称，即会计科目；
(2) 日期，即所依据记账凭证中注明的日期；
(3) 凭证字号，即所依据记账凭证的编号；
(4) 摘要，即经济业务的简要说明；
(5) 金额，即增加额、减少额和余额。

从账户名称、记录增加额和减少额的左右两方来看，账户结构在整体上类似于汉字"丁"和大写的英文字母"T"，因此，账户的基本结构在实务中被形象地称为"丁"字账户或者"T"形账户。账户的简化格式如图 3-3 所示。

```
          借方        账户名称        贷方
                        |
                        |
```

图 3-3 "T"形账户的基本结构

账户的基本格式为三栏式，如表 3-4 所示。

表 3-4　账户名称（会计科目）

年		凭证		摘要	左方	右方	余额
月	日	种类	编号		（增加或减少）	（减少或增加）	

从表 3-4 可以看出，账户的左右两方分别登记增加和减少额，若左方记录增加额，则右方记录减少额；反之，若左方记录减少额，则右方记录增加额。对每一个具体的账户来说，哪一方记录增加额，哪一方记录减少额，则取决于所采用的记账方法和账户所记录的交易或事项的具体内容，而账户的余额一般应在记录增加额的一方。

在借贷记账法下，由于账户的左方固定为借方，右方固定为贷方，所以，T 形账户不必标出"借方"和"贷方"，也能明确表示出借贷方，如图 3-4 所示。

```
                库存现金
                   |
                   |
```

图 3-4 "T"形账户的基本结构

三、账户与会计科目的关系

从理论上讲，会计科目与账户是两个不同的概念，二者既有联系，又有区别。

二者的共同点是：会计科目与账户都是对会计对象具体内容的分类，二者核算内容一致，性质相同。会计科目的名称就是账户的名称，也是设置账户的依据。会计科目规定的核算内容就是账户应记录反映的经济内容。在实际工作中，会计人员往往把会计科目和账户不加区别地互相通用。

二者的区别是：账户是会计科目的具体运用，具有一定的结构和格式，并通过其结构反映某项经济内容的增减变动及其余额。因此，会计科目只是个名称，只能表明某项经济内容，不存在结构问题。而账户必须具备一定的结构，以便记录或反映某项经济内容的增减变动及其结果。

任务3　借贷记账法

一、会计记账方法的种类

记账方法是会计核算方法的一个重要组成部分，是依据一定的原理、记账符号、记账规则，采用一定的计量单位，利用文字和数字记录经济业务活动的一种专门方法。从历史上看，记账方法有单式记账方法和复式记账方法之分，复式记账法是由单式记账法发展而来的。

（一）单式记账法

单式记账法是最早出现的一种较为简单的记账方法。对发生的每一项经济业务，一般只用一个账户进行单方面记录，而对与此相联系的另一方面则不予反映。采用这种方法，除了对有关人欠我、我欠人的现金收付业务要在两个或两个以上有关账户中登记外，对于其他经济业务，只在一个账户中登记或不予登记。因此，单式记账法是一种不完整的记账方法，不能全面反映经济业务的来龙去脉，也不便于检查账户记录是否正确，这种方法目前已经很少使用。实际会计工作中，一般只在出纳登记银行存款、库存现金日记账中采用。

（二）复式记账法

1. 复式记账法的概念

复式记账法是指对于每一笔经济业务，都必须用相等的金额在两个或两个以上相互联系的账户中进行登记，全面系统地反映会计要素增减变化的一种记账方法。现代会计运用复式记账法。

2. 复式记账法的优点

与单式记账法相比，复式记账法的优点主要有以下几个方面：

（1）能够全面反映经济业务内容和资金运动的来龙去脉。

一项业务必须在两个或两个以上相互联系的账户中登记。复式记账要求将每一项经济业务的发生都看作资金运动的一个具体过程，这个过程有起点和终点两个方面，反映从"哪里来"到"哪里去"，并进行双重记录，完整地反映出每一具体的资金运动过程的来龙去脉。因为它们不会"无缘无故地增加"，也不会"无缘无故地减少"。

例如，企业用银行存款10万元购买固定资产，不仅要在"银行存款"账户中记录银行存款减少10万元，还要在"固定资产"账户中记录固定资产增加10万元。这样便清晰地反映了"银行存款"到"哪里去"，"固定资产"从"哪里来"。该业务必须在两个或两个以上账户中登记，即进行双重记录，以完整地反映出每一具体资金运动过程的来龙去脉。

（2）能够进行试算平衡，便于查账和对账。

复式记账法以会计等式"资产＝负债＋所有者权益"为理论依据，每一项经济业务的发生，都会引起会计要素各有关项目之间的增减变化，要么引起会计等式两边会计要素等额同增同减，要么引起会计等式某一边会计要素等额的有增有减，使得会计等式永远保持平衡。由于双重记录所登记的是同一资金的两个方面，其金额必然相等。

例如，嘉陵公司总资产为100万元，负债为40万元，那么，公司的所有者权益即为60万元。嘉陵公司在生产经营活动中会发生许许多多的经济业务，每一笔业务的发生，都会引起企业会计要素的变化,但是,这些变化的结果,都不会破坏基本会计等式的平衡关系。

【例3-1】 宏达公司2023年9月1日资产、负债及所有者权益状况(简表)如表3-5所示。

表3-5 资产、负债及所有者权益状况(简表)

(2023年9月1日)

资产项目	金额	负债及所有者项目	金额
库存现金	1 500	实收资本	600 000
银行存款	160 000	应付账款	186 500
原材料	180 000	短期借款	120 000
固定资产	500 000		
应收账款	65 000		
合计	906 500		906 500

9月份发生以下经济业务:

(1) 嘉陵公司对公司投资100 000元,其中机器设备投资60 000元,现金投资40 000元,款已存入银行。

该业务发生后,宏达公司资产方增加了100 000元,其中,设备增加了60 000元,银行存款增加了40 000元,同时,企业所有者权益中的实收资本增加了100 000元。

(2) 用银行存款40 000元购买一批原材料,已验收入库。

该业务发生后,宏达公司资产方的银行存款减少了40 000元,同时,企业资产方的原材料增加了40 000元。

(3) 向银行借入短期借款50 000元,归还欠采购顺发公司材料的应付账款。

该业务发生后,宏达公司负债方的短期借款增加50 000元,同时,企业负债方的应付账款减少了50 000元。

(4) 用银行存款30 000元归还银行的短期借款。

该业务发生后,宏达公司资产方的银行存款减少了30 000元,同时,企业负债方的短期借款也减少了30 000元。

课堂实训3-2:上述经济业务发生后,请完成表3-6。

表3-6 资产、负债及所有者权益变动情况

资产	变动前金额	增加金额	减少金额	增减后金额	权益	变动前金额	增加金额	减少金额	增减后金额
库存现金	1 500				实收资本	600 000			
银行存款	160 000				应付账款	186 500			
原材料	180 000				短期借款	120 000			
固定资产	500 000								

续表

资产	变动前金额	增加金额	减少金额	增减后金额	权益	变动前金额	增加金额	减少金额	增减后金额
应收账款	65 000								
合计	906 500				合计	906 500			

通过完成表3-6，可以看出：经济业务的发生，都会引起宏达公司会计要素各有关项目之间的增减变化，但是，这些变化的结果，都不会破坏基本会计等式的平衡关系。

会计平衡等式是复式记账的基础，复式记账是会计平衡等式不断实现新的平衡的保证。

3. 复式记账法的种类

复式记账法有借贷记账法、增减记账法、收付记账法三种。借贷记账法是目前国际上通用的记账方法，我国《企业会计准则》规定企业应当采用借贷记账法记账。记账方法的分类如图3-5所示。

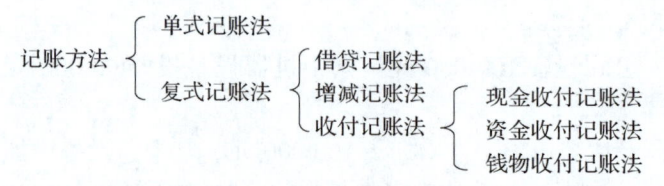

```
              ┌ 单式记账法
记账方法 ┤
              │                   ┌ 借贷记账法
              └ 复式记账法 ┤ 增减记账法
                                  │                   ┌ 现金收付记账法
                                  └ 收付记账法 ┤ 资金收付记账法
                                                     └ 钱物收付记账法
```

图3-5 记账方法的分类

知识链接3-1

中国会计记账法的百年拉锯战

复式簿记在被信贷业采用时，记账符号"debit/credit"是"人欠/欠人"的含义。该行业本来是在"人欠"和"欠人"中赚取"利差"的。

后来扩展到工商各行业后，记账符号的原意不再适用，变成"好用而不好解说"。

1907年，两位留日的学生谢霖和孟森首次以"借/贷"将其引入中国，但在近代中国，"借/贷"实际上是同义词。"告借无门"和"告贷无门"说的都是借不到钱："银行借款"和"银行贷款"毫无区别，同义词当反义词来用，这是全世界会计的通病。历史的阴差阳错，使中国学人百年来不断探讨，提出各种替代方案，展开无休止的"拉锯战"。

20世纪60年代初，在"鞍钢宪法"的背景下，因"借/贷"不知所云，改革呼声再起。主管财贸工作的时任国务院副总理李先念要求商业部认真研究，在时任商业部部长姚依林的领导下，商业部对各种记账方法进行比较研究，北京工商大学教授、原中国会计学会常务理事张以宽等专业人员设计了"增减记账法"，以"增/减"作为记账符号，在商业系统试行。由于增减的思想通俗易懂，工业、交通等各业也同时推行开来，如大庆油田也采用了。

1966年"增减记账法"正式全面推广。

（资料来源：中国会计报）

二、借贷记账法

（一）借贷记账法的概念

借贷记账法是以"借"和"贷"作为记账符号的一种复式记账法。

借贷记账法起源于 13 世纪的意大利，到 15 世纪末已初步成为较为完备的复式记账方法。

最初借、贷两字指的是借主、贷主，用以表示人与人的借贷关系。资本家借贷时收进存款记在贷主名下，即为债务，放款时记在借主名下，即为债权。最初借贷对象只限于借主、贷主。随着商品经济的发展和记账对象的复杂化，记账方法也不断改进，不仅要在会计账簿中记录货币的借贷，还要记录财产物资的增减变化，于是，"借""贷"两字已失去原有的意义，仅仅是一种记账符号了。20 世纪初清政府派人赴日学习西式簿记，在清朝末期的光绪年间从日本传入中国。

借贷记账法是以"借"和"贷"作为记账符号，表示记账的方向、账户之间的对应关系和账户余额的性质等。而与这两个文字的字义及在会计史上的最初含义无关，"借"和"贷"是会计的专门术语，并已经成为通用的国际商业语言。

"借"和"贷"作为记账符号，都具有增加和减少的双重含义。"借"和"贷"何时为增加、何时为减少，必须结合账户的具体性质才能准确说明，如表 3-7 所示。

表 3-7 "借"和"贷"所表示的增减含义

借方	账户类别	贷方
+	资产	-
+	费用	-
-	负债	+
-	所有者权益	+
-	收入	+

根据会计等式"资产+费用=负债+所有者权益+收入"可知，"借"和"贷"这两个记账符号对会计等式两方的会计要素规定了增减相反的含义。

借贷记账法下的账户结构和记账规则

（二）借贷记账法下账户的结构

1. 借贷记账法下账户的基本结构

借贷记账法下，账户的左方称为借方，右方称为贷方。所有账户的借方和贷方按相反方向记录增加数和减少数，即一方登记增加额，另一方就登记减少额。至于"借"表示增加，还是"贷"表示增加，则取决于账户的性质与所记录经济内容的性质。

通常而言，资产、成本和费用类账户的增加用"借"表示，减少用"贷"表示；负债、所有者权益和收入类账户的增加用"贷"表示，减少用"借"表示。备抵账户的结构与所调整账户的结构正好相反。

2. 资产和成本类账户的结构

在借贷记账法下，资产类、成本类账户的借方登记增加额；贷方登记减少额；期末余额一般在借方（账户余额一般在增加方），有些账户可能无余额。其余额计算公式为：

$$期末借方余额 = 期初借方余额 + 本期借方发生额 - 本期贷方发生额$$

资产类账户的结构如图 3-6 所示。

借方	资产类账户	贷方
期初余额		
本期增加额		本期减少额
本期借方发生额合计		本期贷方发生额合计
期末余额		

图 3-6　资产类账户的结构

成本类账户的结构如图 3-7 所示。

借方	成本类账户	贷方
本期增加额		本期减少额
本期借方发生额合计		本期贷方发生额合计

图 3-7　成本类账户的结构

3. 负债和所有者权益类账户的结构

在借贷记账法下，负债类、所有者权益类账户的借方登记减少额；贷方登记增加额；期末余额一般在贷方，有些账户可能无余额，其余额计算公式为：

$$期末贷方余额 = 期初贷方余额 + 本期贷方发生额 - 本期借方发生额$$

负债及所有者权益类账户的结构如图 3-8 所示。

借方	负债及所有者权益类账户	贷方
		期初余额
本期减少额		本期增加额
本期借方发生额合计		本期贷方发生额合计
		期末余额

图 3-8　负债及所有者权益类账户的结构

4. 损益类账户的结构

损益类账户主要包括收入类账户和费用类账户。

（1）收入类账户的结构。

在借贷记账法下，收入类账户的借方登记减少额；贷方登记增加额。本期收入净额在期末转入"本年利润"账户，用以计算当期损益，结转后无余额。

收入类账户的结构如图 3-9 所示。

借方	收入类账户	贷方
本期结转额		本期增加额
本期借方发生额合计		本期贷方发生额合计

图 3-9　收入类账户的结构

(2) 费用类账户的结构。

在借贷记账法下，费用类账户的借方登记增加额；贷方登记减少额。本期费用净额在期末转入"本年利润"账户，用以计算当期损益，结转后无余额。

费用类账户的结构如图 3-10 所示。

借方	费用类账户	贷方
本期增加额		本期结转额
本期借方发生额合计		本期贷方发生额合计

图 3-10　费用类账户的结构

知识链接 3-2

双重性质账户的结构

由于"借""贷"记账符号对会计等式两方的会计要素规定了增减相反的含义，因此，可以设置既有资产性质的账户，又有负债性质的具有双重性质的账户。比如，"应收账款"和"预收账款"可以合并为一个账户，"应付账款"和"预付账款"也可以合并为一个账户。

双重性质账户的性质不是固定的，应根据账户余额的方向来判断。如果余额在借方就是资产类账户，如果余额在贷方就可确认为权益类账户。具有双重性质的账户只是少数，绝大多数账户的性质仍是固定的，如图 3-11 所示。

借方	账户模式总图	贷方
资产、费用 +		资产、费用 -
负债、所有者权益、收入、利润 -		负债、所有者权益、收入、利润 +
资产余额		负债 所有者权益余额

图 3-11　账户模式总图

（三）借贷记账法的记账规则

记账规则是指采用某种记账方法登记具体经济业务时应当遵循的规律。借贷记账法的记账规则是"有借必有贷，借贷必相等"。

1. 记账规则的形成

虽然企业会计事项千差万别，但从与会计等式的关系归纳，只有四种类型、九种业务（前已述及）。如果将其中的增减变动用"借""贷"符号表示，就可以找出资产、负债及所有者权益资金运动数量变化的规律，如表 3-8 所示。

表 3-8　资产、负债及所有者权益增减变动

经济业务	资产	=	负债	+	所有者权益
1	（+）（-）				
2	（+）		（+）		
3	（+）				（+）

续表

经济业务	资产	=	负债	+	所有者权益
4	(-)		(-)		
5	(-)				(-)
6			(+)(-)		
7					(+)(-)
8			(+)		(-)
9			(-)		(+)

由表 3-8 可知，对每一会计事项都要以相等的金额，在两个或两个以上相互关联的账户中进行登记，而且，必须同时涉及有关账户的借方和贷方，其借方和贷方的金额一定相等。

2. 记账规则的内容

借贷记账法的记账规则是："有借必有贷，借贷必相等"。

> **温馨提示**
>
> **记账规则之歌**
>
> 借增贷减是资产，权益和它正相反。
> 成本资产总相同，细细记牢莫弄乱。
> 损益账户要分辨，费用收入不一般。
> 收入增加贷方看，减少借方来结转。

借贷记账法下的账户对应关系与会计分录

（四）借贷记账法下的账户对应关系与会计分录

1. 账户的对应关系

账户的对应关系是指采用借贷记账法对每笔交易或事项进行记录时，相关账户之间形成的应借、应贷的相互关系。存在对应关系的账户称为对应账户。

无论发生何种类型的经济业务，都必须同时登记两个或两个以上的相关账户：一方计入借方，另一方则必须计入贷方；一方计入贷方，另一方则必须计入借方。而且，计入借方账户的金额合计必须等于计入贷方账户的金额合计，并由此检验会计分录、过账、结账等一系列会计处理的正确性。

例如，企业购入一台设备，用银行存款 60 000 元支付价款（不考虑税费）。该业务发生后，企业需在"固定资产"账户增加 60 000 元，在"银行存款"账户减少 60 000 元，这样，"固定资产"账户和"银行存款"账户就形成了对应关系（见图 3-12）。由于"固定资产"账户和"银行存款"账户同属资产账户，且一增一减，资产增加记借方，资产减少记贷方，借贷金额相等。

借	银行存款	贷	借	固定资产	贷
		60 000	60 000		

图 3-12 账户的对应关系

2. 会计分录

（1）会计分录的含义。

会计分录，简称分录，是对每项经济业务列示出应借、应贷的账户名称及其金额的一种记录。会计分录由应借应贷方向、相互对应的科目及其金额三个要素构成。在我国，会计分录记载于记账凭证中。

会计分录是记账凭证的简化形式，其一般格式是：

借：×× （账户名）　　　　×× （金额）
　　贷：×× （账户名）　　　　　×× （金额）

实际工作中，为保证各账户记录的正确性，准确地反映账户的对应关系和登记的金额，在交易或事项发生后，正式入账之前，先编制会计分录，再根据会计分录计入有关账户的借方或贷方。

（2）会计分录的分类。

按照所涉及账户的多少，会计分录分为简单会计分录和复合会计分录。简单会计分录指只涉及一个账户借方和另一个账户贷方的会计分录，即一借一贷的会计分录。复合会计分录指由两个以上（不含两个）对应账户组成的会计分录，即一借多贷、多借一贷或多借多贷的会计分录。其划分方法如表3-9所示。

表3-9 会计分录的分类

类别		举例
简单分录	一借一贷	借：库存现金　　1 500 　　贷：银行存款　　1 500
复合分录	一借多贷	借：银行存款　　22 600 　　贷：主营业务收入　20 000 　　　　应交税费　　　2 600
	多借一贷	借：制造费用　　800 　　管理费用　　500 　　贷：库存现金　　1 300
	多借多贷	（略）

简单分录只涉及两个账户，复合分录涉及两个以上的账户。实际上，复合分录是由若干个简单分录合并组成的。比如：

借：制造费用　　　　　　800
　　贷：库存现金　　　　　　800
借：管理费用　　　　　　500
　　贷：库存现金　　　　　　500

上述两个会计分录，经合并就组成了表3-9中的多借一贷的复合分录。编制复合分录，既可以集中反映某项经济业务的全面情况，又可以简化记账手续。

> 温馨提示

会计分录中能否有"多借多贷"

在会计核算工作中，一般不允许做多借多贷的会计分录，因它不能清晰地反映经济业务的内容和账户之间的对应关系。但从遵循会计客观性原则和简化会计核算的要求看，可对某些对应关系清晰的经济业务编制多借多贷的会计分录。

例如，嘉陵公司向宏达公司采购甲材料，总价10 000元，增值税款1 300元，以银行存款支付价税款11 300元，以库存现金200元支付对方代垫运费，材料已验收入库。

借：原材料——甲材料　　　　　　　　　　　　　10 200
　　应交税费——应交增值税（进项税额）　　　　 1 300
　　贷：银行存款　　　　　　　　　　　　　　　 11 300
　　　　库存现金　　　　　　　　　　　　　　　　　200

必须指出的是，不能将不同性质的经济业务合并编制多借多贷的会计分录。在会计核算工作中，一般不编制或少编制多借多贷的会计分录。

（3）会计分录的编制。

每笔会计分录必须包括账户名称、记账方向和记账金额三要素。运用借贷记账法编制会计分录时，通常按以下步骤进行：

①确定交易或事项所涉及的账户名称及性质；
②确定这些账户的金额是增加还是减少；
③根据账户的性质与结构，确定是计入账户的借方还是贷方；
④确定应计入账户的金额。

教学中，为了简化账务处理的举例，通常对记账程序的各步骤进行适当处理：

①用文字介绍经济业务代替原始凭证；
②用会计分录代替记账凭证；
③用简化的账页格式（如T形账户等）代替真实账页；
④用简化的报表代替真实报表。

下面举例说明会计分录的编制及相关账务处理。

【例3-2】 假设嘉陵工厂2023年9月初全部账户余额如下：

库存现金	1 500	短期借款	80 000
银行存款	160 000	应付账款	81 500
固定资产	500 000	实收资本	500 000
资产类账户合计	661 500	负债及所有者权益类账户合计	661 500

9月份发生的经济业务如下：

①2日，企业购入一台设备，用银行存款40 000元支付价款（不考虑税费）。
②10日，企业向银行借款60 000元存入银行。
③18日，企业以银行存款40 000元偿还前欠购货款。
④21日，企业接受蓝鸟公司投资，转入一台设备，价值60 000元。
⑤26日，企业从银行提取现金3 000元补充库存。
⑥27日，职工张三出差，经批准，借支差旅费1 000元，以现金支付。

⑦28 日，企业所欠黄河工厂的货款 20 000 元转作对本企业的投入资本。

根据以上资料编制会计分录：

①该项经济业务的发生，使固定资产增加 40 000 元，银行存款减少 40 000 元，"固定资产"和"银行存款"同属资产账户，且一增一减，资产增加记借方，资产减少记贷方，借贷金额相等。

  借：固定资产　　　　　　　　　　　40 000
    贷：银行存款　　　　　　　　　40 000

②该项经济业务的发生，使银行存款增加 60 000 元，短期借款增加 60 000 元，"银行存款"属资产账户，"短期借款"属负债账户，资产增加记借方，负债增加记贷方，借贷金额相等。

  借：银行存款　　　　　　　　　　　60 000
    贷：短期借款　　　　　　　　　60 000

③该项经济业务的发生，使应付账款减少 40 000 元，银行存款减少 40 000 元，"银行存款"属资产账户，"应付账款"属负债账户，负债减少记借方，资产减少记贷方，借贷金额相等。

  借：应付账款　　　　　　　　　　　40 000
    贷：银行存款　　　　　　　　　40 000

④该项经济业务的发生，固定资产增加 60 000 元，是由实收资本增加 60 000 元所致，"固定资产"属资产账户，"实收资本"属所有者权益账户，资产增加记借方，所有者权益增加记贷方，借贷金额相等。

  借：固定资产　　　　　　　　　　　60 000
    贷：实收资本——蓝鸟公司　　　60 000

⑤该项经济业务的发生，使库存现金增加 3 000 元，银行存款减少 3 000 元，"库存现金"与"银行存款"同属资产账户，且一增一减，资产增加记借方，资产减少记贷方，借贷金额相等。

  借：库存现金　　　　　　　　　　　3 000
    贷：银行存款　　　　　　　　　3 000

⑥该项经济业务的发生，使其他应收款（张三）增加 1 000 元，库存现金减少 1 000 元，"其他应收款"与"库存现金"同属资产账户，且一增一减，资产增加记借方，资产减少记贷方，借贷金额相等。

  借：其他应收款——张三　　　　　　1 000
    贷：库存现金　　　　　　　　　1 000

⑦该项经济业务的发生，使应付账款（黄河工厂）减少 20 000 元，是由实收资本增加 20 000 元所致，"应付账款"属负债类账户，"实收资本"属所有者权益账户，负债类账户减少记借方，所有者权益增加记贷方，借贷金额相等。

  借：应付账款——黄河工厂　　　　　20 000
    贷：实收资本　　　　　　　　　20 000

根据以上会计分录过入账户，如图 3-13 所示。

库 存 现 金

期初余额	1 500			
⑤	3 000	⑥	1 000	
本期借方发生额合计	3 000	本期贷方发生额合计	1 000	
期末余额	3 500			

银 行 存 款

期初余额	160 000	①	40 000
②	60 000	③	40 000
		⑤	3 000
本期借方发生额合计	60 000	本期贷方发生额合计	83 000
期末余额	137 000		

固 定 资 产

期初余额	500 000		
①	40 000		
④	60 000		
本期借方发生额合计	100 000		
期末余额	600 000		

短 期 借 款

		期初余额	80 000
		②	60 000
		本期贷方发生额合计	60 000
		期末余额	140 000

应 付 账 款

③	40 000	期初余额	81 500
⑦	20 000		
本期借方发生额合计	60 000		
		期末余额	21 500

实 收 资 本

		期初余额	500 000
		④	60 000
		⑦	20 000
		本期贷方发生额合计	80 000

其 他 应 收 款

期初余额	0		
⑥	1 000		
本期借方发生额合计	1 000		
期末余额	1 000		

图 3-13　会计分录过入账户

课堂实训 3-3：请编制完成某公司 9 月部分经济业务的会计分录。

(1) 3 日，从银行提取现金 5 000 元备用；
(2) 5 日，经向银行申请，银行同意将短期借款 60 000 元转作长期借款；
(3) 8 日，按规定将盈余公积 20 000 元转增投资者资本；
(4) 11 日，从飞龙公司购进价值 18 000 元的原材料，货款未付；
(5) 14 日，收到南华公司交来银行存款 50 000 元，作为对公司的投资；
(6) 21 日，以银行存款 20 000 元偿还短期借款；
(7) 24 日，按法定程序报经批准，以银行存款 20 000 元退还个人投资款；
(8) 29 日，按规定计算出应付给投资者利润 18 000 元；
(9) 30 日，华美公司同意将本公司前欠货款 21 000 元转为对本公司投资。

知识链接 3-3

中国注册会计师第一人——谢霖

谢霖（1885—1969，字霖甫）教授，中国的第一位 CPA，第一个会计师事务所的创办者，中国的执业会计师制度的引进者和奠基人，我国会计师制度的创始人，会计改革实干家和会计教育家。

谢霖教授为江苏武进人，生于 1885 年，少年东渡日本，攻读明治大学商科，获商学学士学位。1904 年回国后，应试经济特科，被清政府收入商科举人学衔。

谢霖教授以"母实业而父教育"的宗旨，在担任各种职务的同时，十分重视会计教育。他在热心教育事业、建立会计师制度、改革会计制度、设立会计师事务所和传播会计知识等方面，为我国会计科学发展和会计工作实践做出了巨大贡献，不愧为我国近代杰出的教育家。

谢霖教授兼任中国银行、交通银行总会计师职务期间，根据西方借贷复式记账原理并结合中国实际情况，设计银行会计制度，将中国传统收付记账改革为现金收付复式记账。他在两行改革会计一举成功，震动了经济界，全国工商企业争相效法，使我国由传统的单式记账向科学的复式记账迈出了关键的一步，并为借贷复式记账法在我国的运用打下了坚实基础。

为了维护我国主权和民族利益，他于 1918 年 6 月上书旧农商、财政两部，建议设立"中国会计师制度"。经批准后，受两部委托起草了《会计师章程（草案）》十条，于同年 9 月 7 日公布试行。同时农商部向他颁发了第一号会计师证书，他是中国第一个会计师。

为执行会计师制度，他设立了第一个会计师事务所——"正则"会计师事务所。随着业务的开展，"正则"会计师事务所的分支机构遍及中国南北，比如北京、天津、上海、南京、南昌、长沙、汉口、广州、成都等二十多个大中城市，都开展了执业会计师业务。当时，"正则"与"立信"齐名，在全国会计界中享有很高的信誉。

1937 年日本侵占上海后，他受光华大学校长张寿庸的委托，来成都筹办分校。他凭着热爱教育、为国育才的心愿，经过一年多的日夜操劳，终于在 1938 年建成光华大学成都分校，并聘请各方面的知名专家、教授来校任课，使该校成为全国有影响、有成就的高等学府。

谢霖教授为传播会计和经济管理知识，撰写出版了大量著作。其中有《银行簿记学》

《簿记学》《改良中式会计》《中国之会计师制度》《实用银行簿记》《实用银行会计》《银行会计》《会计学》《成本会计》《铁道会计》《审计学要义》等。他不仅给我们留下了珍贵的精神财富，而且他的治学态度、求实精神对今天的会计理论工作者和实际工作者仍有指导意义。

（五）借贷记账法下的试算平衡

1. 试算平衡的含义

试算平衡，是指根据借贷记账法的记账规则和资产与权益的恒等关系，通过对所有账户的发生额和余额的汇总计算和比较，来检查记录是否正确的一种方法。

企业日常发生的每笔经济业务都要计入相关账户，且记录中按照"有借必有贷，借贷必相等"的记账规则记账。应当说，一定期间的全部交易或事项都登记入账之后，全部账户的本期借方发生额合计数与全部账户的本期贷方发生额合计数必然相等。依此类推，全部账户的期末借方余额合计数和全部账户的期末贷方余额合计数也必然相等。

但是，在记账的过程中，由于各种原因，可能会产生或这或那的差错，使得上述借贷金额不平衡。因此在一定时期内（如一个月）有必要对所有账户中的记录进行检查和验证，以保证本期会计处理的正确性，这种检查和验证的方法就是试算平衡。试算平衡是以会计等式或复式记账原理为依据，检查所有账户记录是否正确的一种方法。通过试算平衡，可以检查会计记录的正确性，并可查明出现不正确会计记录的原因，进行调整，从而为会计报表的编制提供准确的资料。

2. 试算平衡的分类

试算平衡具体包括本期发生额试算平衡和余额试算平衡。

（1）本期发生额试算平衡。

本期发生额试算平衡是指全部账户本期借方发生额合计与全部账户本期贷方发生额合计保持平衡，即：

$$全部账户本期借方发生额合计 = 全部账户本期贷方发生额合计$$

本期发生额试算平衡的直接依据是借贷记账法的记账规则。即在平时编制会计分录时，都是"有借必有贷，借贷必相等"，将其记入有关账户经汇总后，也必然是"借贷必相等"。

本期发生额平衡法主要是用来检查本期发生的经济业务在进行各种账务处理时的正确性。

（2）余额试算平衡。

余额试算平衡是指全部账户借方期末（初）余额合计与全部账户贷方期末（初）余额合计保持平衡。其试算平衡公式为：

$$全部账户的借方期末余额合计数 = 全部账户的贷方期末余额合计数$$
$$全部账户的借方期初余额合计数 = 全部账户的贷方期初余额合计数$$

余额试算平衡的直接依据是财务状况等式。由于存在"资产＝负债+所有者权益"的平衡关系，所以全部账户的借方期末余额合计数应当等于全部账户的贷方期末余额合计数。

余额平衡法主要是通过各种账户余额来检查、推断账务处理正确性的。

【例3-3】 仍以例3-2所举的七笔业务为例，编制试算平衡表，如表3-10所示。

表 3-10 本期发生额及余额试算平衡表

2023 年 9 月 30 日　　　　　　　　　　　　　　　　　　　　　　　　单位：元

会计科目	期初余额 借方	期初余额 贷方	本期发生额 借方	本期发生额 贷方	期末余额 借方	期末余额 贷方
库存现金	1 500		3 000	1 000	3 500	
银行存款	160 000		60 000	83 000	137 000	
固定资产	500 000		100 000		600 000	
短期借款		80 000		60 000		140 000
应付账款		81 500	60 000			21 500
实收资本		500 000		80 000		580 000
其他应收款			1 000		1 000	
合计	661 500	661 500	224 000	224 000	741 500	741 500

温馨提示

试算平衡后记账还有错吗？

如果试算不平衡，说明账户的记录肯定有错，需查找并更正。如果试算平衡，只能说明账户的记录基本正确，但不一定完全正确。这是因为有些错误并不影响借贷双方的平衡，如发生某项经济业务在有关账户中被重记、漏记或记错了账户等错误，并不能通过试算平衡来发现。但试算平衡仍是检查账户记录是否正确的一种有效的方法。

知识链接 3-4

会计笑说人生

一支秃笔，写尽从零到玖的无穷变化，领悟出人生无限的轮回。一把算盘，算出人世间万种心态。用独具特色的方式，解读着人生哲理。"有借必有贷，借贷必相等。"这一恒等的原理，难道不是对"一分耕耘，一分收获"的最好注释吗？人间万事，有哪一件，不在会计科目体系中核算？

当一个新生命呱呱坠地，人生的旅途就开始了。在会计人眼里，也就是一个新账户的开设。在你以后的成长历程中的一切，都会记在你父辈的"经营费用"的借方。穿戴是包装费；吃饭属于"低值易耗品"；送你读书是父辈对你的"长期投资"。当你独立经营自己的人生之后，充沛的体力和斗志昂扬的精神是你随时可支付的"现金"，科学知识是你的"银行存款"，成熟的你就是可供自己拼搏的"固定资产"，社会关系是你的"其他货币资金"。

生活是你生命周期的持续经营，其间你会遇到各种各样的缘分，这就是你人生之旅的"营业外收入"。珍惜难得的缘分，你就获得了爱情，这就是你的"无形资产"。当爱情变成了婚姻，你那个深爱的人，可就成了你的"实收资本"，那个爱情结晶的孩子，也就成了你一生的"应付账款"。

如果把结婚看作"合并报表"，那么思念就是一本"日记账"；错爱就是对婚姻的"高估净利润";背叛是在做"无形资产减值准备";吵架是"坏账准备";眼泪是"所有者权益";分手是"破产清算";暗恋将变成一笔收不回的呆账。误会是笔"错误分录";解释是在做"更正分录";复合就变成了"回转分录";实在不行,只有再婚,这就叫作"资产重组",找情人纯属"营业外支出"。回忆人生经历,那是在做"财务分析",反思是在做"内部盘点",那难忘的旧情啊,将是你人生经营的"递延资产"!

人生路漫漫,会计科目也随之不断地完善。日益增长的年龄对你来说就是"累计折旧";疾病是人生的"经营损失";医疗费用就是对你自身维护的"维修费";为人生奋斗而付出的心血是你的"事业支出";名利是你的"投资收益"。人情是笔"其他应付款";结识朋友是在做"短期投资";知己才是"长期股权投资"。

购置保险是在为你这个长期拼搏的固定资产做"固定资产减值准备";仁义礼智信在我们的人生中永远是项"在建工程";建设不好你就要准备应对随时会出现的"公允价值变动损益"。

(资料来源:中华会计网校博客,2010-09-07)

一体化训练

模块 4

主要经济业务的会计核算训练

知识框架

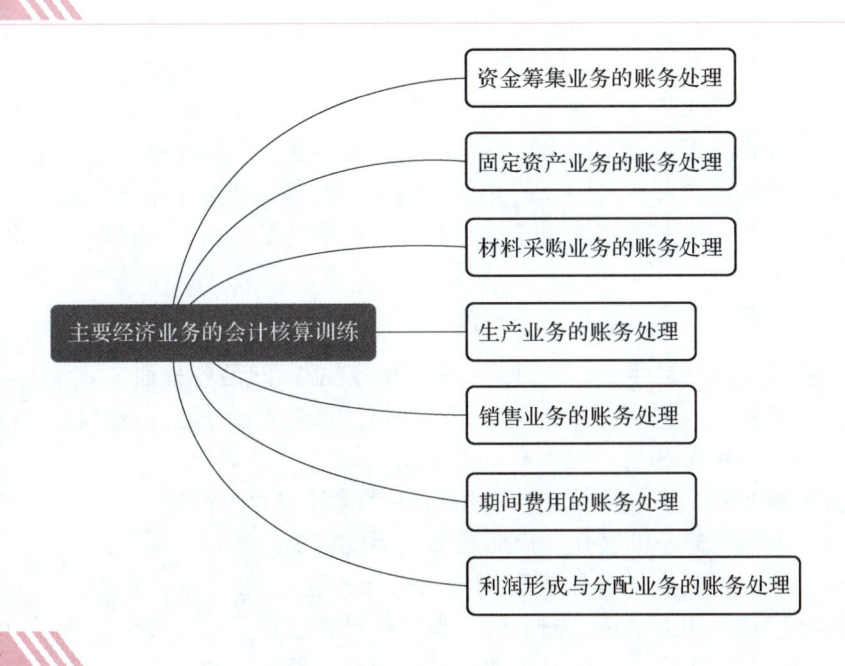

主要经济业务的会计核算训练
- 资金筹集业务的账务处理
- 固定资产业务的账务处理
- 材料采购业务的账务处理
- 生产业务的账务处理
- 销售业务的账务处理
- 期间费用的账务处理
- 利润形成与分配业务的账务处理

学习目标

知识目标
1. 掌握企业资金的循环与周转过程
2. 掌握核算企业主要经济业务的会计科目
3. 掌握企业主要经济业务的账务处理
4. 掌握企业净利润的计算
5. 掌握企业净利润的分配

能力目标
1. 能够区分制造企业生产经营各阶段的经济业务
2. 能够正确编制制造企业主要经济业务的会计分录
3. 能够界定利润总额的组成内容及其计算方法

素养目标
1. 通过学习企业主要经济业务的账务处理，养成会计信息收集的全局意识及经济工作

中的风险防范意识

2. 通过学习成本费用核算，具备一定的成本意识和节约意识

导入案例

王利、李好和赵明三人大学毕业后决定合伙开办一家玩具厂，并商定每人出资10万元。他们租用了厂房，购买了设备，并按规定办理了相关手续，此时的30万元已所剩无几，为购买材料、聘请工人，三人只得向银行申请了10万元的贷款。生产终于如期开工，第一批产品顺利出厂，并且非常畅销，深得消费者的喜爱。三人高兴不已，可没过多久，他们却担心不已，原来经过盘算，本以为有较大利润空间的销售额扣除各种费用、税金后，并没有赚钱，甚至玩具厂的现钱寥寥无几。这是为什么？问题出在哪里？难道产品的定价太低了？他们找到了某会计师事务所的张会计咨询，张会计了解情况后，对玩具厂的发展情况进行了一系列的分析：玩具厂经过资金筹集、材料物资采购、产品生产、产品销售、利润的形成及分配等阶段的经营，前景良好，计算其盈亏不能以货币资金的余额为依据，在玩具厂的各项开支中，购买材料、支付工资、上缴税金等开支应该在本期列支，而租用厂房、购买设备等开支则应该在租期内或设备的使用年限中分期列支，而不是全部列支在本期，在本期需要确认厂房的租金以及设备的折旧费用，如此算来，玩具厂的利润总额在交纳所得税后还是相当可观的。张会计的一席话使三人茅塞顿开，又高兴了起来，于是，三人当即真诚邀请张会计到他们厂从事会计工作。

讨论：你认为张会计的话有道理吗？为什么？

制造业企业是从事产品生产、为社会提供合格产品，满足各方面需要的经济实体。为了独立地进行生产经营，必须拥有一定数量的经营资金，作为从事经营活动的物质基础。这些资金都是从一定的渠道取得的，并在经营活动中被具体运用，表现为不同的占用形态。随着企业生产经营活动的进行，资金的占用形态不断转化，周而复始，形成资金的循环和周转。

4.1 做账时会涉及哪些主要的经济业务

制造业企业筹集的资金，首先表现为货币资金形态。在采购过程中，企业以货币资金建造或购买厂房、固定资产和各种材料物资，这时资金就从货币资金形态转化为储备资金形态。在生产过程中，劳动者借助于劳动资料，加工劳动对象，制造出各种适合社会需要的产品，这一过程还要耗用人力，发生工资费用，耗用厂房、机器设备发生折旧费等，这些费用都形成了产品的生产费用，也构成了产品成本，这时资金就从储备资金形态转化为生产资金形态，随着产品的完工和验收入库，资金又从生产资金形态转化为成品资金形态。在销售过程中，企业将产品销售出去，收回货币资金，这时资金从成品资金形态转化为货币资金形态。为了及时总结一个企业在一定时期内的财务成果，必须计算企业所实现的利润或发生的亏损，如为利润，应按照国家的规定上交所得税、提取留存、分配给投资者等，一部分资金退出企业，一部分要重新投入生产周转；如为亏损，还要进行弥补。在上述企业生产经营活动中，资金的筹集和资金回收或退出企业，与采购过程、生产过程和销售过程首尾相接，构成了制造业企业的主要经济业务。企业除了要对主要经济业务进行记录、核算外，还应对企业生产经营过程中发生的其他经济业务进行核算，如交易性金融资产业务、无形资产业务、长期股权投资业务等。

任务 1　资金筹集业务的账务处理

企业为了进行生产经营活动，必须拥有一定数量的资金，作为生产经营活动的物质基础。企业筹集资金的渠道是指企业取得资金的方式。目前我国企业的资金来源主要有两个渠道：一是企业所有者作为资本投入的资金，二是债权人作为债权投入的资金。前者形成企业的所有者权益，后者形成企业的负债。所有者权益筹资形成所有者的权益（通常称为权益资本），包括投资者的投资及其增值，这部分资本的所有者既享有企业的经营收益，也承担企业的经营风险；负债筹资形成债权人的权益（通常称为债务资本），主要包括企业向债权人借入的资金和结算形成的负债资金等，这部分资本的所有者享有按约收回本金和利息的权利。

企业核算筹集资金业务，应设置"实收资本""资本公积"等科目来反映筹资时所有者权益的增加；设置"固定资产""银行存款"等科目来反映筹资时资产的增加；设置"短期借款""长期借款"等科目来反映筹资时负债的增加。

一、接受投资的账务处理

企业的投资者包括国家、法人单位、个人和外商，投资方式有货币资金、固定资产、材料物资及无形资产等。投资者投入的资本是所有者权益中的一部分，是企业在工商行政管理部门注册登记的资本金，是国家批准企业从事生产经营活动的首要条件。投资者向企业投入资本，在一般情况下无须偿还，企业可以长期周转使用。

知识链接 4-1

新公司法在公司注册资本登记条件方面的修改

（1）取消了公司注册资本最低限额制度。

（2）为了进一步放宽注册资本登记条件，不再限制公司设立时全体股东（发起人）的首次出资比例、货币出资比例和缴足出资期限。

（一）接受投资业务的账户设置

接受投资业务的账户设置主要包括"实收资本"账户、"资本公积"账户、"无形资产"账户、"银行存款"账户等。

1. "实收资本"账户

实收资本是指企业实际收到的投资者投入的资本，属于所有者权益类账户。"实收资本"账户用来核算企业实收资本的增减变动情况及其结果（股份有限公司一般设置"股本"账户）。该账户其贷方登记企业实际收到的投资者投入的资本数，借方登记企业按法定程序报经批准减少的注册资本数。期末余额在贷方，表示企业实际拥有的资本（或股本）数额，如图 4-1 所示。该账户应按投资者设置明细账，进行明细分类核算。企业收到的所有者的投资都应按实际投资数额入账。其中，以货币资金投资的，应按实际收到的款项作为投资者的投资入账；以实物形态投资的，应按照投资各方确认的价值作为实际投资额入账。企业在生产经营过程中所取得的收入和收益、所发生的费用和损失，不得直接增减投入资本。

借方	实收资本	贷方
报经批准减少的注册资本	实际收到的投资者投入的资本数	
	实际拥有的资本数	

图 4-1 "实收资本"账户的结构

> **温馨提示**
>
> 股份有限公司应将"实收资本"账户改为"股本"账户，股份有限公司收到投资者投入的资本称为股本，企业收到投资者出资超过其在注册资本或股本中所占份额的部分，作为资本溢价或股本溢价，在资本公积账户中反映。

2. "资本公积"账户

资本公积是指企业收到投资者的超出企业注册资本（或股本）中所占份额的投资，以及直接计入所有者权益的利得和损失等。"资本公积"账户用来核算企业收到投资者出资额超出其在注册资本或股本中所占份额的部分以及直接计入所有者权益的利得和损失。该账户是所有者权益类，其贷方登记各种原因引起的资本公积增加，借方登记用资本公积转增资本的数额，期末贷方余额为企业资本公积实有数额，如图4-2所示。该账户应按"资本溢价（股本溢价）""其他资本公积"设置明细账，进行明细分类核算。

借方	资本公积	贷方
资本公积转增资本的数额	资本公积增加的数额	
	企业资本公积实有数额	

图 4-2 "资本公积"账户的结构

3. "无形资产"账户

"无形资产"账户用来核算企业持有的无形资产成本。包括专利权、非专利技术、商标权、著作权、土地使用权等。该账户借方登记取得无形资产的实际成本，贷方登记减少无形资产的实际成本，如图4-3所示。期末借方余额表示企业实际持有的无形资产的成本。该账户应按无形资产的项目设置明细账，进行明细分类核算。

借方	无形资产	贷方
取得无形资产的实际成本	减少无形资产的实际成本	
实际持有的无形资产的成本		

图 4-3 "无形资产"账户的结构

4. "银行存款"账户

"银行存款"账户用来核算企业存入银行或其他金融机构的各种款项，属于资产类账户。该账户借方登记银行存款的增加数，贷方登记银行存款的减少数，如图4-4所示。期末为借方余额，表示期末企业存入银行或其他金融机构的各种款项。

借方	银行存款	贷方
银行存款的增加数	银行存款的减少数	
银行存款的实际数		

图 4-4 "银行存款"账户的结构

(二) 接受投资的账务处理

1. 接受现金资产投资的账务处理

当投资者投入现金资产时，企业会计人员应将作为出资的现金资产足额存入设立的指定账户，企业按实际收到的货币存款借记"库存现金"或"银行存款"账户，贷记"实收资本"账户，股份有限公司贷记"股本"账户，实际收到的金额超过其在企业注册资本中所占份额的部分，贷记"资本公积"账户。

【例4-1】 嘉陵实业有限公司2023年2月20日收到星星公司投入的一张转账支票，其投资额为500 000元，资金已全部到位，款项已存入银行。凭证如图4-5~图4-7所示。

凭证1

ICBC 中国工商银行进账单（回单）1 第 1 号
2023 年 02 月 20 日

出票人	全称	星星机械有限公司	收款人	全 称	嘉陵实业有限公司
	账号	1543216789465		账 号	1234567891234
	开户行	开户银行:工商行磨子桥分理处		开户行	工商行郫都区支行

人民币（大写）	伍拾万元整	百 十 万 千 百 十 元 角 分
		¥ 5 0 0 0 0 0 0 0

票据种类	转支	收款人
票据张数	1 张	开户行盖章
复核	记账	2023 年 02 月 20 日

此联收款人开户行给收款人的回单

图 4-5 进账单

凭证2

四川金诚会计师事务所有限公司成都分所

验资报告

嘉陵实业有限责任公司全体股东：

我们接受委托，审验了贵公司截至2023年2月20日申请变更登记的注册资本的实收情况。按照国家相关法律、法规的规定和有关决议、章程的要求出资，提供真实、合法、完整的验资资料，保证资产的安全、完整是全体股东及贵公司的责任。我们的责任是对贵公司注册资本的实收情况发表审验意见。我们审验是依据《独立审计实务公告第1号——验资》进行的。在审验过程中，我们结合贵公司的实际情况，实施了检查等必要的审验程序。

根据有关部门协议、章程规定，贵公司申请变更的注册资本为人民币200万元，由嘉陵实业有限公司（简称甲方）、星星机械有限公司（简称乙方）于2023年2月20日之前缴足。经我们审验，截至2023年2月20日，贵公司已收到全体股东交纳的注册资本，合计人民币贰百万元整（￥2 000 000.00），全部以货币出资。

本验资报告仅供贵公司申请变更登记及据以向全体股东签发出资证明时使用，不应将其视为对贵公司验资报告日后资本保全、偿债能力和持续经营能力等的保证。因使用不当造成的后果，与执行本验资业务的注册会计师及会计师事务所无关。

附：注册资本实收情况明细表
四川金诚会计师事务所有限公司
主任会计师：

成都分所中国注册会计师：

中国成都二〇二三年贰月二十日

图 4-6 验资报告

注册资本实收情况明细表

截至 2023 年 02 月 20 日

公司名称：嘉陵实业有限公司　　　　　　　　　　　　　　　　货币单位：万元

股东名称	申请的注册资本		实际出资情况						
:::	金额	比例	货币	实物	净资产	其他	合计	其中：实际缴注资本	
:::	:::	:::	:::	:::	:::	:::	:::	金额	占注册资本总额比例
嘉陵实业有限公司	150	75%	150				150	150	75%
星星机械有限公司	50	25%	50				50	50	25%
合计	200	100%	200				200	200	100%

四川金诚会计师事务所　　　　　　　　　　　　　　　　中国注册会计师

（四川省金诚会计师事务所有限公司成都分所验资专用章）　　（中国注册会计师 5211030）

图 4－7　注册资本实收情况明细表

　　借：银行存款　　　　　　　　　　　　　500 000
　　　　贷：实收资本——法人资本——星星公司　　500 000

【例 4－2】　甲公司由 A，B，C 三公司各出资 100 万元组建，经过三年经营，D 公司加入，此时，注册资本金增加为 400 万元，D 公司出资 180 万元，占公司股份的 25%。

　　借：银行存款　　　　　　　　　　　　　1 800 000
　　　　贷：实收资本——法人资本——D 公司　　1 000 000
　　　　　　资本公积——资本溢价　　　　　　800 000

2. 接受无形资产投资的账务处理

投资者有时会以专利权、非专利技术、著作权、商标权、土地使用权等无形资产作为投资。当企业收到投资者投入的无形资产时，应按照投资合同或协议约定的价值确定无形资产的价值，借记"无形资产"账户，贷记"实收资本"账户。

【例 4－3】　嘉陵公司收到星星公司投入的专利权，双方协商以 100 000 元作为投资成本入账。

　　借：无形资产　　　　　　　　　　　　　100 000
　　　　贷：实收资本——法人资本——星星公司　　100 000

3. 实收资本减少的账务处理

一般情况下，企业的实收资本应相对固定不变，但在某些特殊情况下，实收资本也可能发生增减变化。当实收资本减少时，企业应按法定程序报经批准，并减少"实收资本"账户。

【例 4－4】　按照法律程序，星星公司撤销对嘉陵公司的投资，嘉陵公司以银行存款

200 000元支付。

借：实收资本——法人资本——星星公司　　　200 000
　　贷：银行存款　　　　　　　　　　　　　　　　200 000

负债筹资经济业务

二、负债筹资业务的账务处理

企业也可从银行或其他金融机构借入资金，按照还款期限可分为短期借款和长期借款。短期借款是指企业用以维持正常的生产经营，而向银行等金融机构或其他金融机构借入的期限在1年以内（含1年）的各种借款。长期借款账户用来核算企业向银行或其他金融机构借入的期限在1年以上（不含1年）的各种借款，此借款一般用于固定资产的购建、改扩建工程和大修理工程。

（一）短期借款的账务处理

企业为了核算短期借款的借入、利息的生成和本金及利息的偿还情况，应设置"短期借款"和"应付利息"账户。

1. "短期借款"账户

"短期借款"是负债类账户，其贷方登记企业借入的各种短期借款数额，借方登记归还的借款数额。期末余额在贷方，表示期末尚未归还的短期借款的本金，如图4-8所示。该账户应按借款种类、贷款人和币种设置明细账，进行明细分类核算。

借方	短期借款	贷方
归还的借款数额	借入的短期借款	
	尚未归还的短期借款本金	

图4-8　"短期借款"账户的结构

2. "应付利息"账户

"应付利息"是负债类账户，核算企业按借款合同约定应支付的利息或利息的偿还情况，贷方登记由于借款应计算确定的利息，借方登记企业归还的借款利息。期末余额在贷方，表示应付而未付的利息，如图4-9所示。该账户应按借款债权人设置明细账，进行明细分类核算。

借方	应付利息	贷方
归还的借款利息	计算确定的利息	
	应付而未付的利息	

图4-9　"应付利息"账户的结构

企业借入款项时，借记"银行存款"账户，贷记"短期借款"账户；归还借款时，做相反的账务处理。由于实际工作中银行一般在每季末收取短期借款利息，所以，企业平时在月末预提借款利息，预提短期借款利息时，借记"财务费用"账户，贷记"应付利息"账户；实际支付利息时，借记"应付利息"账户，贷记"银行存款"账户。

3. "财务费用"账户

"财务费用"账户属于损益类账户,用以核算企业筹集生产经营所需资金等而发生的筹资费用,包括利息支出、汇兑损失以及相关的支付给金融机构的手续费、企业发生的现金折扣或收到的现金折扣等。借方登记企业本期发生的各种财务费用,贷方登记企业本期发生应冲减财务费用的利息收入、汇兑收益等,期末结转后,该账户无余额,如图4-10所示。该账户可按费用项目进行明细核算。

借方	财务费用	贷方
发生的各种财务费用: 利息支出 借款手续费 汇兑损失 (期末无余额)		利息收入 汇兑收益 期末转入"本年利润"账户的财务费用

图4-10 "财务费用"账户的结构

【例4-5】 2023年3月1日嘉陵公司从银行借入期限为一年、月利息为6‰的短期借款1 000 000元(见图4-11),存入银行。根据与银行签署的借款协议,该项借款的利息分月计提,按季支付,到期一次还本。

凭证3

ICBC 中国工行银行借款凭证(收账通知)				2									
实贷日期(银行填写):		2023年 3月 1日		合同号码:			1201						
借款 单位	名称	嘉陵实业有限公司		约定偿还日期			2024年02月29日						
	存款账号	1234567891234	贷款账号	2378008566	展期偿还日期								
贷款种类		短期资金贷款	月利率	6‰	贷款期间		一年期						
申请借款金额		壹佰万元整	核准借款金额	壹佰万元整	千	百	十	万	千	百	十	元	角	分
					¥	1	0	0	0	0	0	0	0	0
借款直接用途		生产车间购买设备											
上列借款已批准发放,转入单位结算户。 此致 单位 (银行签章)			银行分录: 年 月 日 借:—— 贷:											

图4-11 银行借款凭证

借:银行存款   1 000 000
  贷:短期借款   1 000 000

【例4-6】 根据例4-5资料,每月末采用预提的方法进行利息费用的核算。借款利息计算清单如图4-12所示。

分析: 企业借入短期借款后,必须承担支付利息的义务。首先应计算企业3月份应负担的利息。3月份应负担的利息=1 000 000×6‰=6 000(元)。

凭证 4

ICBC	中国工商银行借款利息计算清单		NO.002349	
单位名称：嘉陵实业有限公司		结息账号：1234567891234		
起息日期	结息日期	借款本金	利率（月）	利息金额（元）
2023/03/01	2024/02/29	1 000 000.00	6‰	6 000.00
上列借款利息已从你单位存款账户扣除	中国工商银行邯郸区支行 2024年02月29日 转讫（银行盖章）		备注：	

第三联 单位收或付款通知

图 4-12　借款利息计算清单

每季的第一、第二个月预提利息费用时，会计分录如下：
借：财务费用　　　　　　　　6 000
　　贷：应付利息　　　　　　　　6 000
每季支付利息时：
借：应付利息　　　　　　　　12 000
　　财务费用　　　　　　　　 6 000
　　贷：银行存款　　　　　　　　18 000
到期偿还本金时：
借：短期借款　　　　　　　　1 000 000
　　贷：银行存款　　　　　　　　1 000 000

（二）长期借款的账务处理

企业为了核算长期借款的借入、利息的生成和本金及利息的偿还情况，应设置"长期借款"和"应付利息"账户。

"长期借款"账户是负债类账户，如图 4-13 所示。贷方登记企业借入的各种长期借款数（包括本金和利息），借方登记各种长期借款归还数（包括本金和利息）。期末余额在贷方，表示企业尚未归还的长期借款本金和利息数。该账户应按贷款单位和贷款种类设置明细账，分别按"本金""利息调整"等进行明细分类核算。

借方	长期借款	贷方
到期归还的长期借款本息		借入的长期借款本息
		尚未归还的长期借款本息

图 4-13　"长期借款"账户的结构

企业借入款项时，借记"银行存款"账户，贷记"长期借款"账户；归还借款时，做相反的账务处理。根据《企业会计准则》规定，企业取得长期借款所发生的利息费用，应按权责发生制按期预提。属于筹建期间的，应计入"管理费用"账户；属于生产经营期间的，应计入"财务费用"；符合资本化条件的，应当予以资本化，计入相关资产成本。

【例 4-7】 嘉陵公司 2023 年 4 月 7 日从银行借入两年期借款 2 000 000 元存入银行。
借：银行存款　　　　2 000 000
　　贷：长期借款　　　　2 000 000

课堂实训 4-1：广州华新公司发生下列经济业务，要求编制会计分录。
(1) 收到某单位投入一批原材料，总价 20 000 元；
(2) 向银行借入 4 个月期借款 100 000 元存入银行；
(3) 向银行借入 3 年期借款 800 000 元存入银行；
(4) 收到某公司投资 200 000 元，存入银行；
(5) 收到某公司投入新固定资产一项，价值为 300 000 元。

任务 2　固定资产业务的账务处理

一、固定资产的概念与特征

固定资产是指为生产商品、提供劳务、出租或者经营管理而持有、使用寿命超过一个会计年度的有形资产。固定资产同时具有以下特征：①属于一种有形资产；②为生产商品、提供劳务、出租或者经营管理而持有；③使用寿命一般超过一个会计年度。

二、固定资产的成本

固定资产的成本是指企业购建某项固定资产达到预定可使用状态前所发生的一切合理、必要的支出。

企业可以通过外购、自行建造、投资者投入、非货币性资产交换、债务重组、企业合并和融资租赁等方式取得固定资产。不同取得方式下，固定资产成本的具体构成内容及其确定方法也不尽相同。

1. 外购固定资产

外购固定资产的成本，包括购买价款、相关税费［2009 年 1 月 1 日增值税转型改革后，企业购建（包括购进、接受捐赠、实物投资、自制、改扩建和安装）生产用固定资产发生的增值税进项税额可以从销项税额中抵扣］、使固定资产达到预定可使用状态前所发生的可归属于该项资产的运输费、装卸费、安装费和专业人员服务费等。

自 2019 年 4 月 1 日起，增值税一般纳税人取得不动产的进项税额不再分 2 年抵扣。此前尚未抵扣完毕的待抵扣进项税额，可自 2019 年 4 月税款所属期起从销项税额中抵扣，只能一次性转入进项税额进行抵扣。按允许抵扣的金额，借记"应交税费——应交增值税（进项税额）"科目，贷记"应交税费——待抵扣进项税额"科目。

企业作为小规模纳税人，购入固定资产发生的增值税进项税额应计入固定资产成本，借记"固定资产"或"在建工程"科目，不通过"应交税费——应交增值税"科目核算。

企业以一笔款项购入多项没有单独标价的固定资产，应将各项资产单独确认为固定资产，并按各项固定资产公允价值的比例对总成本进行分配，分别确认固定资产成本。

2. 自行建造固定资产

自行建造的固定资产，以建造该固定资产达到预定可使用状态前所发生的全部支出作为入账价值。

3. 投资者投入固定资产

当企业收到投资者投入的各种实物资产时，必须对其进行评估确认。评估实物资产时可根据资产的原值、净值、新旧程度、重置成本或获利能力等因素进行确认，也可由投资双方协商决定，根据投资合同或协议约定的价值确定固定资产的入账价值。

三、固定资产的折旧

（一）固定资产折旧概述

1. 固定资产折旧及其影响因素

固定资产折旧是指在固定资产使用寿命内，按照确定的方法对应计折旧额进行的系统分摊。其中，应计折旧额是指应当计提折旧的固定资产的原价扣除其预计净残值后的金额。已计提减值准备的固定资产，还应当扣除已计提的固定资产减值准备累计金额。影响折旧的因素主要包括以下几个方面：

第一，固定资产原价。计提折旧时，应以月初应计折旧的固定资产账面原值为依据。

第二，预计净残值。预计净残值是指假定固定资产的预计使用寿命已满并处于使用寿命终了时的预期状态，企业目前从该项资产的处置中获得的扣除预计处置费用后的金额。企业应当根据固定资产的性质和使用情况，合理确定固定资产的预计净残值。预计净残值一经确定，不得随意变更。

第三，固定资产减值准备。固定资产减值准备是指固定资产已计提的固定资产减值准备累计金额。

第四，固定资产的使用寿命。固定资产的使用寿命是指企业使用固定资产的预计期间，或者该固定资产所能生产的产品或提供劳务的数量。

2. 固定资产折旧范围

除下列情况外，企业应对所有固定资产计提折旧：

（1）已提足折旧仍继续使用的固定资产；

（2）单独计价入账的土地。

在确定计提折旧的范围时，应注意：企业应当按月对所有的固定资产计提折旧，当月增加的固定资产，当月不计提折旧，从下月起计提折旧；当月减少的固定资产，当月仍计提折旧，从下月起不计提折旧。提前报废的固定资产，不再补提折旧。

固定资产在其使用过程中，因所处经济环境、技术环境以及其他环境均有可能发生很大变化，企业至少应当于每年年度终了，对固定资产的使用寿命、预计净残值和折旧方法进行复核。固定资产使用寿命、预计净残值和折旧方法的改变，应当作为会计估计变更。

（二）固定资产折旧方法

企业可选用的折旧方法有年限平均法、工作量法、双倍余额递减法和年数总和法等。本书重点介绍年限平均法和工作量法。

1. 年限平均法

年限平均法，又称直线法，是指将固定资产的应计折旧额均匀地分摊到固定资产预计使用寿命内的一种方法，各月应计提折旧额的计算公式如下：

$$年折旧率 = (1 - 预计净残值率) \div 预计使用年限$$
$$月折旧率 = 年折旧率 / 12$$
$$月折旧额 = 固定资产原价 \times 月折旧率$$

2. 工作量法

工作量法，是根据实际工作量计算每期应提折旧额的一种方法。计算公式如下：

$$某项固定资产月折旧额 = 该项固定资产当月工作量 \times 单位工作量折旧额$$

其中：单位工作量折旧额 = [固定资产原价 × (1 - 预计净残值率)] ÷ 预计总工作量

不同的固定资产折旧方法，将影响固定资产使用寿命期间内不同时期的折旧费用。企业应当根据与固定资产有关的经济利益的预期实现方式合理选择折旧方法，固定资产的折旧方法一经确定，不得随意变更。

四、固定资产的账务处理

企业通常设置以下账户对固定资产业务进行会计核算：

1. "固定资产"账户

"固定资产"账户用来核算企业持有的固定资产的原始价值，属资产类账户，如图4-14所示。借方登记企业增加的固定资产的原始价值（包括购进、接受投资、盘盈等）；贷方登记减少的固定资产的原始价值（包括处置、投资转出、盘亏等）；期末余额在借方，表示企业实际持有的固定资产的原始价值。该账户应按固定资产的类别和项目设置明细账，进行明细分类核算。

借方	固定资产	贷方
增加的固定资产的原始价值	减少的固定资产的原始价值	
实际持有的固定资产的原值		

图4-14 "固定资产"账户的结构

2. "在建工程"账户

"在建工程"账户核算企业基建、更新改造、安装等在建工程发生的支出，如图4-15所示。该账户是资产类账户，借方登记企业各项在建工程的实际支出，贷方登记完工工程转出的成本，期末借方余额反映企业尚未达到预定可使用状态的在建工程的成本。

借方	在建工程	贷方
在建工程实际支出	完工转出的成本	
尚未完工的工程成本		

图4-15 "在建工程"账户的结构

3. "工程物资"账户

"工程物资"账户属于资产类账户,用以核算企业为在建工程准备的各种物资的成本,包括工程用材料、尚未安装的设备以及为生产准备的工器具等,如图 4-16 所示。

借方	工程物资	贷方
购入工程物资成本 为在建工程准备的各种物资成本	领用工程物资成本	

图 4-16 "工程物资"账户的结构

该账户借方登记企业购入工程物资的成本,贷方登记领用工程物资的成本。期末余额在借方,反映企业期末为在建工程准备的各种物资的成本。该账户可按"专用材料""专用设备""工器具"等进行明细核算。

4. "累计折旧"账户

"累计折旧"账户属于资产类备抵账户,用以核算企业固定资产计提的累计折旧,如图 4-17 所示。

借方	累计折旧	贷方
减少固定资产原价的同时转销相应的累计折旧	按月计提固定资产折旧 已计提累计折旧额	

图 4-17 "累计折旧"账户的结构

该账户贷方登记按月提取的折旧额,即累计折旧的增加额,借方登记因减少固定资产而转出的累计折旧。期末余额在贷方,反映期末固定资产的累计折旧额。该账户可按固定资产的类别或项目进行明细核算。

> **知识链接 4-2**

增值税

在中华人民共和国境内销售货物或者加工、修理修配劳务(以下简称劳务),销售服务、无形资产、不动产以及进口货物的单位和个人,为增值税的纳税人,应当依法交纳增值税。自 2019 年 4 月 1 日起,增值税税率如下:

(1) 纳税人销售货物、劳务、有形动产租赁服务或者进口货物,除第(2)项、第(4)项、第(5)项另有规定外,税率为 13%。

(2) 纳税人销售交通运输、邮政、基础电信、建筑、不动产租赁服务,销售不动产,转让土地使用权,销售或者进口下列货物,税率为 9%:

①粮食等农产品、食用植物油、食用盐;

②自来水、暖气、冷气、热水、煤气、石油液化气、天然气、二甲醚、沼气、居民用煤炭制品;

③图书、报纸、杂志、音像制品、电子出版物；
④饲料、化肥、农药、农机、农膜；
⑤国务院规定的其他货物。

(3) 纳税人销售服务、无形资产，除第（1）项、第（2）项、第（5）项另有规定外，税率为6%。

(4) 纳税人出口货物，税率为零；但是，国务院另有规定的除外。

(5) 境内单位和个人跨境销售国务院规定范围内的服务、无形资产，税率为零。

我国采用国际上普遍采用的税款抵扣的办法，即根据销售商品或劳务的销售额，按规定的税率计算出销项税额，然后扣除取得该商品或劳务时所支付的增值税款，也就是进项税额，其差额就是增值部分应交的税额，公式为：

应纳税额 = 销项税额 − 进项税额

《中华人民共和国增值税暂行条例》将纳税人按其经营规模大小以及会计核算是否健全划分为一般纳税人和小规模纳税人。年增值税应税销售额达到标准的认定为一般纳税人，采用进项税抵扣制度。

一般纳税人的应纳税额 = 当期销项税额 − 当期进项税额

年销售额达不到一定标准的企业以及个人、非企业性单位和不经常发生增值税应税行为的企业被认定为小规模纳税人，实行简易办法征收增值税，其进项税不允许抵扣，增值税征收率为3%。

小规模纳税人的应纳税额 = 含税销售额 ÷ (1 + 征收率) × 征收率

【例4-8】 2023年5月26日嘉陵公司收到星星公司投入的机器设备（不考虑增值税），双方按设备的原始价值200 000元作为投资成本入账，如表4-1所示。

表4-1 嘉陵实业有限公司固定资产验收单　　　　No.01000322

2023年05月26日

资产名称	规格型号	计量单位	数量	资产原值	资产净值	入账价值	备注
机器设备	SG9600	套	1	200 000		200 000	星星公司投资

采购部门	物资供应部	负责人	王克	验收部门	生产设备部	负责人	廖庆刚
		经办人	蔡荣			经办人	毕代

借：固定资产　　　　　　　　　　　　　　200 000
　　贷：实收资本——法人资本——星星公司　　200 000

【例4-9】 嘉陵公司于2023年6月8日购入设备，买价30 000元，增值税3 900元，并支付运输费、包装费和专业人员服务费等2 000元，全部款项以银行存款支付，凭证如图4-18~图4-20所示。

分析：因此业务不属于按照固定资产核算的不动产，进项税额可在第一年全部抵扣。

凭证 5

四川省增值税专用发票

开票日期：2023 年 06 月 08 日　　　　NO. 02534513

购货单位	名称：嘉陵实业有限公司 纳税人识别号：510103331549333 地址、电话：成都　85239155 开户行及账户：工商行郫都区支行 1543216789465	密码区				
货物或应税劳务名称	规格型号	单位	数量	单价	金额	税率	税额
合计	SG9612	套	1	30 000.00	30 000.00	13%	3 900.00
价税合计	（大写）叁万叁仟玖佰元整　　（小写）¥33 900.00
销货单位	名称：四川鼎天机械有限公司 纳税人识别号：510104251549687 地址、电话：成都新都分行　87988253 开户行及账户：工商行郫都区支行 1234567894321	备注

收款人：　　　复核：　　　开票人：郑雪　　　销货单位（章）

第三联：记账联 销货方记账凭证

国税函[2023]65 号

图 4-18　凭证 5——增值税专用发票

凭证 6

公路、河内货物运输统一发票

发票联

发票代码 222000410175

开票日期 2023 年 06 月 08 日 发票号 02133805

机打代码	222000410175	税控码	00116475460766404326
机打号码	01133805		
机器编号	0000000000207015		
收货人及纳税人识别号	嘉陵实业有限公司 510103331549333	承运人及纳税人识别号	利运运输有限公司 3207055890640433
发货人及纳税人识别号	四川鼎天机械有限公司 510104251549687	主管税列关及代码	四川省税务局 320705
运输项目及金额	货物名称 数量 运价 里程 运费 机器设备　1　　　2 000.00	其他项目及金额	项目 金额 3207055890640433	备注
运费小计	¥2 000.00	其他费用小计 ¥
合计（大写）	贰仟元整（小写）¥2 000.00

第一联 发票联 付款方报销凭证

图 4-19　凭证 6——运输发票

凭证7

中国工行银行托收凭证（付款通知）

委托日期 2023 年 06 月 08 日　　　　　　　付款期限 2023 年 06 月 08 日

	业务类型	委托收款（□邮划、□电划）托收承兑（□邮划、□电划）					
付款人	全称	嘉陵实业有限公司		收款人	全称	四川鼎天机械有限公司	
	账号	1234567891234			账号	1234567894321	
	地址	郫都区云英路23号	开户行	工商郫都区支行	地址	新都鸣星路121号	开户行 工商行新都分行
金额		人民币（大写）叁万伍仟玖佰元整		百 十 万 千 百 十 元 角 分 ￥ 3 5 9 0 0 0 0			
款项内容		委托凭证名称	增值税专用发票、运费发票	附寄单证张数		2	
商品发运情况				合同名称号码		00013145	
备注	款项收妥日期			收款人开户行盖章 2023 年 06 月 08 日			
复核　　记账		2023 年 06 月 08 日					

图 4-20　凭证7——托收凭证

　　借：固定资产　　　　　　　　　　　　　　　　　　　　32 000
　　　　应交税费——应交增值税（进项税额）　　　　　　　3 900
　　　　贷：银行存款　　　　　　　　　　　　　　　　　　　　　35 900

【例4-10】　嘉陵公司于2023年7月22日购入设备，买价500 000元，增值税65 000元，包装费、运输费3 000元，款项以银行存款支付。设备安装时，领用A材料4 000元（不考虑A材料相关税费），同时在安装过程中发生人工费用3 000元。凭证如图4-21所示。

凭证8

付款凭证

贷方科目：银行存款　　　　2023 年 07 月 22 日　　　　银付字第 1 号

摘要	借方科目		金额									记账符号
	总账科目	明细科目	千	百	十	万	千	百	十	元	角	分	
购置固定资产	固定资产	设备			5	0	3	0	0	0	0	0	
	应交税费	应交增值（进项税额）				6	5	0	0	0	0	0	
合计				￥	5	6	8	0	0	0	0	0	

会计主管：　　　　记账：张三　　　　稽核：　　　　制单：　　　　出纳：王艳

图 4-21　凭证8——付款凭证

分析：购入的设备因需要安装，故先记入"在建工程"；发生安装工人费用时，"在建工程"成本增加，成本费用增加记借方；因用银行存款支付，银行存款减少记贷方；待安装完工时，将"在建工程"借方发生额合计入"固定资产"账户。会计分录如下：

（1）支付设备买价、税金、包装费、运输费。

借：在建工程　　　　　　　　　　　　　　　　　　　　503 000
　　应交税费——应交增值税（进项税额）　　　　　　　 65 000
　　贷：银行存款　　　　　　　　　　　　　　　　　　　　　568 000

（2）领用安装用原材料。

借：在建工程　　　　　　　　　　　　　　　　　　　　　4 000
　　贷：原材料——A材料　　　　　　　　　　　　　　　　　　4 000

（3）支付人工费用。

借：在建工程　　　　　　　　　　　　　　　　　　　　　3 000
　　贷：应付职工薪酬——工资　　　　　　　　　　　　　　　　3 000

（4）设备安装完毕交付使用。

借：固定资产　　　　　　　　　　　　　　　　　　　　510 000
　　贷：在建工程　　　　　　　　　　　　　　　　　　　　　510 000

【例4-11】 嘉陵公司于2023年8月5日，购入工程用专项物资200 000元，增值税税额为26 000元，该批专项物资已验收入库，款项用银行存款付讫。

分析：《中华人民共和国增值税暂行条例实施细则》第23条明确：企业购进不动产和不动产在建工程，虽然在财务上是按照固定资产进行核算的，但是却属于增值税不允许扣除的固定资产范围。因此，此题的工程专项物资的增值税不能抵扣，应计入工程物资成本。

借：工程物资　　　　　　　　　　　　　　　　　　　　226 000
　　贷：银行存款　　　　　　　　　　　　　　　　　　　　　226 000

【例4-12】 嘉陵公司2023年8月购入一台机器设备为办公部门使用，原价为500 000元，预计使用寿命为5年，预计净残值率为4%。计提9月份的折旧费，如表4-2所示。

表4-2　固定资产折旧计算

2023年09月　　　　　　　　　　　　　　　　　　　　　　　　单位：元

使用单位及固定资产类别		月初应计提折旧原值	月折旧率/%	月折旧额
公司	办公室	500 000.00	1.6	8 000.00
	合计			8 000.00

主管：张铁　　　　　　　　　　　审核：李毅　　　　　　　　　　制表：张燕

分析：按年限平均法计算折旧，每年折旧额计算如下：

年折旧率 =（1-4%）÷5 = 0.192

月折旧率 = 0.192 ÷ 12 = 0.016

月折旧额 = 500 000 × 0.016 = 8 000（元）

借：管理费用　　　　　　　　　　　　　　　　8 000
　　贷：累计折旧　　　　　　　　　　　　　　　　　　8 000

【例 4－13】　嘉陵公司 2023 年 8 月购入一台机器设备为制造部门使用，原价为 600 000 元，预计生产产品产量为 2 000 000 件，预计净残值率为 3%，本月生产产品 35 000 件。计提 9 月份的折旧费。

分析：按工作量法，则该台机器设备的月折旧额计算如下：

单件折旧额 = 600 000 × (1 - 3%) ÷ 2 000 000 = 0.291（元/件）

月折旧额 = 35 000 × 0.291 = 10 185（元）

借：制造费用　　　　　　　　　　　　　　　　10 185
　　贷：累计折旧　　　　　　　　　　　　　　　　　　10 185

【例 4－14】　接上题，嘉陵公司 2023 年 8 月购入一幢商业大楼作为生产车间并交付使用，取得的增值税专用发票上注明的价款为 200 000 000 元，增值税税额为 26 000 000 元，款项以银行存款支付。

2023 年购入时：

借：固定资产　　　　　　　　　　　　　　　　200 000 000
　　应交税费——应交增值税（进项税额）　　　　26 000 000
　　贷：银行存款　　　　　　　　　　　　　　　　　　226 000 000

课堂实训 4－2： 长城公司 2023 年发生下列经济业务，要求编制会计分录。

(1) 购入不需要安装的机器一台，设备买价为 24 400 元（假设不考虑增值税），运费 600 元，款项以银行存款支付；

(2) 5 月 10 日，长城公司购入 A 设备一台，价款 300 000 元，发生运杂费 20 000 元，安装费 50 000 元，尚未安装完毕；

(3) 5 月 26 日，A 设备安装完毕并交付使用；

(4) 6 月 2 日，购入需安装的机器 B 一台，买价 50 000 元，增值税 6 500 元，包装费和运杂费 900 元，全部款项已用银行存款支付。在安装过程中，耗用材料 2 100 元，耗用人工费 1 600 元，安装完毕，经验收合格达到可使用状态；

(5) 6 月 20 日，购入办公设备，价款 20 000 元，增值税 2 600 元，运费 400 元，开出商业承兑汇票支付；

(6) 6 月 23 日，购入一栋厂房，增值税专用发票上注明的价款为 80 000 000 元，增值税税额为 10 400 000 元，款项已通过银行支付。

任务 3　材料采购业务的账务处理

采购过程是生产的准备阶段，主要包括厂房、机器设备等固定资产的采购和各种材料的采购。在这个过程中，企业一方面要从供应单位购进各种材料物资，形成生产储备；另一方面要支付材料物资的买价和各种采购费用，与供应单位发生结算。因此，企业必须正确地核算和监督材料的买价和采购费用，确定材料采购成本，考核有关采购计划的执行情况，核算和监督与供应单位的货款结算，以及核算和监督供应阶段材料储备资金的占用。

一、材料的采购成本

材料是制造业企业生产不可缺少的物质要素。在生产过程中，材料经过加工而改变了其原有的实物形态，或者构成产品实体的一部分，或者在生产过程中被消耗掉而有助于产品的形成，材料在大量耗用的同时，其价值也就一次性地全部转移到产品之中，成为产品成本的一部分。

在材料采购的过程中发生的运杂费、装卸搬运费、运输途中的合理损耗以及入库前的挑选整理费等费用统称为采购费用，材料采购成本就是由材料的买价和采购费用以及相关的税金共同构成的，主要包括以下几个方面：

（1）材料的买价，是指供应单位的发票价格（企业如为增值税的一般纳税人，购买材料时支付的增值税不能计入采购成本，应计入"应交税费"；如果属于小规模纳税人，则购买材料时支付的增值税应计入采购成本）。

（2）应负担的税费，是指企业购买、自制或委托加工存货发生的进口关税、消费税、资源税和不能抵扣的增值税进项税额等应计入存货采购成本的税费。

（3）其他采购成本，是指外购存货入库以前发生的仓储费、包装费、装卸费、保险费、运输途中的合理损耗、入库前的挑选整理费用等。

在归集材料采购发生的费用时，应注意区分直接计入费用和间接计入费用，直接计入费用是指能够确定该费用是为采购某种材料而发生的费用，应直接计入该材料的采购成本，如材料的买价，为该材料而发生的运杂费等。间接计入费用是指不能直接辨认某些费用的发生是为采购某种材料而发生的，为计算材料采购成本，应将这部分间接计入费用在各受益材料之间进行分配，以确定各种材料应负担的采购费用。间接计入费用的分配标准，可以选择采购材料的重量、体积或买价等。

采购费用分配率＝共同发生的采购费用÷各种材料重量(体积、买价)之和

某种材料应负担的采购费用＝该材料重量(体积、买价)×采购费用分配率

二、原材料成本核算

原材料的日常收发及结存可以采用实际成本核算，也可采用计划成本核算。

（一）实际成本法

实际成本法是指材料的收发结存，无论总分类核算还是明细分类核算，均按实际成本计价。此方法适用于材料收发业务较少的企业。应设置的主要会计账户有以下几种：

1. "原材料"账户

"原材料"账户用来核算企业库存各种材料的增减变动及其结存情况。该账户属于资产类账户，"原材料"账户应按材料的类别、品种及规格设置明细账，进行明细分类核算。

在实际成本法下，"原材料"科目核算库存各种材料的收发与结存情况。借方登记入库材料的实际成本，贷方登记发出材料的实际成本。期末余额在借方，反映企业库存材料的实际成本，如图4-22所示。

借方	原材料	贷方
验收入库材料的实际成本		发出材料的实际成本
库存材料的实际成本		

图 4-22　"原材料"账户的结构（实际成本法）

2. "在途物资"账户

"在途物资"账户用来核算企业已经付款但尚未到达企业，或虽已运抵企业但尚未验收入库的外购材料的实际采购成本。该账户属于资产类账户，借方登记外购材料成本的增加数，贷方登记到货验收后转入"原材料"账户的采购成本数。期末借方余额表示在途材料的实际成本。"在途物资"账户应按材料品种或供应单位设置明细账，进行明细分类核算，如图 4-23 所示。

借方	在途物资	贷方
购入材料成本的增加数		验收入库材料的采购成本
尚未入库的在途材料的成本		

图 4-23　"在途物资"账户的结构

3. "应付账款"账户

"应付账款"账户用来核算企业因购买材料、商品或接受劳务供应等而应付给供应单位的款项。该账户是负债类，贷方登记因购买材料、商品或接受劳务供应等而发生的应付未付的款项，借方登记已经支付或已开出承兑商业汇票抵付的应付款项。期末余额一般在贷方，表示尚未偿还的款项，若期末余额在借方，则表示企业多付或预付的货款。"应付账款"账户应按供应单位（债务人）设置明细账，进行明细分类核算，如图 4-24 所示。

借方	应付账款	贷方
偿还的应付款项		发生的应付未付的款项
多付或预付的货款		尚未偿还的款项

图 4-24　"应付账款"账户的结构

4. "应付票据"账户

"应付票据"账户用来核算企业购买材料、商品和接受劳务供应等开出、承兑的商业汇票，包括商业承兑汇票和银行承兑汇票。该账户是负债类，贷方登记企业对外发生债务时所开出商业承兑汇票金额，借方登记已偿还的商业汇票金额，余额在贷方表示企业已开出尚未付款的应付票据数额，如图 4-25 所示。

借方	应付票据	贷方
偿还的商业汇票金额		开出的商业汇票金额
		已开出未偿还的商业汇票金额

图 4-25　"应付票据"账户的结构

5. "预付账款"账户

"预付账款"账户用来核算企业因购货按合同规定预付的货款。该账户是资产类,借方登记预付货款的数额或补付货款的数额,贷方登记购入货款的数额及因采购货物而支付的增值税进项税额。期末余额在借方,表示预付货款的数额,期末余额若在贷方,则表示应付货款的数额。"预付账款"账户应按供货单位设置明细账,进行明细分类核算,如图4-26所示。

借方	预付账款	贷方
预付货款数额; 补付货款数额	购货的货款及税款	
预付货款的数额	应付货款的数额	

图4-26 "预付账款"账户的结构

6. "应交税费"账户

"应交税费"账户是负债类账户,用来核算企业应交的各种税费,如增值税、消费税、城市维护建设税、所得税等。该账户贷方登记按规定计算的各种应交税费和增值税销项税额;借方登记已交纳的各种税金和增值税进项税额;期末贷方余额为未交的税金,借方余额为多交的税金。该账户应按税金的种类设置明细账,进行明细分类核算,如图4-27所示。其中,"应交税费——应交增值税"账户是用来反映和监督企业应交和实交增值税结算情况的账户,企业购买材料物资时交纳的增值税进项税额记入该账户的借方,企业销售产品时向购买单位代收的增值税销项税额记入该账户的贷方,如图4-28所示。

借方	应交税费	贷方
实际交纳的税费数	经计算应交纳的税费	
多交的税费	未交的税费	

图4-27 "应交税费"账户的结构

借方	应交税费——应交增值税	贷方
采购货物时支付的进项税额; 实际交纳的增值税	销售货物时收取的销项税额	
尚未抵扣的增值税额	尚未交纳的增值税额	

图4-28 "应交税费——应交增值税"账户的结构

【例4-15】 嘉陵公司为一般纳税人,2023年8月16日购入甲材料一批,专用发票上记载货款60 000元,增值税7 800元,乙企业代垫运杂费200元(本书均不考虑运费的税款抵扣问题),全部欠款已用转账支票付讫,材料已验收入库。

借:原材料——甲材料　　　　　　　　　　60 200
　　应交税费——应交增值税(进项税额)　　7 800
　　贷:银行存款　　　　　　　　　　　　　　68 000

如果材料在运输途中：

借：在途物资——甲材料　　　　　　　　　　60 200
　　应交税费——应交增值税（进项税额）　　 7 800
　　贷：银行存款　　　　　　　　　　　　　68 000

若上述甲材料运到，并验收入库：

借：原材料　　　　　　　　　　　　　　　　60 200
　　贷：在途物资——甲材料　　　　　　　　60 200

【例 4-16】 2023 年 8 月 22 日，嘉陵公司从永红公司购进甲材料 1 000 000 元，增值税税率为 13%，价款以银行存款付讫，材料未到。凭证如图 4-29、图 4-30 所示。

凭证 9

四川省增值税专用发票

开票日期：2023 年 08 月 22 日　　　　NO. 02584513

购货单位	名称：嘉陵实业有限公司						密码区
	纳税人识别号：510103331549333						
	地址、电话：成都　85239155						
	开户行及账户：工商行郫都区支行 1543216789465						

货物或应税劳务名称	规格型号	单位	数量	单价	金额	税率	税额
材料	甲材料	千克	1000.00	1 000.00	1 000 000.00	13%	130 000.00
合计					1 000 000.00		130 000.00

价税合计　（大写）壹佰壹拾叁万元零角零分　（小写）¥1 130 000.00

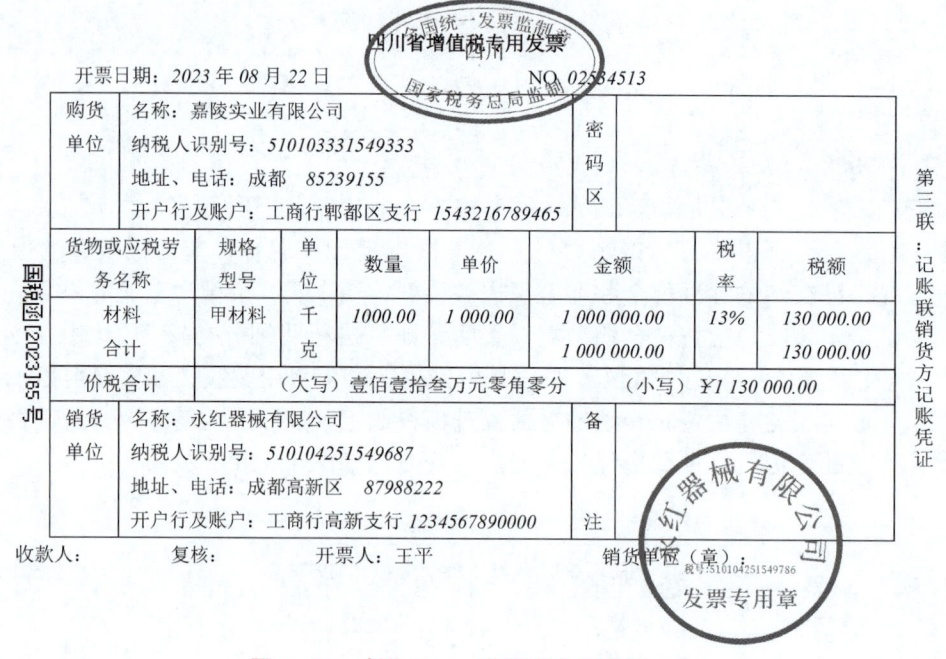

销货单位	名称：永红器械有限公司	备注
	纳税人识别号：510104251549687	
	地址、电话：成都高新区　87988222	
	开户行及账户：工商行高新支行 1234567890000	

收款人：　　复核：　　开票人：王平　　销货单位（章）

国税图[2023]65 号

第三联：记账联销货方记账凭证

图 4-29　凭证 9——增值税专用发票

凭证 10

中国工商银行　　　　　　　　（川）
转账支票存根
——
020753344

附加信息 1234567891234

出票日期 2023 年 08 月 22 日

| 收款人：永红器械有限公司 |
| 金额：¥1 130 000.00 |
| 用途：支付材料费 |

单位　　　　　主管会计

图 4-30　凭证 10——转账支票存根

分析：材料总金额 1 000 000 元，增值税税率为 13%，因此：

应交税费——应交增值税（进项税额）= 1 000 000 × 13% = 130 000（元）

企业购入材料，但未验收入库，故在途物资这一资产增加；购买时的增值税记入借方，因以银行存款支付，故银行存款这一资产减少，记入贷方。

借：在途物资——甲材料　　　　　　　　　1 000 000
　　应交税费——应交增值税（进项税额）　　130 000
　　贷：银行存款　　　　　　　　　　　　　1 130 000

若上述款项没有支付，则应记入"应付账款"账户的贷方；若开出商业汇票，则应记入"应付票据"账户的贷方。

【例 4-17】 假如上述购入材料的货款暂欠，上述业务的会计分录如下：

借：在途物资——甲材料　　　　　　　　　1 000 000
　　应交税费——应交增值税（进项税额）　　130 000
　　贷：应付账款——永红公司　　　　　　　1 130 000

【例 4-18】 假如上述购入材料的货款未付，开出了银行已承兑的商业汇票，如图 4-31 所示。

凭证 11

银行承兑汇票 00333205

出票日期（大写）贰零贰叁年捌月贰拾贰日

出票人全称	嘉陵实业有限公司	收款人	全称	永红器械有限公司
出票人账号	1234567891234		账号	1234567890000
付款行全称	工商行郫都区支行		开户银行	工商行新都支行

金额	人民币（大写）	壹佰壹拾叁万元整		亿 千 百 十 万 千 百 十 元 角 分
				¥ 1 1 3 0 0 0 0 0 0

汇票到期日（大写）	贰零贰肆年叁月贰拾壹日	付款行	行号	302
承兑协议编号	00235		地址	成都市郫都区云英路 23 号

本汇票请银行承兑，到期无条件付款

本汇票经本银行承兑，到期日由本银行付款。
承兑行签章
承兑日期 2024 年 03 月 22 日

出票人签章

复核记账
汇票专用章
备注

此联收款人开户行随托收凭证寄付款行作借方凭证附件

图 4-31　凭证 11——银行承兑汇票

借：在途物资——甲材料　　　　　　　　　1 000 000
　　应交税费——应交增值税（进项税额）　　130 000
　　贷：应付票据——永红公司　　　　　　　　1 130 000

待票据到期后，企业以银行存款支付上述货款时，会计分录如下：

借：应付票据——永红公司　　　　　　　　1 130 000
　　贷：银行存款　　　　　　　　　　　　　　1 130 000

【例4－19】嘉陵公司2023年9月10日购进的甲材料10 000千克到货，单价10元，已办理验收入库，如表4－3所示。

表4－3　收料单

收料日期：　　　　　　　2023年9月10日　　　　　　　　仓库：3号

材料名称	规格	单位	数量 应收数	数量 实收数	发票金额 单价	发票金额 金额	应摊运杂费	实际成本 单价	实际成本 金额
甲材料		千克	10 000	10 000	10	100 000.00		10	100 000.00
合计						100 000.00			100 000.00

会计：王铁　　　　　记账：张莉　　　　　保管员：沈大　　　　　验收员：沈大

借：原材料——甲材料　　　　　　　　　100 000
　　贷：在途物资——甲材料　　　　　　　　1 00 000

【例4－20】2023年9月11日嘉陵公司开出转账支票向永红公司预付甲、乙材料采购款200 000元。

分析：在预付货款时，由于转账支票通过银行存款支付，银行存款减少，资产减少记贷方；由于预付了货款，并未取得货物，对方欠企业一笔货款，因此多了一笔资产，资产增加记借方。会计分录如下：

借：预付账款——永红公司　　　　　　　200 000
　　贷：银行存款　　　　　　　　　　　　　　200 000

【例4－21】2023年9月14日嘉陵公司收到永红公司发来的甲材料2 400千克，单价50元，计120 000元，乙材料1 200千克，单价100元，计120 000元，买价共计240 000元，增值税专用发票上载明增值税31 200元，如图4－32所示。该批材料在采购过程中共发生运杂费15 000元，如表4－4所示，已办理验收入库，如表4－5、图4－33所示。

分析：根据上述案例可知，甲、乙材料的运杂费应按照重量进行分摊：

采购费用分配率 = 15 000 ÷ (2 400 + 1 200) = 4.17(元/千克)
甲材料应负担的采购费用 = 2 400 × 4.17 = 10 000(元)
乙材料应负担的采购费用 = 1 200 × 4.17 = 5 000(元)

凭证12

```
                    四川省增值税专用发票
开票日期：2023年9月14日              NO. 02534520
```

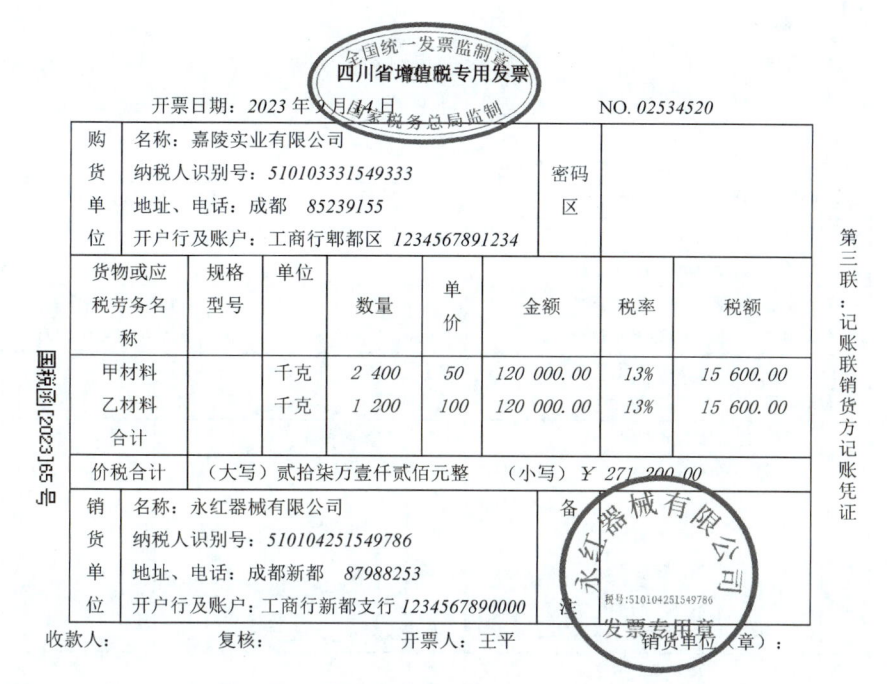

购货单位	名称：嘉陵实业有限公司 纳税人识别号：510103331549333 地址、电话：成都 85239155 开户行及账户：工商行郫都区 1234567891234	密码区	
货物或应税劳务名称	规格型号	单位	数量	单价	金额	税率	税额
甲材料		千克	2 400	50	120 000.00	13%	15 600.00
乙材料		千克	1 200	100	120 000.00	13%	15 600.00
合计							
价税合计	（大写）贰拾柒万壹仟贰佰元整　　（小写）¥ 271 200.00
销货单位	名称：永红器械有限公司 纳税人识别号：510104251549786 地址、电话：成都新都 87988253 开户行及账户：工商行新都支行 1234567890000	备注	

收款人：　　　复核：　　　开票人：王平　　　销货单位（章）：

图4-32　凭证12——增值税专用发票

表4-4　材料运杂费分配
2023年9月14日

材料名称	分配标准/千克	分配率/(元·千克$^{-1}$)	分配额/元
甲材料	2 400	4.17	10 000.00
乙材料	1 200	4.17	5 000.00
合计			15 000.00

表4-5　收料单
2023年9月14日

材料名称	规格	单位	数量 应收	数量 实收	发票金额/元 单价	发票金额/元 金额	应摊运杂费	实际成本/元 单价	实际成本/元 金额
甲材料		千克	2 400	2 400	50	120 000.00	10 000.00	54.17	130 000.00
乙材料		千克	1 200	1 200	100	120 000.00	5 000.00	104.17	125 000.00
合计									255 000.00

会计：王铁　　　计账：张莉　　　保管员：李松　　　验收人：王艺

凭证13

图4-33 凭证13——货物运输统一发票

借：原材料——甲材料　　　　　　　　　　　130 000
　　原材料——乙材料　　　　　　　　　　　125 000
　　应交税费——应交增值税（进项税额）　　 31 200
　　贷：预付账款——永红公司　　　　　　　　286 200

【例4-22】 2023年10月15日嘉陵公司开出转账支票，如图4-34所示，补付永红公司上项材料的款项86 200元。

凭证14

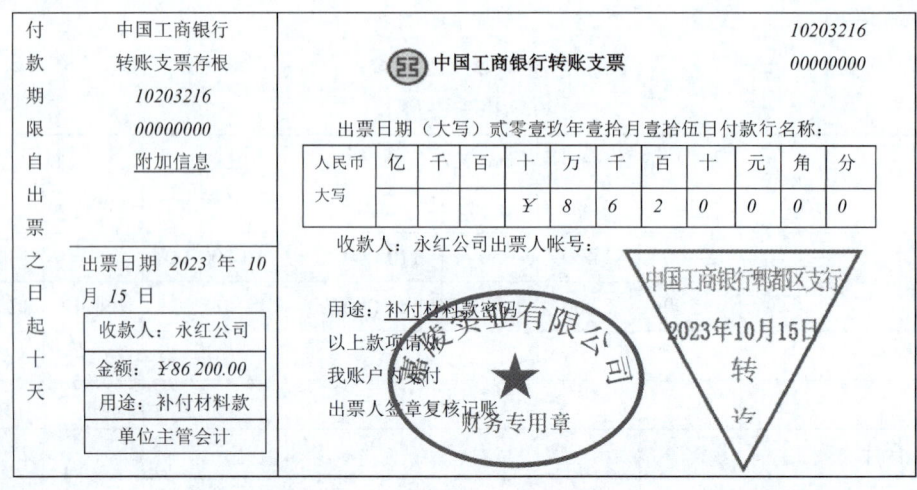

图4-34 凭证14——转账支票

借：预付账款——永红公司　　　　　　　　　　　86 200
　　贷：银行存款　　　　　　　　　　　　　　　　　　86 200

（二）计划成本法

计划成本法指企业存货的收入、发出和结存均按预先制定的计划成本计价，这种方法适用于存货品种较多、收发频繁的企业。应设置的主要会计账户有以下几种：

1."原材料"账户

在计划成本法下，"原材料"借方登记入库材料的计划成本，贷方登记发出材料的计划成本。期末余额在借方，反映企业库存材料的计划成本，如图4-35所示。

借方	原材料	贷方
验收入库材料的计划成本	发出材料的计划成本	
库存材料的计划成本		

图4-35　"原材料"账户的结构（计划成本法）

2."材料采购"账户

"材料采购"账户属于资产类账户，用以核算企业采用计划成本进行材料日常核算而购入材料的采购成本。

该账户借方登记企业采用计划成本进行核算时，采购材料的实际成本以及材料入库时结转的节约差异，贷方登记入库材料的计划成本以及材料入库时结转的超支差异。期末余额在借方，反映企业在途材料的采购成本，如图4-36所示。该账户可按供应单位和材料品种进行明细核算。

借方	材料采购	贷方
已付外购材料实际成本及材料入库时结转的节约差异	入库材料的计划成本及材料入库时结转的超支差异	
在途材料的采购成本		

图4-36　"材料采购"账户的结构

3."材料成本差异"账户

"材料成本差异"账户属于资产类账户，用以核算企业采用计划成本进行日常核算的材料计划成本与实际成本的差额。

该账户借方登记入库材料形成的超支差异以及转出发出材料应负担的节约差异，贷方登记入库材料形成的节约差异以及转出发出材料应负担的超支差异。期末余额在借方，反映企业库存材料等的实际成本大于计划成本的差异；期末余额在贷方，反映企业库存材料等的实际成本小于计划成本的差异，如图4-37所示。

借方	材料成本差异	贷方
入库材料成本的超支差异	验收入库材料成本的节约差异及发出材料应负担的成本差异	
库存材料的超支差异	库存材料的节约差异	

图4-37　"材料成本差异"账户的结构

材料成本差异 = 实际成本 - 计划成本

材料成本差异为正数，表示"超支差"；材料成本差异为负数，表示"节约差"；在发出材料时，先按计划成本结转，然后再调整为实际成本。

材料成本差异率 =（月初结存材料成本差异 + 本月收入材料成本差异）÷（月初结存材料的计划成本 + 本月收入材料的计划成本）×100%

【例 4-23】 嘉陵公司向长城公司购入 A 材料（采用计划成本法核算）300 千克，售价 90 000 元，购入 B 材料 700 千克，售价 140 000 元。增值税进项税额 29 900 元。款项尚未支付。

借：材料采购——A 材料　　　　　　　　　　90 000
　　　　　　——B 材料　　　　　　　　　　140 000
　　应交税费——应交增值税（进项税额）　　29 900
　　贷：应付账款——长城公司　　　　　　　　259 900

【例 4-24】 嘉陵公司向长城公司购入 A 材料 300 千克，计划成本 91 500 元，购入 B 材料 700 千克，计划成本 139 500 元。A、B 材料验收入库。

借：原材料——A 材料　　　　　　　　　　91 500
　　贷：材料采购——A 材料　　　　　　　　90 000
　　　　材料成本差异　　　　　　　　　　1 500
借：原材料——B 材料　　　　　　　　　　139 500
　　材料成本差异　　　　　　　　　　　　500
　　贷：材料采购——B 材料　　　　　　　　140 000

【例 4-25】 嘉陵公司月初结存材料的计划成本为 5 000 元，成本差异为超支差异 100 元。8 月入库材料的计划成本为 15 000 元，成本差异为节约差异 500 元，根据本月发料凭证汇总表，该公司当月基本生产车间领用材料 1 000 元，辅助生产车间领用材料 500 元，车间管理部门领用原材料 50 元。

借：生产成本——基本生产成本　　　　　　1 000
　　　　　　——辅助生产成本　　　　　　500
　　制造费用　　　　　　　　　　　　　　50
　　贷：原材料　　　　　　　　　　　　　1 550

该企业材料成本差异率 =（100 - 500）÷（5 000 + 15 000）= -2%（节约差异用负数）。结转发出材料的成本差异。

借：材料成本差异　　　　　　　　　　　　31
　　贷：生产成本——基本生产成本　　　　　20
　　　　　　　——辅助生产成本　　　　　10
　　　　制造费用　　　　　　　　　　　　1

课堂实训 4-3：大众工厂 2023 年 6 月发生下列经济业务，要求编制会计分录。

(1) 3 日，从永利工厂购入 A 材料 600 千克，买价 30 000 元，进项税额 3 900 元，B 材料 400 千克，买价 8 000 元，进项税额 1 040 元，共发生运杂费 500 元，款项已用银行存款支付，材料尚未到达（运杂费按材料重量分配）。

(2) 6 日，从永利工厂购入的 A、B 材料已经到达并验收入库。

（3）8日，从宏大公司购入C材料200千克，买价50 000元，进项税额6 500元，D材料100千克，买价30 000元，进项税额3 900元，运杂费共计4 800元。款项尚未支付，材料已经验收入库（运杂费按材料重量分配）。

（4）15日，以银行存款50 000元预付给佳佳公司购买甲材料。

（5）20日，用银行存款支付欠宏大公司货款95 200元。

（6）22日，收到佳佳公司发来的甲材料500千克，单价80元，计40 000元，增值税专用发票上载明增值税5 200元，该批材料在采购过程中共发生运杂费500元，已办理验收入库。

（7）28日，收到佳佳公司退回的多余甲材料采购款。

任务4　生产业务的账务处理

一、生产过程业务概述

生产过程是制造企业经营活动的主要过程，既是产品的制造过程，又是物化劳动和活劳动的耗费过程。企业在一定时期内发生的用货币额表现的生产耗费称为费用。费用按一定种类和数量的产品进行归集，就形成了产品的制造成本。生产费用是指与企业日常生产经营活动有关的费用，按其经济用途可分为直接材料、直接人工和制造费用。

1. 直接材料

直接材料是指构成产品实体的原材料以及有助于产品形成的主要材料和辅助材料。

2. 直接人工

直接人工是指直接从事产品生产的工人的职工薪酬。

3. 制造费用

制造费用是指企业为生产产品和提供劳务而发生的各项间接费用。如车间管理人员的工资和福利费、办公费、保险费、水电费等。

制造业企业在生产经营过程中，除了发生构成产品生产成本的费用外，因管理和保证生产的需要，必然会发生期间费用，期间费用是指不能直接归属于某个特定产品成本的费用，如销售费用、管理费用和财务费用。因此，在产品生产过程中费用的发生、归集和分配，以及完工产品的入库，就构成了生产过程核算的主要内容。

二、生产过程核算设置的账户

1. "生产成本"账户

"生产成本"账户，是用来归集和分配产品生产过程中所发生的各项费用，正确计算产品生产成本的账户。该账户是成本类账户，借方登记应计入产品生产成本的各项费用，包括直接计入产品成本的直接材料和直接人工，以及分配计入产品生产成本的制造费用；贷方登记完工入库产品的生产成本。本科目期末借方余额，表示企业尚未加工完成的各项在产品的成本，如图4-38所示。该账户应按产品品种设置明细账，进行明细分类核算。

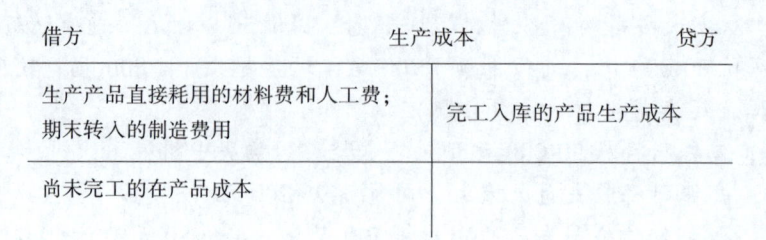

借方	生产成本	贷方
生产产品直接耗用的材料费和人工费；期末转入的制造费用	完工入库的产品生产成本	
尚未完工的在产品成本		

图4-38 "生产成本"账户的结构

2. "制造费用"账户

"制造费用"账户用来核算企业生产车间为生产产品和提供劳务而发生的各项间接费用，包括生产车间管理人员的工资等职工薪酬、生产车间计提的固定资产折旧、办公费、水电费、修理费、机物料消耗等。该账户是成本类账户，借方登记实际发生的各项制造费用，贷方登记转入"生产成本"账户借方、分配计入产品生产成本的制造费用，期末结转后，该账户一般没有余额，如图4-39所示。该账户应按不同车间设置明细账，进行明细分类核算。

借方	制造费用	贷方
车间发生的各项间接费用	期末分配转入"生产成本"账户借方的费用	

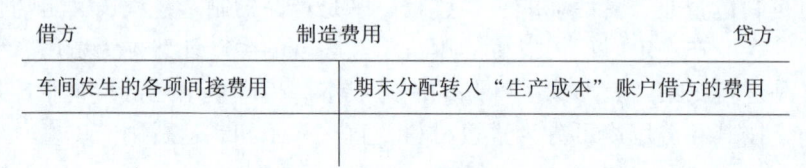

图4-39 "制造费用"账户的结构

3. "库存商品"账户

"库存商品"账户属于资产类账户，用以核算企业库存的各种商品的实际成本（或进价）或计划成本（或售价），包括库存产成品、外购商品、存放在门市部准备出售的商品、发出展览的商品以及寄存在外的商品等。

该账户借方登记验收入库的库存商品成本，贷方登记发出的库存商品成本。期末余额在借方，反映企业期末库存商品的实际成本（或进价）或计划成本（或售价），如图4-40所示。该账户可按库存商品的种类、品种和规格等进行明细核算。

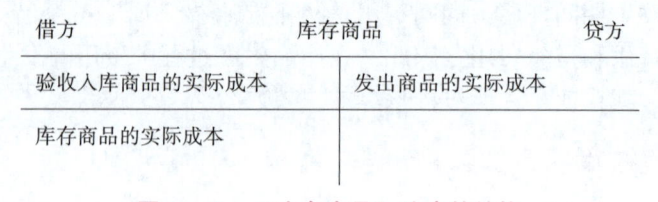

借方	库存商品	贷方
验收入库商品的实际成本	发出商品的实际成本	
库存商品的实际成本		

图4-40 "库存商品"账户的结构

4. "应付职工薪酬"账户

"应付职工薪酬"账户，用来核算企业根据有关规定应付职工的各种薪酬。包括：①职工工资、奖金、津贴和补贴；②职工福利费；③各项保险待遇（医疗、养老、失业、工伤、生育保险费等社会保险以及企业为职工购买的各种商业保险）和住房公积金；④工会经费和职工教育经费等所有企业根据有关规定应付给职工的各种薪酬。该账户是负债类账户，贷方登记应由本月负担但尚未支付的职工薪酬，作为一项费用，按其用途分配计入有关的成本费用账户；借方登记本月实际支付的职工薪酬。期末如有余额，一般在贷方，表示企业应付未付的职工薪酬，如图 4-41 所示。该账户可按"工资""职工福利""社会保险费""住房公积金""工会经费"等设置明细账，进行明细分类核算。

借方	应付职工薪酬	贷方
实际支付的职工薪酬	应付给职工的各种薪酬	
	尚未支付的职工薪酬	

图 4-41　应付职工薪酬账户的结构

知识链接 4-3

制造费用和生产成本的区别

制造费用是企业为生产产品和提供劳务而发生的各项间接成本，包括产品生产成本中除直接材料和直接工资以外的其余一切生产成本，主要包括企业各个生产单位（车间、分厂）为组织和管理生产所发生的一切费用，以及各个生产单位所发生的固定资产使用费和维修费，具体有以下项目：各个生产单位管理人员的工资、职工福利费、房屋建筑费、劳动保护费、季节性生产和修理期间的停工损失，等等。制造费用一般是间接计入成本，当制造费用发生时一般无法直接判定它所归属的成本计算对象，因而不能直接计入所生产的产品成本中去，而须按费用发生的地点先行归集，月终时再采用一定的方法在各成本计算对象间进行分配，计入各成本计算对象的成本中；生产成本包括产品生产所耗费的原材料费、燃料及动力费、工资费、固定资产折旧费和修理费以及其他有关费用，可以分为三种：直接材料、直接人工和期末分配转入的制造费用。

生产过程
业务账务处理

三、生产过程的账务处理

【例 4-26】 2023 年 11 月份嘉陵公司发出材料汇总如表 4-6 所示。

表 4-6　材料汇总　　　　　　　　　　　　　单位：元

部门	甲材料	乙材料	丙材料	合计
生产 A 产品	300 000	100 000	50 000	450 000.00
生产 B 产品	200 000	50 000	250 000	500 000.00
车间管理部门		10 000		10 000.00
行政管理部门			20 000	20 000.00
合计	500 000	160 000	320 000	980 000.00

借：生产成本——A 产品　　　　　　　　450 000
　　　　　　——B 产品　　　　　　　　500 000
　　制造费用　　　　　　　　　　　　　 10 000
　　管理费用　　　　　　　　　　　　　 20 000
　贷：原材料——甲材料　　　　　　　　500 000

——乙材料　　　　　　　　　　　　　160 000
——丙材料　　　　　　　　　　　　　320 000

【例 4-27】 根据嘉陵公司 2023 年 11 月份工资结算汇总表，本月分配（应发放）工资费用如表 4-7 所示。

表 4-7　工资费用分配汇总

2023 年 11 月 30 日　　　　　　　　　　　　　　　　　　　单位：元

分配对象		分配金额
生产工人工资	生产 A 产品	21 000.00
	生产 B 产品	29 000.00
	生产工人工资合计	50 000.00
车间管理人员工资		15 000.00
行政管理人员工资		18 000.00
合计		83 000.00

借：生产成本——A 产品　　　　　　　　　21 000
　　　　　　——B 产品　　　　　　　　　29 000
　　制造费用　　　　　　　　　　　　　　15 000
　　管理费用　　　　　　　　　　　　　　18 000
　　贷：应付职工薪酬——工资　　　　　　　　　83 000

【例 4-28】 嘉陵公司按 11 月份工资总额的 14% 计提职工福利费。

借：生产成本——A 产品　　　　　　　　　2 940
　　　　　　——B 产品　　　　　　　　　4 060
　　制造费用　　　　　　　　　　　　　　2 100
　　管理费用　　　　　　　　　　　　　　2 520
　　贷：应付职工薪酬——职工福利　　　　　　　11 620

【例 4-29】 嘉陵公司根据 11 月份工资结算单，以银行存款支付职工工资 83 000 元。

借：应付职工薪酬——工资　　　　　　　　　83 000
　　贷：银行存款　　　　　　　　　　　　　　83 000

【例 4-30】 嘉陵公司 2023 年 11 月份共发生水电费 15 000 元，其中车间管理部门耗用 5 000 元，企业管理部门耗用 10 000 元，以存款支付，如表 4-8 所示。

表 4-8　水电费分配

2023 年 11 月 30 日　　　　　　　　　　　　　　　　　　　单位：元

使用部门	水费	电费	合计
车间一般耗用	1 500	3 500	5 000.00
管理部门耗用	3 000	7 000	10 000.00
合计	4 500	10 500	15 000.00

借：制造费用　　5 000
　　管理费用　　10 000
　　贷：银行存款　　15 000

【例4－31】 嘉陵公司2023年11月10日以现金购买办公用品600元，其中车间领用200元，企业管理部门领用400元。

借：制造费用　　200
　　管理费用　　400
　　贷：库存现金　　600

【例4－32】 嘉陵公司2023年11月份本月应计提固定资产折旧费100 000元，其中车间应负担80 000元，企业管理部门应负担20 000元。

借：制造费用　　80 000
　　管理费用　　20 000
　　贷：累计折旧　　100 000

【例4－33】 嘉陵公司总经理刘嘉陵于2023年11月11日出差借差旅费4 000元，以现金支付，如图4－42所示。

凭证15

借条

2023年 11月 11日

借款 原因　出差	借款人：刘嘉陵 盖章
借款 金额（大写）人民币肆仟元整￥4 000.00	备注：现金付讫

三联：本联在借款结清后退回借款人

图4－42　凭证15——借条

借：其他应收款——刘嘉陵　　4 000
　　贷：库存现金　　4 000

【例4－34】 嘉陵公司总经理刘嘉陵于2023年11月15日出差归来，报销差旅费3 000元，余额1 000元以现金交回，如图4－43、图4－44所示。

凭证16

差旅费用报销单

2023 年 11 月 15 日

姓名：刘嘉陵　　部门：总经理室　　　　　　　单据张数：2

起日		止日		共计天数	补助费（元）		车船杂支费用（元）			合计金额
月	日	月	日	天数	标准（元/天）	金额	车票	住宿费（元/天）	杂支	
11	11	11	15	5	200	1 000.00	520.00	200.00	480.00	3 000.00

合计（大写）：人民币叁仟元整						
出差事由	洽谈购买材料合同					
部门领导	刘嘉陵	单位领导	刘启升	会计	王铁	出差人员	刘嘉陵
原借金额	4 000.00	报销金额	3 000.00	交结余或超支金额	1 000.00	

主管人：　　　　　会计：王铁　　　　领报人：刘嘉陵　　　填报：刘嘉陵

图 4-43　凭证 16——差旅费用报销单

凭证17

```
A018172                                              成都售

              成都            K8888 次上海
           chengdu                       shanghai
      2023 年 11 月 11 日  9：30 开         02 车 002 下铺
                          260.00 元

              限乘当日当次车在 2 日内有限

              52389990090909 A000081
```

```
A018173                                              上海售

      上海        K8889 次成都
   shanghai                       chengdu
      2023 年 11 月 15 日  10：30 开         12 车 002 下铺
                          260.00 元

              限乘当日当次车在 2 日内有限

              52389990090866 A012082
```

图 4-44　凭证 17——车票

借：管理费用　　　　　　　　　　　　　3 000
　　库存现金　　　　　　　　　　　　　1 000
　　贷：其他应收款——刘嘉陵　　　　　　　　4 000

【例 4 - 35】 嘉陵公司于 2023 年 11 月 27 日以银行存款预付 2024 年上半年的财产保险费 4 800 元，如图 4 - 45 所示。

凭证 18

保险业专用发票

INSURANCE TRADE INVOICE

发票代码 232000630113

发票联发票号码 NO 0074167

INVOICE　　　　　　开票日期：2023 年 11 月 27 日

Date Of Issue

| 付款人：嘉陵实业有限公司 |
| Payer |
| 承保险种：财产保险 |
| Coverage |
| 保险单号：PQZA202332079900000009　批单号：PQZA202332079900000016 |
| Policy No.　　　　End .No. |
| 保险费金额：（大写）人民币肆仟捌佰元整（小写）：RMB4 800.00 |
| Premium Amount（In Word）（In Figures） |
| 附件： |
| Remarks |

经手人：胡平　　　复核：谢艳　　　　　保险公司签章：

Handler　　　　Checked by　　　　Stamped by Insurance Company

地址：成都市北一街 67 号 电话：85432308　　（手开无效）

Add.　　　　　　　　　Tel.　　　　Not Valid If Hand Written

图 4 - 45　凭证 18——保险业专用发票

借：预付账款　　　　　　　　　　　　　4 800
　　贷：银行存款　　　　　　　　　　　　4 800

【例 4 - 36】 11 月 30 日，嘉陵公司将应由本期负担、以前期间预付的财产保险费、报刊费计入本期成本、费用，如表 4 - 9 所示。

表 4 - 9　预付费用摊销

2023 年 11 月 30 日

项目部门	财产保险费	报刊费	合计
生产车间	3 000	300	3 300.00
企业管理部门	2 500	500	3 000.00
合计	5 500	800	6 300.00

借：制造费用	3 300	
管理费用	3 000	
贷：预付账款		6 300

四、产品生产成本的计算

如前所述，企业的产品生产成本由直接材料费、直接人工费和制造费用三部分构成，直接材料费和直接人工费在发生时就直接记入"生产成本"账户的借方，构成特定产品的生产成本，而制造费用是企业各生产车间等生产单位为组织和管理生产而发生的各项间接费用，费用发生时，根据有关凭证已归集到"制造费用"账户的借方，每月终了，再将归集的制造费用进行汇总，按照一定的分配标准全部分配到当月产品中，分配结转后，"制造费用"账户期末无余额。每月终了，还应计算本月完工产品的生产成本（由直接材料、直接人工、制造费用共同构成），并将其从"生产成本"账户的贷方转入"库存商品"账户的借方，以反映本期验收入库的产成品成本。

$$制造费用分配率 = \frac{制造费用总额}{分摊标准合计数(生产工时或生产工人工资总额)}$$

某产品应分配制造费用 = 该种产品生产工时或生产工人工资 × 制造分配率

【例4-37】 接例4-26~例4-28中的资料，归集嘉陵公司11月份制造费用并按生产工人工资比例在A，B两种产品中分摊。本月制造费用115 600元。

　　制造费用分配率 = 115 600 ÷ (21 000 + 29 000) = 2.312
　　A产品应分配制造费用 = 21 000 × 2.312 = 48 552(元)
　　B产品应分配制造费用 = 29 000 × 2.312 = 67 048(元)

借：生产成本——A产品	48 552	
——B产品	67 048	
贷：制造费用		115 600

【例4-38】 接例4-26~例4-28、例4-37中的资料编制嘉陵公司11月份产品成本计算表。假设嘉陵公司当月A产品未完工，B产品100件已全部完工，验收入库。假设A，B产品12月初无在产品，生产成本明细账如表4-10所示。

表4-10　生产成本明细账

产品名称：B产品　　　　　　　　　2023年11月　　　　　　　　　件数：100

项目	直接材料	直接人工	制造费用	合计
完工产品总成本/元	500 000	33 060	67 048	600 108
单位产品成本/元	5 000	330.6	670.48	6 001.08

借：库存商品——B产品	600 108	
贷：生产成本——B产品		600 108

课堂实训4-4：建华工厂2023年7月份发生下列经济业务，要求编制会计分录。

(1) 1日，用现金支付办公用品费650元，其中生产车间300元，管理部门350元；

(2) 5日，生产甲产品领用A材料800千克，单价50元，生产乙产品领用B材料300

千克,单价20元,管理部门领用B材料50千克;

(3) 10日,用现金支付管理部门修理费120元;

(4) 12日,生产甲产品领用A材料200千克,单价50元,C材料300千克,单价10元,生产车间领用C材料100千克,单价10元;

(5) 15日,用银行存款支付下半年报刊订阅费2 400元;

(6) 25日,用银行存款支付本月水电费15 000元,其中生产车间9 000元,管理部门6 000元;

(7) 29日,用银行存款支付本季度短期借款利息600元(前两个月已经计提);

(8) 30日,结算本月应付职工工资50 000元,其中生产甲产品工人工资20 000元,生产乙产品工人工资15 000元,车间管理人员工资6 000元,企业管理人员工资9 000元;

(9) 30日,按工资总额的14%计提职工福利费;

(10) 30日,计提本月固定资产折旧38 000元,其中生产车间2 300元,管理部门1 500元;

(11) 30日,按甲乙产品生产工人工资比例分配并结转本月制造费用;

(12) 30日,本月甲产品生产500件,乙产品生产400件,均已全部完工入库。

任务5 销售业务的账务处理

一、销售过程业务概述

销售过程是制造业企业生产经营活动的最后阶段。在这一阶段,企业要将生产过程中生产的产品销售出去,按照销售价格和数量收取价款,形成销售收入,使产品直接转化为货币资金,企业的各项支出也从中得到补偿,以保证企业再生产活动的顺利进行。

销售业务核算概述

企业的销售过程,就是将已验收入库的合格产品,按照销售合同规定的条件送交订货单位或组织发运,并按照销售价格和结算制度规定,办理结算手续,及时收取价款取得销售产品收入的过程。在销售过程中,企业一方面取得了销售产品收入,另一方面还会发生一些销售费用,如销售产品的运输费、装卸费、包装费和广告费等,还应当根据国家有关税法的规定,计算交纳企业销售活动应负担的税金及附加。因此,销售过程业务核算的主要任务是:确定和记录产品销售收入、销售成本、销售费用;计算企业销售活动应负担的税金及附加,以及主营业务利润或亏损情况。

二、销售过程核算设置的账户

1. "主营业务收入"账户

"主营业务收入"账户,用来核算企业在销售商品、提供劳务等日常活动中所发生的收入。该账户是损益类账户,贷方登记企业销售商品(包括产成品,自制半成品等)或让渡资产使用权所实现的收入,借方登记发生的销售退回或销售折让和期末转入"本年利润"账户的收入,期末结转后应无余额,如图4-46所示。"主营业务收入"账户应按主营业务的种类设置明细账,进行明细分类核算。

借方	主营业务收入	贷方
发生的销售退回或销售折让;期末转入"本年利润"账户的收入	销售商品或提供劳务等实现的销售收入	
	(期末无余额)	

图 4-46 "主营业务收入"账户的结构

2. "其他业务收入"账户

"其他业务收入"账户用来核算企业确认的除主营业务活动以外的其他经营活动实现的收入,包括出租固定资产、出租无形资产、出租包装物和商品、销售材料等实现的收入。该账户是损益类账户,贷方登记企业获得的其他业务收入,借方登记期末结转到"本年利润"账户的已实现的其他业务收入,期末结转以后应无余额,如图4-47所示。本账户应按其他业务的收入种类设置明细账,进行明细分类核算。

借方	其他业务收入	贷方
期末转入"本年利润"账户的其他业务收入	实现的其他业务收入	
	(期末无余额)	

图 4-47 "其他业务收入"账户的结构

企业出租固定资产、出租无形资产等按照已收或应收的租金,借记"银行存款""其他应收款"等科目,贷记"其他业务收入"科目。销售时还应按照增值税销项税额,贷记"应交税费——应交增值税(销项税额)"科目。

3. "应收账款"账户

"应收账款"账户用来核算企业因销售商品、提供劳务等,应向购货单位或接受劳务单位收取的款项。该账户是资产类账户,借方登记经营收入发生的应收款以及代购货单位垫付的包装费、运杂费等;贷方登记实际收回的应收款项。期末余额一般在借方,表示应收但尚未收回的款项;期末余额若在贷方,则表示预收账款的数额,如图4-48所示。该账户应按照购货单位或接受劳务单位设置明细账,进行明细分类核算。

借方	应收账款	贷方
应收回的款项	已收回的款项	
尚未收回的款项	预收账款的数额	

图 4-48 "应收账款"账户的结构

4. "应收票据"账户

"应收票据"账户属于资产类账户,用以核算企业因销售商品、提供劳务等而收到的商业汇票。该账户借方登记企业收到的应收票据,贷方登记票据到期收回的应收票据;期末余额在借方,反映企业持有的商业汇票的票面金额,如图4-49所示。该账户可按开出、承兑商业汇票的单位进行明细核算。

借方	应收票据	贷方
销售后收到对方开出的票据	票据到期对方支付货款	
未到期票据或未收到款的票据		

图 4-49 "应收票据"账户的结构

5. "预收账款"账户

"预收账款"账户用来核算企业因销货按合同规定预收的货款。该账户是负债类账户，借方登记销货确认销售收入及销项税额或退回多余货款数额，贷方登记预收货款的数额或补收货款的数额。期末余额在贷方，表示预收货款的数额；期末余额若在借方，则表示应收货款的数额，如图 4-50 所示。"预收账款"账户应按销货单位设置明细账，进行明细分类核算。

借方	预收账款	贷方
确认销售收入及销项税额；退回多余货款数额	预收或补收货款数额	
应收货款的数额	预收货款的数额	

图 4-50 "预付账款"账户的结构

6. "主营业务成本"账户

"主营业务成本"账户用来核算企业因销售商品、提供劳务等日常活动而发生的实际成本。该账户是损益类账户，借方结转已售商品、提供的各种劳务等的实际成本，贷方登记当月发生销售退回的商品成本（未直接从本月销售成本中扣减的销售退回的成本）和期末转入"本年利润"账户的当期销售成本，期末结转后该账户应无余额，如图 4-51 所示。该账户应按照主营业务的种类设置明细账，进行明细分类核算。

借方	主营业务成本	贷方
计算结转的主营业务成本	销货退回的商品成本；期末转入"本年利润"账户的主营业务成本	
（期末无余额）		

图 4-51 "主营业务成本"账户的结构

7. "其他业务成本"账户

"其他业务成本"账户，用来核算企业确认的除主营业务活动以外的其他经营活动所发生的支出，包括销售材料的成本、出租固定资产的折旧额、出租无形资产的摊销额、出租包装物的成本或摊销额等。该账户是损益类账户，借方登记其他业务所发生的各项成本、支出，贷方登记期末结转到"本年利润"账户的数额，期末结转以后应无余额，如图 4-52 所示。本账户应按其他业务的种类设置明细账，进行明细分类核算。

借方	其他业务成本	贷方
发生的其他业务成本	期末转入"本年利润"账户的其他业务成本	
（期末无余额）		

图 4－52　"其他业务成本"账户的结构

企业租出固定资产，租用方只有使用权，而固定资产的所有权仍属于租出企业，因此需要归入到企业的固定资产核算范围。经营租出的固定资产收入属于企业的其他业务收入，相应的固定资产使用的折旧也就计入其他业务成本，借记"其他业务成本"科目，贷记"累计折旧"科目。

8. "税金及附加"账户

"税金及附加"账户用来核算企业日常活动应负担的税金及附加，包括消费税、城市维护建设税、资源税、教育费附加及房产税、土地使用税、车船使用税、印花税等相关税费。该账户是损益类账户，借方登记按照规定计算应由主营业务负担的税金及附加；贷方登记企业收到的先征后返的消费税、资源税等应记入本科目的各种税金，以及期末转入"本年利润"账户的税金及附加；期末结转后本账户应无余额，如图 4－53 所示。

借方	税金及附加	贷方
发生的税金及附加	期末转入"本年利润"账户的税金及附加	
（期末无余额）		

图 4－53　"税金及附加"账户的结构

销售过程
业务账务处理

三、销售过程的账务处理

【例 4－39】 嘉陵公司于 2023 年 12 月 4 日出售 A 产品 20 件给正鑫文化用品公司，A 产品单价 10 000 元，总售价 200 000 元，增值税 26 000 元，已开出销货发票和发货单，如表 4－11 所示。当日收到正鑫文化用品公司 226 000 元转账支票一张，存入银行。

表 4－11　销售产品发货单

运输方式：陆运
购货单位：正鑫文化用品公司　　　　　2023 年 12 月 4 日　　　　　编号：03102

产品名称	规格型号	计量单位	数量	单价/元	金额/元	备注
A 产品		件	20	10 000.00	200 000.00	

销售负责人：李丽　　　发货人：王毅　　　提货人：肖晓　　　制单：李云

　　借：银行存款　　　　　　　　　　　　　　　226 000
　　　　贷：主营业务收入——A 产品　　　　　　　　200 000
　　　　　　应交税费——应交增值税（销项税额）　 26 000

若对方开出商业汇票，则应计入"应收票据"账户的借方。

借：应收票据　　　　　　　　　　　　　　　　　　226 000
　　贷：主营业务收入——A产品　　　　　　　　　　200 000
　　　　应交税费——应交增值税（销项税额）　　　　26 000

【例4-40】　嘉陵公司于2023年12月13日按照销货合同向金蝶公司发出B产品150件，单价8 000元，总售价1 200 000元，增值税156 000元。另以现金1 000元代垫运费。商品发出后即在银行办妥委托收款手续。

借：应收账款——金蝶公司　　　　　　　　　　　　1 357 000
　　贷：主营业务收入——B产品　　　　　　　　　　1 200 000
　　　　应交税费——应交增值税（销项税额）　　　　156 000
　　　　库存现金　　　　　　　　　　　　　　　　　1 000

【例4-41】　嘉陵公司于2023年12月21日接银行通知，收到思达公司汇来用于订购A产品的款项500 000元。

借：银行存款　　　　　　　　　　　　　　　　　　500 000
　　贷：预收账款——思达公司　　　　　　　　　　　500 000

【例4-42】　嘉陵公司于2023年12月22日向思达公司发出A产品50件，单价10 000元，并开出销货发票，货款500 000元，增值税65 000元。

借：预收账款——思达公司　　　　　　　　　　　　565 000
　　贷：主营业务收入——A产品　　　　　　　　　　500 000
　　　　应交税费——应交增值税（销项税额）　　　　65 000

【例4-43】　嘉陵公司2023年12月汇总可知共销售A产品70件，A产品单位成本为7 883.50元，B产品150件，单位成本为6 001.08元，月末结转已销售产品成本，如表4-12所示。

表4-12　产品销售成本计算

2023年12月31日

项目	A产品 数量/件	单位成本/元	金额/元	B产品 数量/件	单位成本/元	金额/元
期初结存	0	0	0	0	0	0
本期完工	70	7 883.50	551 845.00	150	6 001.08	900 162.00
本期销售	70	7 883.50	551 845.00	150	6 001.08	900 162.00
期末结存	0	0	0	0	0	0

主管：林立　　　　　会计：王铁　　　　　复核：李云　　　　　制单：李云

借：主营业务成本——A产品　　　　　　　　　　　551 845
　　　　　　　　——B产品　　　　　　　　　　　900 162
　　贷：库存商品——A产品　　　　　　　　　　　　551 845
　　　　　　　——B产品　　　　　　　　　　　　900 162

【例4-44】　嘉陵公司于2023年12月30日收到出租给长城公司的房屋租金60 000元，租金款收到后存入银行。

借：银行存款 60 000
　　贷：其他业务收入 60 000

【例4-45】 嘉陵公司于2024年1月向长城公司租出一台机器设备，原值为70 000元，合同规定租期二年，每月租金800元，每半年预收一次。该设备每月应计提折旧280元。

（1）租出机器设备。

借：固定资产——租出固定资产 70 000
　　贷：固定资产——不需用固定资产 70 000

（2）收到半年租金。

分析：收到半年租金，因金额较小，一次性确认为收入。

借：银行存款 4 800
　　贷：其他业务收入——固定资产出租 4 800

（3）每月计提租出机器设备折旧。

借：其他业务支出——固定资产出租 280
　　贷：累计折旧 280

（4）租赁期满，收回机器设备。

借：固定资产——不需用固定资产 70 000
　　贷：固定资产——租出固定资产 70 000

【例4-46】 嘉陵公司于2024年1月20日销售甲材料一批，售价20 000元，增值税税额2 600元，款项收存银行。该批材料的实际成本为15 000元。领料单如表4-13所示。

表4-13 领料单

领料单位：　　　　　　　领料日期：2024年1月20日　　　　　　　第　　号

用途	材料名称及规格	计量单位	数量 请领	数量 实领	单价	金额
销售	甲材料	千克	2 000	2 000	10	20 000.00

记账：李艺　　　　　发料：王铁　　　　　领料负责人：王立　　　　　领料：肖红

（1）确认收入。

借：银行存款 22 600
　　贷：其他业务收入 20 000
　　　　应交税费——应交增值税（销项税额） 2 600

（2）结转成本。

借：其他业务成本 15 000
　　贷：原材料——甲材料 15 000

【例4-47】 假如按本月销售收入1 900 000元的8%计算本月应负担的消费税；假如本月应交增值税25 500元，按应交消费税、增值税之和计算应交城市维护建设税（7%）和教育费附加（3%），如表4-14所示。

表 4-14 税金及附加计算　　　　　　　　　　　　　　　单位：元

项目	计征基础	税率/%	应交金额
应交消费税	1 900 000	8	152 000.00
应交城市维护建设税	177 500	7	12 425.00
应交教育费附加	177 500	3	5 325.00
合计			169 750.00

主管：王立　　　　　　　　审核：李艺　　　　　　　　制表：李已

（1）计算应交消费税。

$$1\ 900\ 000 \times 8\% = 152\ 000(元)$$

（2）应交城市维护建设税。

$$(152\ 000 + 25\ 500) \times 7\% = 12\ 425(元)$$

（3）应交教育费附加。

$$(152\ 000 + 25\ 500) \times 3\% = 5\ 325(元)$$

借：税金及附加　　　　　　　　　　　　　169 750
　　贷：应交税费——应交消费税　　　　　　152 000
　　　　　　　　——应交城市维护建设税　　 12 425
　　　　　　　　——应交教育费附加　　　　 5 325

课堂实训 4-5：某企业某月发生以下业务，要求编制会计分录。

（1）销售甲产品 100 件，单价 400 元，销项税额 5 200 元，款项已收存银行。

（2）用银行存款支付销售甲产品发生的运杂费 200 元。

（3）销售乙产品 200 件，单价 300 元，销项税额 7 800 元，用银行存款为对方代垫运杂费 500 元，款项暂欠。

（4）销售 A 材料 500 千克，单价 80 元，销项税额 5 200 元，款项已收存银行。该材料成本为 25 000 元。

（5）用银行存款支付广告费 1 000 元。

（6）收到上述第（3）题中购货单位购入乙产品所欠的款项，存入银行。

（7）结转本月销售甲产品 100 件和乙产品 200 件的生产成本，甲产品单位成本为 180 元，乙产品单位成本为 150 元。

（8）按本月应交增值税 18 700 元的 7% 和 3%，计算本月应交纳的城市维护建设税和教育费附加。

任务 6　期间费用的账务处理

一、期间费用的构成

期间费用是指企业日常活动中不能直接归属于某个特定成本核算对象的，在发生时应直接计入当期损益的各种费用。期间费用包括管理费用、销售费用和财务费用。

管理费用是指企业为组织和管理企业生产经营活动所发生的各种费用。销售费用是指企业销售商品和材料、提供劳务的过程中发生的各种费用。财务费用是指企业为筹集生产经营所需资金等而发生的筹资费用。

二、账户设置

1. "管理费用"账户

管理费用是指企业为组织和管理企业生产经营发生的各种费用，包括企业董事会和行政管理部门在企业的经营管理中发生的，或者应由企业统一负担的公司经费（包括行政管理部门职工工资、修理费、物料消耗、低值易耗品摊销、办公费和差旅费等）、行政管理部门负担的工会经费、董事会会费（包括董事会成员津贴、会议费和差旅费等）、聘请中介机构费、咨询费（含顾问费）、诉讼费、业务招待费、技术转让费、研究费用、排污费以及企业生产车间和行政管理部门发生的固定资产修理费用等后续支出。

企业应通过"管理费用"科目，核算管理费用的发生和结转情况。该科目借方登记企业发生的各项管理费用，贷方登记期末转入"本年利润"科目的管理费用，结转后该科目应无余额，如图4-54所示。该科目按管理费用的费用项目进行明细核算。

借方	管理费用	贷方
发生的各项管理费用	期末转入"本年利润"账户的管理费用	
（期末无余额）		

图4-54 "管理费用"账户的结构

2. "销售费用"账户

"销售费用"账户属于损益类账户，用以核算企业销售商品和材料、提供劳务发生的各项销售费用，包括保险费、包装费、展览费、广告费、商品维修费、预计产品质量保证损失、运输费、装卸费等，以及销售本企业商品而专设的销售机构（含销售网点、售后服务网点等）的职工薪酬、业务费、折旧费等经营费用。企业发生的与专设销售机构相关的固定资产修理费用等后续支出，也在本科目核算。

该账户借方登记发生的各项销售费用，贷方登记期末转入"本年利润"账户的销售费用额。期末结转后，该账户无余额，如图4-55所示。该账户可按费用项目设置明细账户，进行明细分类核算。

借方	销售费用	贷方
销售商品过程中发生的各种费用	期末结转入"本年利润"账户的数额	
（期末无余额）		

图4-55 "销售费用"账户的结构

3. "财务费用"账户

"财务费用"账户属于损益类账户，用以核算企业筹集生产经营所需资金等而发生的筹资费用，包括利息支出、汇兑损失以及相关的给金融机构的手续费、企业发生的现金折扣或收到的现金折扣等。借方登记企业本期发生的各种财务费用，贷方登记企业本期发生应冲减财务费用的利息收入、汇兑收益等。期末结转后，该账户无余额，如图4-56所示。该账户可按费用项目进行明细核算。

借方	财务费用	贷方
发生的各种财务费用： 利息支出 借款手续费 汇兑损失		利息收入 汇兑收益 期末转入"本年利润"账户的财务费用
（期末无余额）		

图4-56 "财务费用"账户的结构

三、期间费用的账务处理

【例4-48】 期末，嘉陵公司计算确认本月应付行政部门人员工资30 000元。

借：管理费用　　　　　　　　　30 000
　　贷：应付职工薪酬——工资　　　　30 000

【例4-49】 嘉陵公司于2020年1月份计提办公用固定资产折旧费1 000元。

借：管理费用　　　　　　　　　1 000
　　贷：累计折旧　　　　　　　　　1 000

【例4-50】 嘉陵公司业务员报销招待客户的餐费500元，以现金付讫，如图4-57所示。

凭证19

图4-57 凭证19——文化体育业通用发票

借：管理费用　　　　　　　500
　　　　贷：库存现金　　　　　　　500

【例4-51】 嘉陵公司于2020年2月5日以银行存款支付产品广告费4 000元。
　　借：销售费用　　　　　　4 000
　　　　贷：银行存款　　　　　　4 000

【例4-52】 嘉陵公司于2020年1月1日向银行借款100 000元，期限为3个月，利率12%，款项已存入银行。
　　借：银行存款　　　　　100 000
　　　　贷：短期借款　　　　　100 000

（1）接上述案例，企业计提每月应付利息1 000元。
　　借：财务费用　　　　　　1 000
　　　　贷：应付利息　　　　　　1 000

（2）接上述案例，企业短期借款3个月到期后，企业以银行存款103 000元偿还银行短期借款的本息。
　　借：短期借款　　　　　100 000
　　　　应付利息　　　　　　2 000
　　　　财务费用　　　　　　1 000
　　　　贷：银行存款　　　　　103 000

知识链接4-4

制造费用和管理费用的区别

　　二者之间的主要区别在于发生在不同的管理层面：制造费用是指企业的各生产单位（如产品生产车间）为组织和管理生产所发生的各项费用；而管理费用则是企业行政管理部门（如公司总部、厂部等）为管理和组织经营活动而发生的各项费用，如图4-58所示。

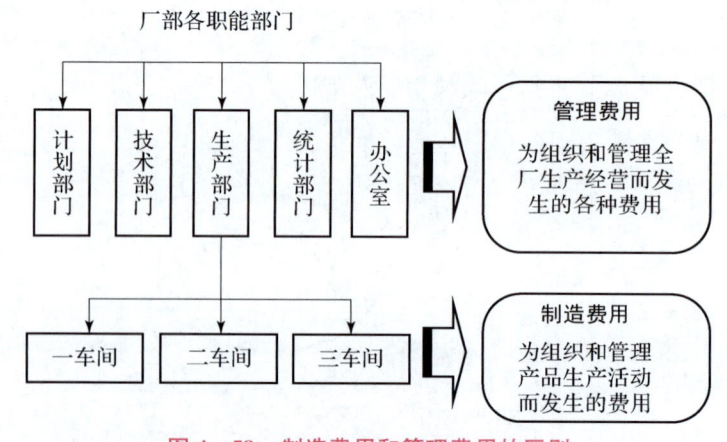

图4-58　制造费用和管理费用的区别

课堂实训4-6：长城公司5月发生以下业务，要求编制会计分录。

（1）用现金购买办公用品450元，其中车间办公用品150元，企业管理部门办公用品

300元；

（2）以银行存款支付水电费1 000元，其中车间水电费700元，企业管理部门水电费300元；

（3）分配管理人员工资4 000元，其中销售人员工资2 500元，企业管理部门人员工资1 500元；

（4）以现金支付销售产品广告费3 000元；

（5）开出转账支票支付固定资产日常修理费4 000元，其中车间设备修理费2 000，企业管理部门设备修理费2 000元；

（6）企业于2024年1月1日向银行借入生产经营用短期借款360 000元，期限6个月，年利率5%，该借款本金到期后一次归还，利息分月预提，按季支付。

任务7　利润形成与分配业务的账务处理

财务成果
业务核算概述

一、利润总额的构成与计算

利润是企业在一定时期生产经营活动的财务成果，是衡量企业经营管理的主要综合性指标。利润包括收入减去费用后的净额以及直接计入当期利润的利得和损失。未计入当期利润的利得和损失扣除所得税影响后的净额计入其他综合收益项目。净利润与其他综合收益的合计金额为综合收益总额。利润由营业利润、利润总额和净利润三部分构成。

营业利润＝营业收入－营业成本－税金及附加－销售费用－管理费用－财务费用－资产减值损失－信用减值损失＋其他收益＋公允价值变动收益（或－公允价值变动损失）＋投资收益（或－投资损失）

其中，营业收入是指企业经营业务所确认的收入总额，包括主营业务收入和其他业务收入。

营业收入＝主营业务收入＋其他业务收入

营业成本是指企业经营业务所发生的实际成本总额，包括主营业务成本和其他业务成本。

营业成本＝主营业务成本＋其他业务成本

资产减值损失是指企业计提各项资产减值准备所形成的损失。

公允价值变动收益（或损失）是指企业交易性金融资产等公允价值变动形成的应计入当期损益的利得（或损失）。

投资收益（或损失）是指企业以各种方式对外投资所取得的收益（或发生的损失）。

利润总额＝营业利润＋营业外收入－营业外支出

其中，营业外收入是指企业发生的与其日常活动无直接关系的各项利得。

营业外支出是指企业发生的与其日常活动无直接关系的各项损失。

净利润＝利润总额－所得税费用

其中，所得税费用是指企业确认的应从当期利润总额中扣除的所得税费用。

因此，确定实现的净利润和对净利润进行分配，构成了制造业企业财务成果核算的主要内容。

> **温馨提示**
>
> 注意主营业务收入、其他业务收入以及营业外收入三者间的区别。

利润形成
的账务处理

二、利润形成的账务处理

（一）账户设置

1."本年利润"账户

"本年利润"账户用来核算企业实现的净利润（或发生的净亏损）。该账户是所有者权益类账户，贷方登记期末从"主营业务收入""其他业务收入""营业外收入"以及"投资收益"（投资净收益）等账户转入的数额，借方登记期末从"主营业务成本""税金及附加""其他业务成本""销售费用""管理费用""财务费用""营业外支出""所得税费用"以及"投资收益"（投资净损失）等账户转入的数额。年度终了，应将本年收入和支出相抵后结出本年实现的净利润，转入"利润分配"账户，贷记"利润分配——未分配利润"；若为净亏损，做相反的会计分录；年终结转后，该账户应无余额，如图4-59所示。

借方	本年利润	贷方
从损益类账户转入的费用数		从损益类账户转入的收入数
发生的亏损； 将全年实现的利润转入"利润分配"账户		实现的利润； 将全年实现的亏损转入"利润分配"账户

图4-59 "本年利润"账户的结构

2."投资收益"账户

"投资收益"账户用来核算企业对外投资取得的收益或发生的损失。该账户是损益类账户，贷方登记取得的投资收益或期末投资净损失的转出数，借方登记发生的投资损失和期末投资净收益的转出数。无论发生的是投资收益还是投资损失，都要结转到"本年利润"账户，期末结转后，该账户应无余额，如图4-60所示。该账户应按照投资收益的种类设置明细账，进行明细分类核算。

借方	投资收益	贷方
发生的投资损失； 期末转入"本年利润"账户的净收益		取得的投资收益； 期末转入"本年利润"账户的净损失
		期末无余额

图4-60 "投资收益"账户的结构

> **知识链接4-5**
>
> **交易性金融资产**
>
> 交易性金融资产是指企业为了近期内出售而持有的金融资产，如用以赚取差价为目的的从二级市场购入的股票、债券、基金等。

1. 取得交易性金融资产的账务处理

企业取得交易性金融资产时，借记"交易性金融资产"科目，贷记"银行存款"等科目。取得交易性金融资产所支付价款中包含了已宣告但尚未发放的现金股利或已到付息期但尚未领取的债券利息的，不应单独确认为应收项目，而应当构成交易性金融资产的初始入账金额。

2. 出售交易性金融资产的账务处理

企业出售交易性金融资产时，按实际收到的金额，借记"银行存款"等科目，按该金融资产的账面余额，贷记"交易性金融资产"科目，按其差额，贷记或借记"投资收益"科目。

3. 购买和出售交易性金融资产发生的交易费用的账务处理

交易费用是指可直接归属于购买、发行或处置金融工具新增的外部费用，包括支付给代理机构、咨询公司、券商等的手续费或佣金及其他必要支出。取得交易性金融资产所发生的相关交易费用应当在发生时计入"投资收益"的借方，不计入"交易性金融资产"科目；企业出售交易性金融资产时发生的交易费用，同样也要冲减"投资收益"科目，并从"银行存款"科目中将发生的交易费用扣除。

例：2023年1月12日，长城公司委托华西证券公司从上海证券交易所购入A上市公司股票100万股，并将其划分为交易性金融资产。该笔股票在购买日的公允价值为200万元，另支付相关交易费1.2万元，购买股票款201.2万元。2023年3月10日，长江公司出售了所持有的A公司股票，售价为214万元，另支付相关交易费用1.8万元。

(1) 1月12日，购入A公司股票时：

借：交易性金融资产——A公司股票　　　　　2 000 000
　　贷：银行存款　　　　　　　　　　　　　　　　　2 000 000
借：投资收益　　　　　　　　　　　　　　　　　12 000
　　贷：银行存款　　　　　　　　　　　　　　　　　　12 000

(2) 3月10日，出售A公司股票时：

借：银行存款　　　　　　　　　　　　　　　　2 140 000
　　贷：交易性金融资产——A公司股票　　　　　　　　2 000 000
　　　　投资收益　　　　　　　　　　　　　　　　　　140 000
借：投资收益　　　　　　　　　　　　　　　　　18 000
　　贷：银行存款　　　　　　　　　　　　　　　　　　18 000

3. "营业外收入"账户

"营业外收入"账户用来核算企业发生的与企业生产经营无直接关系的各项收入，主要包括非流动资产处置收入、非货币性资产交换收入、债务重组收入、政府补助、盘盈收入、捐赠收入等。该账户是损益类账户，贷方登记企业发生的各项非营业收入，借方登记期末转入"本年利润"账户的营业外收入数。期末结转后，该账户应无余额，如图4-61所示。该账户应按照收入项目设置明细账，进行明细分类核算。

借方	营业外收入	贷方
期末转入"本年利润"账户的营业外收入		发生的营业外收入
		期末无余额

图4-61　"营业外收入"账户的结构

4. "营业外支出"账户

"营业外支出"账户用来核算企业发生的与企业生产经营无直接关系的各项支出,包括非流动资产处置损失、非货币性资产交换损失、债务重组损失、公益性捐赠支出、非常损失、盘亏损失等。该账户是损益类账户,借方登记企业发生的各项支出数,贷方登记期末转入"本年利润"账户的营业外支出,期末结转后该账户应无余额,如图4-62所示。该账户应按照支出项目设置明细账,进行明细分类核算。

借方	营业外支出	贷方
发生的营业外支出	期末转入"本年利润"账户的营业外支出	
期末无余额		

图4-62 "营业外支出"账户的结构

5. "所得税费用"账户

"所得税费用"账户用来核算企业确认的应从当期利润总额中扣除的所得税费用。该账户是损益类账户,借方登记企业按税法规定的应纳税所得额计算的应纳所得税额,贷方登记企业会计期末转入"本年利润"账户的所得税额,结转后该账户应无余额,如图4-63所示。该账户可按"当期所得税费用""递延所得税费用"设置明细账,进行明细核算。

借方	所得税费用	贷方
计算的应纳所得税额	期末转入"本年利润"账户的所得税费用	
期末无余额		

图4-63 "所得税费用"账户的结构

(二)账务处理

【例4-53】 嘉陵公司于2023年2月10日收到经诚公司的违约罚款收入20 000元,存入银行,如图4-64所示。

凭证20

```
                    收款收据
              2023年2月10日              N.0002041

今收到_____经诚公司_____交来
人民币(大写)贰万元整          ¥20 000.00
事由        违约罚款
```

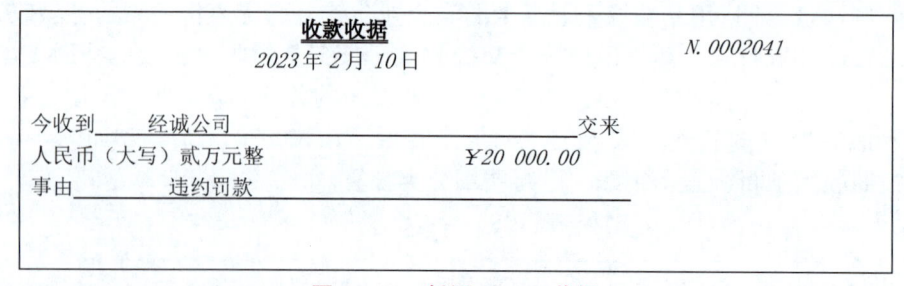

图4-64 凭证20——收据

借:银行存款　　　　　　　　20 000
　　贷:营业外收入　　　　　　　　20 000

【例4-54】 嘉陵公司开出现金支票30 000元，于2023年2月28日捐赠给某希望小学，如图4-65所示。

凭证21

公益事业捐赠统一票据
UNIFIED INVOICE DONATION FOR PUBLIC WELFARE

捐赠人：嘉陵实业有限公司　2023年2月28日　　　　NO.0000002498

捐赠项目 For Purpose	实物（外币）种类 Material Objects (Currency)	数量 Amount	金额 Total Amount								
			千	百	十	万	千	百	十	元	角	分
捐赠	人民币	1			3	0	0	0	0	0	0
金额合计（小写）In Figures					￥	3	0	0	0	0	0	0
金额合计（大写）In Words	⊗仟 ⊗佰 ⊗叁万零仟零佰零拾零元零角零分

接收单位（盖章）：　　　　　复核人：李军　　　　开票人：张小莉
Receiver's Seal　　　　　　　Verified by　　　　　Handling Person

感谢您对公益事业的支持！ Thanks you for support of public welfare!

图4-65　凭证21——公益事业捐赠统一票据

借：营业外支出　　　　　30 000
　　贷：银行存款　　　　　　　30 000

【例4-55】 嘉陵公司2023年2月份损益类账户余额为：主营业务收入1 900 000元、其他业务收入80 000元，营业外收入20 000元，投资收益20 000元，如表4-15所示；主营业务成本1 452 007元，税金及附加169 750元，销售费用10 000元，其他业务成本15 000元，管理费用75 920元，财务费用6 000元，营业外支出30 000元，如表4-16所示。

表4-15　本月收入计算

2023年2月

项目	金额/元
主营业务收入	1 900 000.00
其他业务收入	80 000.00
营业外收入	20 000.00
投资收益	20 000.00
合计	2 020 000.00

表4-16 本月费用计算

2023年2月

项目	金额/元
主营业务成本	1 452 007.00
税金及附加	169 750.00
其他业务成本	15 000.00
管理费用	75 920.00
财务费用	6 000.00
销售费用	10 000.00
营业外支出	30 000.00
所得税费用	
合计	1 758 677.00

(1) 结转本期损益收入类账户的余额至"本年利润"账户的贷方。

借：主营业务收入　　1 900 000
　　其他业务收入　　　 80 000
　　营业外收入　　　　 20 000
　　投资收益　　　　　 20 000
　　贷：本年利润　　　　　　2 020 000

(2) 结转本期损益支出类账户的余额至"本年利润"账户的借方。

借：本年利润　　　　1 758 677
　　贷：主营业务成本　　1 452 007
　　　　销售费用　　　　　10 000
　　　　税金及附加　　　 169 750
　　　　其他业务成本　　　15 000
　　　　管理费用　　　　　75 920
　　　　财务费用　　　　　 6 000
　　　　营业外支出　　　　30 000

【例4-56】 根据嘉陵公司本月实现的利润总额计算本月应交所得税（见表4-17）。所得税税率为25%（假设没有应纳税所得额的调整事项）。

所得税费用=(2 020 000-1 758 677)×25%=261 323×25%=65 330.75(元)

表4-17 企业所得税计算

2023年2月　　　　　　　　　　　　　　　　　　　单位：元

项目	本月数
一、营业收入	1 980 000.00
减：营业成本	1 467 007.00

续表

项目	本月数
税金及附加	169 750.00
销售费用	10 000.00
管理费用	75 920.00
财务费用	6 000.00
投资收益	20 000
二、营业利润	271 323.00
加：营业外收入	20 000.00
减：营业外支出	30 000.00
三、利润总额	261 323.00
适用税率	25%
四、应纳所得税额	65 330.75

（1）借：所得税费用　　　　　　　　　　　　　65 330.75
　　　　贷：应交税费——应交所得税　　　　　　　65 330.75
（2）借：本年利润　　　　　　　　　　　　　　65 330.75
　　　　贷：所得税费用　　　　　　　　　　　　　65 330.75

【例 4-57】 嘉陵公司开出转账支票交纳本月应交所得税，如图 4-66、图 4-67 所示。

凭证 22

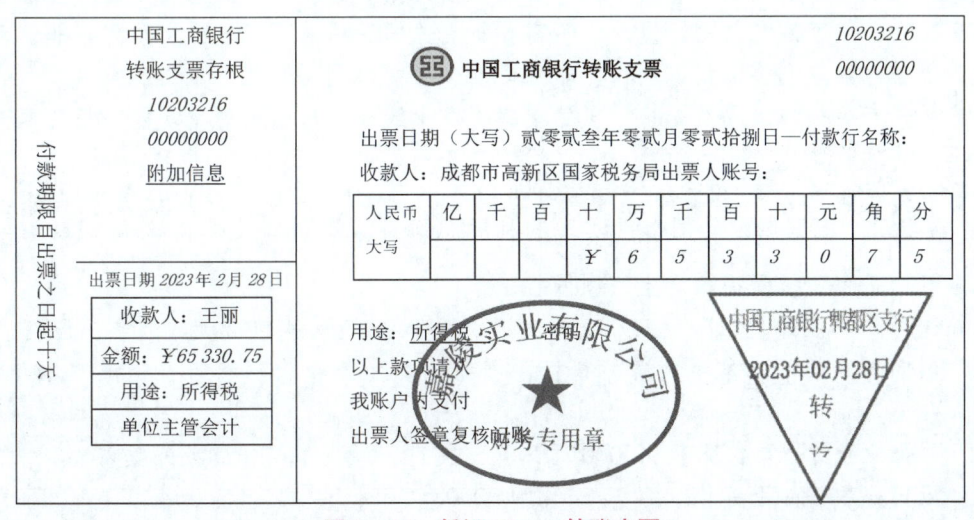

图 4-66　凭证 22——转账支票

借：应交税费——应交所得税　　　　　　　　65 330.75
　　贷：银行存款　　　　　　　　　　　　　　　65 330.75

凭证23

中华人民共和国税收缴款书　川国税缴（2023）第0099322号

经济类型：有限责任公司
行业：制造业　填发日期：2023年3月11日　征收机关：成都高新区国税局

缴款单位	代码	510104251549687	预算科目	款	国内增值税
	全称	嘉陵实业有限公司		项	101010103
	开户银行	中国工商银行郫都区支行		级次	中央75%　地方25%
	账号	1234567891234	收款国库		成都市高新区支金库

税款所属时期　2023年2月1日至28日　税款限缴日期　03月12日

品目名称	课税数量	计税金额或销售收入	税率	已缴或扣除额	实缴金额
增值税		261 323.00	25%	65 330.75	65 330.75
滞纳金	逾期天每天按应缴税额加收　　　%				
人民币合计	陆万伍仟叁佰叁拾零元柒角伍分				

缴款单位（人）（盖章）　税务机关（盖章）填票人　上列款项已收妥并划转国库　国库（银行盖章）2023年03月11日　备注

经办人(　)

逾期不缴按税法规定加收滞纳金

图4-67　凭证23——税收缴款书

知识链接4-6

营业外收支的账务处理

1. 取得营业外收入的账务处理

营业外收入是企业确认的与其日常活动无直接关系的各项利得。它并不是企业经营资金耗费所产生的，是经济利益的净流入，不需要与有关的费用进行配比，主要包括非流动资产毁损报废收益、盘盈利得、捐赠利得、非货币性资产交换利得、债务重组利得等。

非流动资产毁损报废收益是指因自然灾害等发生毁损、已丧失使用功能而报废非流动资产所产生的清理收益。

盘盈利得是企业对现金等资产清查盘点时发生盘盈，报经批准后计入营业外收入的金额。

捐赠利得是企业接受捐赠产生的利得。

企业通过"营业外收入"科目，核算营业外收入取得及结转情况。期末，应将"营业外收入"科目余额转入"本年利润"科目，借记"营业外收入"科目，贷记"本年利润"科目。

例：A企业应付甲单位账款90 000元，无法支付，经批准转作营业外收入。
借：应付账款——甲单位　　　　　90 000
　　贷：营业外收入　　　　　　　　　　90 000

2. 发生营业外支出的账务处理

营业外支出指企业发生的与日常活动无直接关系的各项损失，主要包括非流动资产处置损失、公益性捐赠支出、盘亏损失、罚款支出、非货币性资产交换损失、债务重组损失等。

非流动资产处置损失包括固定资产处置损失和无形资产出售损失。

公益性捐赠支出指企业对外进行公益性捐赠发生的支出。

盘亏损失指企业对于固定资产清查盘点中盘亏的固定资产，查明原因并报经批准计入营业外支出的损失。

罚款支出指企业由于违反税收法规、经济合同等而支付的各种滞纳金和罚款等。

企业通过"营业外支出"科目，核算营业外支出的发生及结转情况。期末，应将"营业外支出"科目余额转入"本年利润"科目，借记"本年利润"科目，贷记"营业外支出"科目。

例：2023年2月25日，长城公司通过银行向税务部门交纳滞纳金2 000元。

借：营业外支出　　　　　　　　　2 000
　　贷：银行存款　　　　　　　　　　　2 000

三、利润分配的账务处理

（一）利润分配的顺序

企业向投资者分配利润，应按一定的顺序进行。按照《公司法》的有关规定，利润分配应按下列顺序进行：

1. 计算可供分配的利润

企业在利润分配前，应根据本年净利润（或亏损）与年初未分配利润（或亏损）、其他转入的金额（如盈余公积弥补的亏损）等项目，计算可供分配的利润，即：

可供分配的利润＝净利润（或亏损）＋年初未分配利润－弥补以前年度的亏损＋其他转入

如果可供分配的利润为负数（即累计亏损），则不能进行后续分配；如果可供分配利润为正数（即累计盈利），则可进行后续分配。

2. 提取法定盈余公积

按照《公司法》的有关规定，公司应当按照当年净利润（抵减年初累计亏损后）的10%提取法定盈余公积，提取的法定盈余公积累计额超过注册资本50%以上的，可以不再提取。

3. 提取任意盈余公积

公司提取法定盈余公积后，经股东会或者股东大会决议，还可以从净利润中提取任意盈余公积。

4. 向投资者分配利润（或股利）

企业可供分配的利润扣除提取的盈余公积后，形成可供投资者分配的利润，即：

可供投资者分配的利润＝可供分配的利润－提取的盈余公积

企业可采用现金股利、股票股利和财产股利等形式向投资者分配利润（或股利）。

（二）账户设置

1. "利润分配"账户

"利润分配"账户用来核算企业利润的分配（或亏损的弥补）和历年分配（或弥补）

后的积存余额。该账户是所有者权益类,借方登记按规定实际分配的利润数,或年终时从"本年利润"账户的贷方转来的全年亏损总额;贷方登记年终时从"本年利润"账户借方转来的全年实现的净利润总额。年终贷方余额表示历年积存的未分配利润,如为借方余额,则表示历年积存的未弥补亏损,如图4-68所示。该账户应当分别按"提取法定盈余公积""提取任意盈余公积""应付现金股利或利润""转作股本的股利""盈余公积补亏"和"未分配利润"等设置明细账,进行明细核算。年终,将"利润分配"账户下的其他所有明细账户的余额全部转入"未分配利润"明细账户。结转后,只有"未分配利润"明细账户有期末余额。如果是贷方余额,就是累积未分配的利润数额;如为借方余额,则表示累积未弥补的亏损数额。

借方	利润分配	贷方
年终从"本年利润"账户转入的全年的净亏损;本期实际分配的利润数	年终从"本年利润"账户转入的全年的净利润;	
历年积存的未弥补亏损	历年积存的未分配利润	

图4-68 "利润分配"账户的结构

2. "盈余公积"账户

"盈余公积"账户用来核算企业从净利润中提取的盈余公积金。该账户是所有者权益类账户,贷方登记从净利润中提取的盈余公积金和公益金,借方登记盈余公积金和公益金的使用,如转增资本、弥补亏损等。期末贷方余额,表示企业结余的盈余公积金,如图4-69所示。该账户应当分别按"法定盈余公积""任意盈余公积"设置明细账,进行明细分类核算。

借方	盈余公积	贷方
用盈余公积补亏或转增资本	盈余公积的提取数	
	盈余公积的结余数	

图4-69 "盈余公积"账户的结构

3. "应付股利"账户

"应付股利"账户用来核算企业根据股东大会或类似机构审议确定分配的现金股利或利润。该账户是负债类账户,贷方登记根据通过的股利或利润分配方案,应支付的现金股利或利润;借方登记实际支付数。期末贷方余额反映企业应付未付的现金股利或利润,如图4-70所示。该账户应按投资者设置明细账,进行明细分类核算。

借方	应付股利	贷方
实际支付股利数	应支付的现金股利或利润	
	应付未付的现金股利或利润	

图4-70 "应付股利"账户的结构

(三) 账务处理

【例 4-58】 假设嘉陵公司 2023 年全年实现净利润 2 000 000 元。董事会决议按 10%的比例计提法定盈余公积，如表 4-18 所示。

表 4-18　提取盈余公积计算

2023 年 12 月 31 日　　　　　　　　　　　　　　　　　　　　　　单位：元

项目	净利润	提取率	应提金额	备注
法定盈余公积	2 000 000.00	10%	200 000.00	
合计			￥200 000.00	

会计主管：李华　　　　　　　　　审核：李毅　　　　　　　　　制单：王艺

借：利润分配——提取盈余公积　　200 000
　　贷：盈余公积——法定盈余公积　　200 000

【例 4-59】 经董事会研究决定嘉陵公司按本年税后利润的 40%向投资者分配利润，如表 4-19 所示。

表 4-19　利润分配计算

2023 年 12 月 31 日　　　　　　　　　　　　　　　　　　　　　　单位：元

净利润	提取比例	应付投资者利润
2 000 000.00	40%	800 000.00

借：利润分配——应付股利　　800 000
　　贷：应付股利　　800 000

【例 4-60】 结转嘉陵公司本年未分配利润。如表 4-20、表 4-21 所示。

表 4-20　本年利润结转

2023 年 12 月 31 日　　　　　　　　　　　　　　　　　　　　　　单位：元

项目	金额
期初余额	0
本月发生额	2 000 000.00
合计	2 000 000.00

表 4-21　利润分配结转

2023 年 12 月 31 日　　　　　　　　　　　　　　　　　　　　　　单位：元

明细科目	金额（期初余额 + 本月提取）
提取法定盈余公积	200 000.00
应付现金股利	800 000.00
合计	1 000 000.00

(1) 结转净利润。

借：本年利润　　　　　　　　　　　　　　2 000 000
　　贷：利润分配——未分配利润　　　　　　　　2 000 000

(2) 结转已分配利润。

借：利润分配——未分配利润　　　　　　　1 000 000
　　贷：利润分配——提取盈余公积　　　　　　　200 000
　　　　　　　　——应付利润　　　　　　　　　800 000

课堂实训 4-7：假设你公司某年主营业务收入 92 100 元，其他业务收入 3 500 元，营业外收入 128.21 元，主营业务成本 53 552 元，税金及附加 9 210 元，其他业务成本 3 000 元，销售费用 448 元，管理费用 11 500 元，财务费用 600 元，营业外支出 450 元。请你按如下程序编制有关会计分录：

(1) 为公司计算并结转本年利润总额；
(2) 按 25% 的税率计算并结转所得税；
(3) 计算本年净利润并转入"利润分配"账户；
(4) 按净利润 10% 提取盈余公积；
(5) 计算投资者应分配利润。

一体化训练

模块 5

填制和审核会计凭证

知识框架

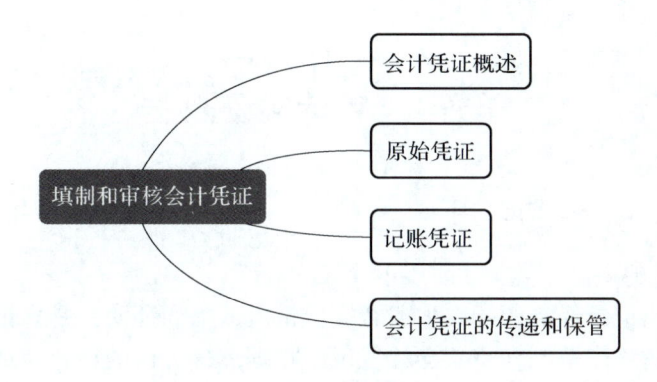

```
                    ┌── 会计凭证概述
                    │
                    ├── 原始凭证
填制和审核会计凭证 ──┤
                    ├── 记账凭证
                    │
                    └── 会计凭证的传递和保管
```

学习目标

知识目标
1. 了解会计凭证的概念与作用
2. 了解会计凭证的传递
3. 熟悉原始凭证与记账凭证的种类
4. 熟悉会计凭证的保管
5. 掌握原始凭证的填制
6. 掌握记账凭证的填制
7. 掌握原始凭证与记账凭证的审核

能力目标
1. 能够独立填制各类原始凭证和记账凭证
2. 能够独立完成凭证审核

素养目标
1. 通过学习会计凭证的审核，树立社会主义法制观念和"规矩"意识
2. 通过学习会计凭证的传递流程设计及传递，养成财税融合意识和"顶层设计"思维
3. 通过学习会计凭证的填制、整理及装订，具备爱岗敬业意识和精益求精的工匠精神

> **导入案例**

2008年8月4日,江苏省射阳县人民法院依法审结了一起故意销毁会计凭证、会计账簿案。一审判处被告人许某有期徒刑1年6个月,缓刑2年,并处罚金。

2008年5月初的一天下午,射阳县洋马镇港中村村民许某在家中接收了其妻兄陈某(另案处理)送来的白色蛇皮袋一只,袋内装有陈某承包经营射阳县宏达棉花茧丝绸公司2003—2007年期间的会计凭证、会计账簿。数日后,陈某通过电话与许某联系,称其涉税案件已暴露,如其被抓获,要许某将蛇皮袋内的账簿销毁,许某表示同意。同年5月26日晚,许某在得知陈某被抓获的消息后,为帮助陈某逃避依法查处,遂将陈某送来的会计凭证、会计账簿全部放入自家的灶膛内烧毁。

法院审理认为,被告人许某无视国家法律,为帮助他人逃避依法查处,故意销毁依法应当保存的会计凭证、会计账簿,情节严重,其行为已构成故意销毁会计凭证、会计账簿罪,据此依法做出上述判决。

讨论:保存会计凭证有何意义?

任务1 会计凭证概述

一、会计凭证的概念与作用

(一)会计凭证的概念

会计凭证,是指记录经济业务发生或者完成情况的书面证明,是登记账簿的依据。每个企业都必须按一定的程序填制和审核会计凭证,根据审核无误的会计凭证进行账簿登记,如实反映企业的经济业务。

(二)会计凭证的作用

一切会计记录都必须有真凭实据,使会计资料具有客观性,这是会计核算必须遵循的原则,也是会计核算区别于其他经济管理活动的一个重要特点。所以,填制和审核会计凭证就成为会计核算工作的起点。任何经济业务的发生,都必须由经办经济业务的有关人员填制或取得会计凭证,记录经济业务的日期、内容、数量和金额,并由有关人员在凭证上签名盖章,以示对会计凭证的真实性和正确性负责。只有经过审核无误的会计凭证,才能据以收付款项,动用财产物资,才能作为登记账簿的依据。

填制与审核会计凭证,对保证会计核算的工作质量、有效地进行会计监督、提供真实可靠的会计信息等都具有十分重要的作用。归纳起来主要有以下三个方面:

1. 记录经济业务,提供记账依据

各经济单位日常发生的每一项经济业务,如资金的取得与运用、生产过程中的各种耗费、财务成果的取得和分配等,既有货币资金的收付,又有财产物资的收发,这些经济业务都需要按其发生的时间、地点、内容和完成情况,正确及时地填制会计凭证,记录经济业务的实际情况。记账必须以经过审核无误的会计凭证为依据,没有会计凭证,就不可能登记账簿,也不可能提供及时、准确、可靠的其他会计资料。因此,正确填制与审核会计凭证,不仅具有核算和监督经济活动的作用,而且对保证整个会计资料的真实可靠,提高会计工作质量有着相当重要的意义。

2. 明确经济责任，强化内部控制

每一项经济业务的发生都要由经办人员填制或取得会计凭证，并由有关部门和人员在会计凭证上签章，这样就可以促使经办部门和人员对经济业务的真实性、合法性负责，增强责任感；即使发生问题，也易于弄清情况，分清责任，做出正确的裁决。通过会计凭证的传递，将经办部门和人员联系在一起，使之可以互相促进、互相监督、互相牵制。

3. 监督经济活动，控制经济运行

各经济单位发生的各项经济业务，在会计凭证中都如实地做了记录，经济业务是否真实、正确、合法、合规，都会在会计凭证中得到反映。记账前，必须对会计凭证进行严格的审核，通过审核会计凭证，可以检查各项经济业务是否符合国家的政策、法律、法规和制度，是否符合企业单位的计划和预算，是否给企业单位带来良好的经济效益，有无铺张浪费、贪污盗窃等损害公司财产的行为发生，有无违法乱纪、损害公共利益的行为发生，达到严肃财经纪律，发挥会计监督，加强经济管理，维护市场经济秩序，提高经济效益的目的。

二、会计凭证的种类

企业发生的经济业务多种多样，因而反映不同业务的会计凭证在其作用、性质、格式、内容及填制程序等方面，都有各自的特征。会计凭证按其填制的程序和用途不同，可以分为原始凭证和记账凭证。

（一）原始凭证

原始凭证是在经济业务发生或完成时取得或填制的，用来证明经济业务的发生或完成情况的最初的书面证明，是记账的原始依据。因此，也叫原始单据。

原始凭证是会计核算的原始资料和重要依据，一切经济业务发生时都必须如实填制原始凭证，以证实经济业务的发生或完成情况。企业公司、事业单位中应用的原始凭证有很多，如购销业务活动中的"发货票"，财产物资收发业务中的"出库单""入库单"，现金收付业务中的"收据""借据"，银行结算业务中的各种转账结算凭证，等等。凡是不能证明经济业务发生和完成情况的各种书面证明，如生产计划、购销合同、购料请购单、"银行对账单"等，均不能作为原始凭证据以记账。其分类如下：

1. 按来源分类

原始凭证按其来源不同，可以分为外来原始凭证和自制原始凭证两种。

（1）外来原始凭证。

外来原始凭证是指在经济业务发生或完成时，从外单位或个人处取得的单据。如供应单位开出的增值税专用发票，银行结算凭证，收款单位或个人开给的收据，出差人员取得的车票、船票、机票、宿费单、铁路托运单、运杂费收据等。凡外来原始凭证必须盖有单位的公章或财税机关的统一检章方为有效。

①增值税专用发票（见图5-1）。

图 5-1 增值税专用发票

知识链接 5-1

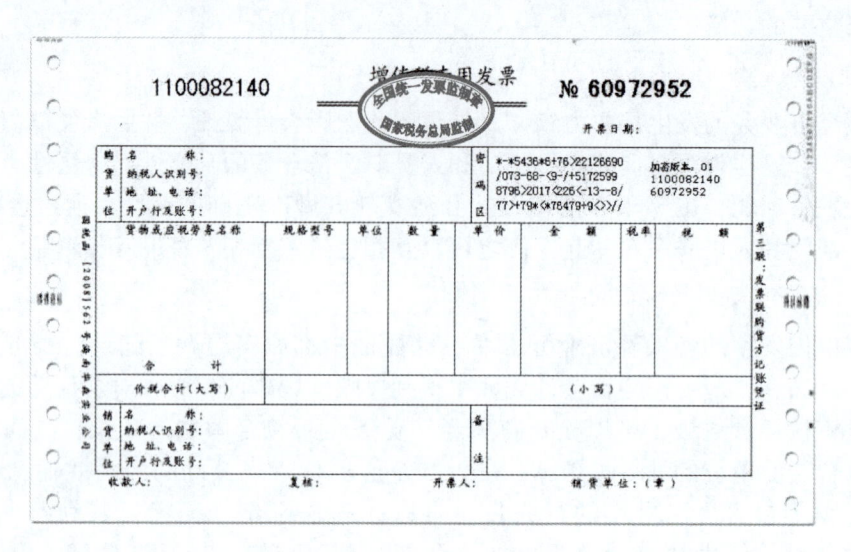

增值税专用发票

增值税专用发票是由国家税务总局监制设计印制的，只限于增值税一般纳税人领购使用的，既作为纳税人反映经济活动中的重要会计凭证，又是兼记销货方纳税义务和购货方进项税额的合法证明；是增值税计算和管理中重要的、决定性的、合法的专用发票。

实行增值税专用发票是增值税改革中很关键的一步，它与普通发票不同，不仅具有商事凭证的作用（由于实行凭发票注明税款扣税，购货方要向销货方支付增值税。它具有完税凭证的作用），更重要的是，增值税专用发票将一个产品的最初生产到最终的消费之间各环节联系起来，保持了税赋的完整，体现了增值税的作用。

对于增值税专用发票通常有两种称呼，以"十万元"为例，分为："十万元版"和"限十万元版"。其中，"十万元版"不含税价款可超过人民币十万元，而"限十万元版"不含税价款不得超过人民币十万元。在日常工作中，要注意区分。

开票时，发票的抬头要与企业名称的全称一致，2017 年 7 月 1 日以后，增值税发票必须要有税号，不符合规定的发票，不得作为税收凭证。

②普通发票（见图 5-2）。

③银行进账单（见图 5-3）。

（2）自制原始凭证。

自制原始凭证是指在经济业务发生或完成时，由本单位业务经办部门的有关人员填制的单据。如"收料单""产品入库单""领料单""职工薪酬结算单""借款单""固定资产折旧计算表""固定资产验收单"等。凡自制原始凭证需提供给外单位的一联，也应加盖本单位的公章。

①领料单（见图 5-4）。

②入库单（见图 5-5）。

××省国家税务局通用机打发票

密 码

发票代码 356001260489
发票号码 10397654

| 开票日期： | 2023年5月28日 | 行业分类：商业 |

| 发票代码：356001260489 |
| 发票号码：10397654 |
| 付款方名称： |
| 开票项目：办公用品 |
| 金额大写：叁佰伍拾元整 |
| 金额小写：350.00 |
| 收款方名称： |
| （盖章） |

第一联 发票联 付款方记账凭证（ ）手开无效

开票人：王丽

备注：（超过佰万元无效）　　　　　（适用范围：除娱乐业、餐饮业、旅店业以外的其他业务）

图 5－2　普通发票

ICBC　中国工商银行　进账单（收账通知）3

年　月　日　　　　　　　　　　　第　　号

出票人	全　称		收款人	全　称	
	账　号			账　号	
	开户银行			开户银行	
金额	人民币（大写）		亿	仟	百	十	万	千	百	十	元	角	分
	票据种类		票据张数		
	票据号码				
复核：		记账：			

收款人开户行盖章

此联是收款人开户银行交给收款人的收账通知

图 5－3　银行进账单

领　料　单

领料部门：生产部
用　途：生产用　　　　　　2023年 9 月 20 日　　　　　　第 89 号

材料				单位	数量		成本		
编号	名称	规格			请领	实发	单价	总价 百十万千百十元角分	
005	甲材料	50*20		盒	100	100	50	5 0 0 0 0 0	合计联
006	乙材料	30*20		盒	60	60	15	9 0 0 0 0	
合计					160	160		5 9 0 0 0 0	

部门经理：赵六　　　会计：王五　　　仓库：李四　　　经办人：张三

图 5－4　领料单

入 库 单

2023年9月21日　　　　　　　　　　　连续号 0026

交来单位及部门	生产三车间		发票号码或生产单号码	00058		验收仓库	阴凉库		入库日期	2023.9.21

| 编号 | 名称及规格 | 单位 | 数量 | | 实际价格 | | 计划价格 | | 价格差异 |
			交库	实收	单价	金额	单价	金额	
0021	A产品 32吋	台	50	50	1 800	90 000			
0022	B产品	台	30	30	1 200	36 000			
	合　　计		80	80		126 000			

存根联

财务部门主管 贾正　　记账 王凤　　保管部门主管 周瑞　　验收 张军　　单位部门主管 赵陵　　缴库 李嘉

图 5－5　入库单

③固定资产验收单（见图 5－6）。

固定资产验收单
年　月　日

资产名称	计量单位	使用年限	使用部门	已使用年限	折旧率	已提折旧	设备原值
合计							

会计：　　　　　　　　　　　　　　　　验收：

图 5－6　固定资产验收单

④银行存款支款凭证（见图 5－7）。

银行存款支款凭证
年　月　日

计划项目	请（借）款理由	厂领导批示：
		年　月　日
大写金额：人民币　　　　　小写金额：¥		财务意见：
转(现)支票号码：		年　月　日

单位主管：　　　　会计：　　　　出纳：　　　　收款人：

图 5－7　银行存款支款凭证

⑤借款单（见图 5－8）。

借款单

年　月　日　　　　　　　字第　号

借款人姓名		借款理由	
所属部门			
借款金额¥	元　人民币（大写）		
单位负责人批准	财务负责人意见	部门负责人意见	借款人签字

会计主管：　　　　复核：　　　　出纳：　　　　经手人：

图5-8　借款单

⑥固定资产折旧计算表（见表5-1）。

表5-1　××公司固定资产折旧计算表

2023年5月31日

项目	折旧率	折旧额
生产用固定资产原值：801 250.00	0.8%	6 410.00
厂部固定资产原值：1 000 000.00	0.8%	8 000.00
合计		14 410.00

金额（大写）壹万肆仟肆佰壹拾元整

会计主管：　　　　　　　　复核：　　　　　　　　制单：

⑦内部转账单（见表5-2）。

表5-2　××公司内部转账单

2023年1月31日

摘要	销售数量	单位成本	总成本
结转A产品销售成本	130件	2 500.00	325 000.00
结转B产品销售成本	170台	800.00	136 000.00
合计			461 000.00

会计主管：　　　　　　　　复核：　　　　　　　　制单：

2. 按填制方法不同分类

原始凭证按其填制方法不同，分为一次凭证、累计凭证和汇总凭证三种。

（1）一次凭证。

一次凭证是指一次只记录一项经济业务或同时记录若干项同类经济业务的原始凭证。所有的外来原始凭证都是一次凭证，自制的原始凭证中大部分也是一次凭证。如"收料单""领料单""制造费用分配表"等。一次凭证只须填写一次即完成全部填制手续，作为记账的原始依据，如表5-3所示。

表 5-3 收料单

收料日期： 2023 年 5 月 10 日 仓库：1 号

材料名称	规格	单位	数量		发票金额		应摊运杂费	实际成本	
			应收数	实收数	单价	金额		单价	金额
A 材料		千克	1 000	1 000	10	10 000.00		10	10 000.00
合计						10 000.00			10 000.00

会计： 记账： 保管员： 验收员：

(2) 累计凭证。

累计凭证是指在一定时期内连续记录若干项同类经济业务的原始凭证，如自制原始凭证中的"限额领料单"（其格式如表 5-4 所示）。累计原始凭证的手续不是一次完成的，而是随着经济业务的陆续发生分次填写的，只有完成全部填制手续后，才能作为原始凭证据以记账。

表 5-4 限额领料单

限额领料单

领料部门：三车间 凭证编号：0016
用途：三车间 2023 年 9 月 01 日 发料仓库：三库

材料类别	材料编号	材料名称及规格	计量单位	领用限额	实际领用	单价/元	金额/元	备注
生产辅料	005	甲材料	盒	1 600	1 600	50	80 000	

供应部门负责人： 生产计划部门负责人：

期日	数量		领料人签字	发料人签字	扣除待用数量	退料			限额结余
	请领	实发				数量	收料人	发料人	
1	400	400							1 200
8	400	400							800
15	400	400							400
23	400	400							0

企业对某个用料部门规定某种材料在一定时期（通常为一个月）内的领用限额。每次领料时，在"限额领料单"上逐笔登记，并随时结出限额结余，到月末时，结出本月实际

耗用总量和限额结余，送交财务部门，作为会计核算的依据。这样不仅可以预先控制领料，而且可以减少凭证的数量，简化凭证填制的手续。

（3）汇总凭证。

汇总凭证是指根据一定时期若干份记录同类经济业务的原始凭证加以汇总编制而成的一种原始凭证，如将全月领料业务的"领料单"加以汇总后编制的"发料凭证汇总表"，如表5-5所示。

表 5-5　发料凭证汇总表

2023 年 5 月 30 日　　　　　　　　　　　　　　　　　　　　　附单据 3 张

部门	名称	数量/件	单位成本/元	成本总额/元
一车间	A 材料	950	122	115 900
	B 材料	350	148	51 800
	小计	1 300		167 700
二车间	B 材料	150	148	22 200
合计		1 450		189 900

财务主管：陈军　　　　　　　　　　　　　　　　　　　　制表人：李华

汇总原始凭证只能将同类经济业务汇总在一张汇总凭证上，不能汇总两类或两类以上不同类型的经济业务。

（二）记账凭证

记账凭证是指会计人员根据审核无误的原始凭证填制的，用来确定经济业务应借、应贷会计科目及金额的会计分录，并据以登记账簿的会计凭证。

记账凭证需根据原始凭证填制，但有些经济业务，如更正错账，期末结账前有关账项调整结转、转销等无法取得原始凭证的，也可以由会计人员根据账簿记录提供的数据编制记账凭证。

由于原始凭证来自不同的单位，种类繁多，数量庞大，格式和内容不统一，以及原始凭证中只是记录经济业务的实际情况，并未反映应使用的会计科目和记账方向，直接根据原始凭证记账容易发生差错，所以在记账前，应认真审核原始凭证，并根据审核无误的原始凭证，按照记账规律，确定应借、应贷会计科目名称和金额，填制记账凭证，并据以记账。原件作为记账凭证的附件粘贴在记账凭证之后。这样，不仅可以简化记账工作，减少差错，而且便于对账和查账，提高记账工作的质量。

记账凭证按其反映的经济业务的内容不同，分为收款凭证、付款凭证和转账凭证。

1. 收款凭证

收款凭证是用来记录和反映现金和银行存款等货币资金收款业务的凭证。它是根据现金和银行存款业务的原始凭证填制的。其格式如图 5-9 所示。

收 款 凭 证

借方科目：_____　　　年　月　日　　　字号　　号

摘要	对方科目		借或贷	金额 千百十万千百十元角分	√
	总账科目	明细科目			
合　　计					

会计主管：　　记账：　　出纳：　　复核：　　制单：　　收款人：

图 5-9　收款凭证

2. 付款凭证

付款凭证是用来记录和反映现金和银行存款等货币资金付款业务的凭证。它是根据现金和银行存款付款业务的原始凭证填制的。其格式和内容如图 5-10 所示。

付 款 凭 证

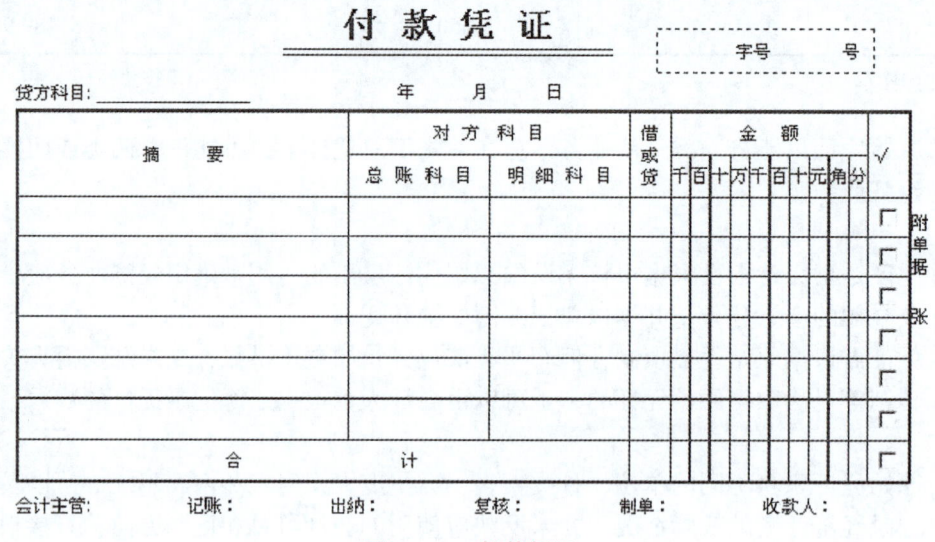

贷方科目：_____　　　年　月　日　　　字号　　号

摘要	对方科目		借或贷	金额 千百十万千百十元角分	√
	总账科目	明细科目			
合　　计					

会计主管：　　记账：　　出纳：　　复核：　　制单：　　收款人：

图 5-10　付款凭证

收款凭证和付款凭证是出纳人员办理收、付款项的依据，也是登记现金日记账和银行存款日记账的依据。出纳人员不能仅仅根据收款、付款业务的原始凭证收、付款项，还必须根据由会计主管人员或指定人员审核批准的收付款凭证，办理收、付款项。这样可以加强货币资金管理，有效地监督货币资金的使用。

3. 转账凭证

转账凭证是用来记录和反映与现金、银行存款等货币资金收付无关的转账业务的凭证。它是根据有关转账业务的原始凭证填制的。其格式和内容如图 5-11 所示。

图 5-11 转账凭证

在实际工作中，对经济业务数量少的企业和行政事业单位，为了简单，可以不分收款、付款和转账业务，统一使用同一种格式的记账凭证来记录和反映所发生的各种经济业务，这种记账凭证称为通用记账凭证。其格式和内容与转账凭证基本一致，只是凭证标题一般为"记账凭证"。

原始凭证和记账凭证之间存在着密切的联系。原始凭证是记账凭证的基础，是编制记账凭证的依据，并且作为附件附于记账凭证后；记账凭证是对原始凭证的内容进行整理而编制的，是对原始凭证内容的概括和说明；原始凭证反映的是企业经营活动的经济信息，记账凭证是在原始凭证的基础上整理记录的会计信息。

任务 2　原始凭证

一、原始凭证的基本内容

原始凭证来源不同、种类不同，其格式也不尽相同，即便如此，为起到完整准确记录经济业务、明确经济责任的作用，原始凭证应该具有以下基本项目：

(1) 原始凭证的名称，如"增值税专用发票""发料单"等；
(2) 原始凭证的日期和编号；
(3) 接受凭证的单位或个人名称；
(4) 经济业务内容摘要；
(5) 经济业务中实物的名称、数量、单价和金额；
(6) 填制单位名称或填制人姓名；
(7) 经办人员签名或盖章。

填制和审核
原始凭证的要求

此外，企业、公司、行政事业单位的原始凭证除必须具备上述基本内容外，还应该符合下列要求：

(1) 从外单位取得的原始凭证，必须盖有填制单位的公章；对外开出的原始凭证，必须加盖本单位的公章。这里所说的"公章"，是指具有法律效力和特定用途，能够证明单位身份和性质的印鉴，包括业务公章、财务专用章、发票专用章、结算专用章等。

(2) 购买实物的原始凭证，必须有验收证明。即必须由购买人以外的第三人查证核实后，会计人员方可据以入账。

（3）自制原始凭证必须有经办单位负责人或指定人员签名或盖章。

（4）对外开出的原始凭证，必须加盖本单位公章。

（5）从个人取得的原始凭证，必须有填制人员的签名或盖章。

（6）支付款项的原始凭证，必须有收款单位和收款人的收款证明，不能仅以支付款项的有关凭证代替。

（7）职工借款凭证，必须附在记账凭证之后。收回借款时，应当另开收据或者退还借款副本，不得退还原借款收据。

（8）发生销货退回的，除填制退货发票外，还必须有退货验收证明；退款时，必须取得对方的收款收据或者汇款银行的凭证，不得以退货发票代替收据。

（9）上级有关部门批准的经济业务，应当将批准文件作为原始凭证附件。如果批准文件需要单独归档的，应当在凭证上注明文件的批准机关名称、日期和文号，以便确认经济业务的审批情况和查阅。

有的原始凭证为了满足计划、业务、统计等职能部门经济管理的需要，还需要列入计划、定额、合同号码等项目，这样可以更加充分地发挥原始凭证的作用。对于在国民经济一定范围内经常发生的同类经济业务，应由主管部门制定统一的凭证格式。印制统一原始凭证既可加强对凭证和企业、事业单位经济活动的管理，又可以节约印制费用。

二、原始凭证的填制要求

（一）原始凭证填制的基本要求

原始凭证是经济业务发生的原始证明，是具有法律效力的证明文件，因此，原始凭证的填制，必须符合下列要求：

（1）记录真实。原始凭证上记录的日期、经济业务内容和数字金额必须与经济业务发生的实际情况完全相符，不得歪曲经济业务真相、弄虚作假。对于实物数量、质量和金额的计算，要准确无误，不得匡算或估计。

（2）内容完整。原始凭证中规定的各项目，必须填写齐全，不能遗漏和简略，需要填一式数联的原始凭证，必须用复写纸套写，各联的内容必须完全相同，联次也不得缺少；业务经办人员必须在原始凭证上签名或盖章，对凭证的真实性和正确性负责。

（3）手续完备。原始凭证的取得或填制，都必须有完备的手续，比如经办人员、复核人员等的签字，出具单位的盖章等。

（4）书写清楚、规范。原始凭证填写要认真，文字和数字要清楚，字迹必须工整、清晰，易于辨认。数量、单价和金额的计算必须正确，大小写金额要相符。一般凭证如果书写错误，应用规定的方法予以更正，并由更正人员在更正处盖章，以示负责。

（5）连续编号。原始凭证应该启用前顺序编号，使用时，按照编号顺序使用，不得跳页、重复使用。作废原始凭证不得撕毁、抽页，保证原始凭证的完整性。

（6）不得涂改、刮擦、挖补。不得随意涂改、刮擦或挖补。有关货币资金收支的原始凭证，如果书写错误，应按规定手续注销、留存，重新填写，并在错误凭证上加盖"作废"戳记，连同存根一同保存，不得撕毁，以免错收、错付，或被不法分子窃取现金。

（7）填制及时。每笔经济业务发生或完成时，经办人员必须按照有关制度规定，及时地填制或取得原始凭证，并按照规定的程序及时送交会计部门审核、记账，防止因事过境迁记忆模糊，出现差错，难以查清。

（二）自制原始凭证的填制要求

不同的自制原始凭证，填制要求也有所不同。

1. 一次凭证的填制

一次凭证应在经济业务发生或完成时，由相关业务人员一次填制完成。该凭证往往只能反映一项经济业务，或者同时反映若干项同一性质的经济业务。

2. 累计凭证的填制

累计凭证应在每次经济业务完成后，由相关人员在同一张凭证上重复填制完成。该凭证能在一定时期内不断重复地反映同类经济业务的完成情况。

3. 汇总凭证的填制

汇总凭证应由相关人员在汇总一定时期内反映同类经济业务的原始凭证后填制完成。该凭证只能将类型相同的经济业务进行汇总，不能汇总两类或两类以上的经济业务。

（三）外来原始凭证的填制要求

外来原始凭证应在企业同外单位发生经济业务时，由外单位的相关人员填制完成。外来原始凭证一般由税务局等部门统一印制，或经税务部门批准由经营单位印制，在填制时加盖出具凭证单位的公章方为有效。对于一式多联的原始凭证必须用复写纸套写或打印机套打。

（四）原始凭证填制规范

（1）阿拉伯数字应逐个书写清楚，不可连笔书写。阿拉伯数字合计金额的最高位数字前面应写人民币符号"￥"，在人民币符号"￥"与阿拉伯数字之间，不得留有空白。以元为单位的金额一律填写到角分；无角分的，角位和分位填写"0"，不得空格。

（2）中文大写金额用汉字壹、贰、叁、肆、伍、陆、柒、捌、玖、拾、佰、仟、万、亿、元、角、分、零、整等，一律用正楷或行书字书写。大写金额前应有"人民币"字样，中间不得留有空白。大写金额到元或角为止的，后面要写"正"或"整"字；有分的，不写"正"或"整"字。

（3）阿拉伯金额数字中间有"0"或连续有几个"0"时，汉字大写金额只写一个"零"字即可，如5 006元，汉字大写金额应为"人民币伍仟零陆元整"。

（4）凡是规定填写大写金额的各种原始凭证，如银行结算凭证、发票、运单、提货单、各种现金收、支凭证等，都必须在填写小写金额的同时，填写大写金额，大小写金额要一致。

（5）编号要连续。如原始凭证已预先印定编号，在写坏作废时，应加盖"作废"戳记，妥善保管，不得撕毁。

（6）不得涂改、刮擦、挖补。原始凭证有错误时，应当由出具单位重开或更正，更正处需加盖出具单位的印章。原始凭证金额有误的，应当由出具单位重开，不得在原始凭证上更正。

三、原始凭证填制示范

（一）收据的填写

【例5-1】 某公司2010年9月2日收到万和贸易有限责任公司投资款10万元，填写收据，如图5-12所示。

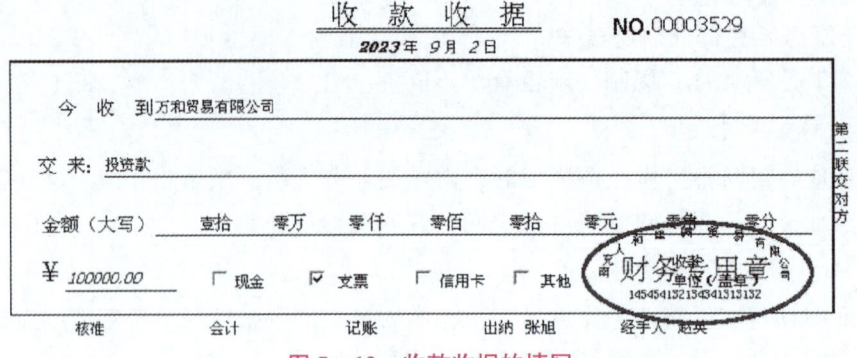

图 5-12 收款收据的填写

(二) 发票的填写

【例 5-2】 蓝梦实业有限责任公司，2023 年 9 月 21 日向华光商贸有限公司出售 A 产品 200 件，单价 150 元，B 产品 500 件，单价 200 元，蓝梦实业向华光商贸开具增值税专用发票，如图 5-13 所示。

图 5-13 发票的填写

(三) 支票的填写

【例 5-3】 华龙建材有限责任公司 2023 年 9 月 26 日从新瑞商贸有限责任公司购入价值 250 000 元的原材料一批，给对方开具转账支票，如图 5-14 所示。

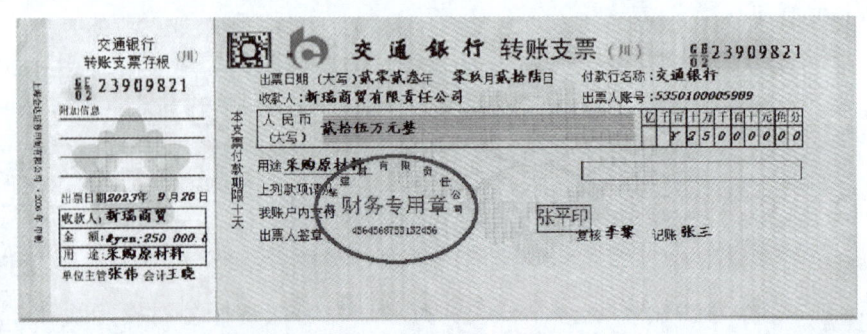

图 5-14 支票的填写

(四) 借款单的填写

【例5-4】 9月26日，销售部人员张三预借差旅费3 000元，以现金支付，如图5-15所示。

借 款 单

2023年 9月26日　　　　　　　　　　　　　第0032号

借款部门	销售部	姓名	张三	事由	出差
借款金额（大写）	零万叁仟零佰零拾零元零角零分				¥ 3000.00
部门负责人签署	情况属实。 张聚 2023.9.26	借款人签章	张三	注意事项	一、凡借用公款必须使用本单 二、第三联为正式借据由借款人和单位负责人签章 三、出差返回后三天内结算
单位领导批示	同意借支。 张平 2023.9.26	财务经理审核意见			

第三联记账凭证

图5-15　借款单的填写

四、原始凭证的审核

为了如实反映经济业务的发生和完成情况，充分发挥会计的监督职能，保证会计信息的真实、完整，会计人员必须对原始凭证进行严格审核，主要从审核原始凭证的真实性、合法性、合理性、完整性、正确性和及时性六个方面进行。

(一) 审核原始凭证的真实性

所谓原始凭证的真实性，是指原始凭证所记载的经济业务是否与实际发生的经济业务情况相符合，包括与经济业务相关的当事人单位和当事人是否真实；经济业务发生的时间、地点和填制凭证的日期是否准确；经济业务的内容及其数量方面（包括实物数量、计量单位、单价、金额）是否与实际情况相符；等等。

(二) 审核原始凭证的合法性

所谓原始凭证的合法性，是指原始凭证所记载的经济业务是否合理合法，是否符合国家的有关政策、法令、规章和制度的有关规定，是否符合计划、预算的规定，有无违法乱纪的行为，有无弄虚作假、营私舞弊、伪造涂改凭证的现象，各项费用支出是否符合开支范围及开支标准的规定，是否符合增收节支、增产节约、提高经济效益的原则，有无铺张浪费的现象等。

(三) 审核原始凭证的合理性

审核原始凭证所记录经济业务是否符合单位生产经营活动的需要，是否符合有关的计划和预算等。

(四) 审核原始凭证的完整性

所谓审核原始凭证的完整性，是指审核原始凭证是否具备合法凭证所必需的基本内容，这些内容填写是否齐全，有无遗漏的项目；审核原始凭证的填制手续是否完备，有关单位和经办人员是否签章；是否经过主管人员审核批准；须经政府有关部门或领导批准的经济业务，审批手续是否按规定履行等。

(五) 审核原始凭证的正确性

所谓审核原始凭证的正确性,是指审核原始凭证的摘要是否填写清楚;日期是否真实;实物数量、单价及金额是否正确;小计、合计及数字大写和小写有无错误;审核凭证有无刮擦、挖补、涂改和伪造原始凭证等情况。

(六) 审核原始凭证的及时性

原始凭证的及时性是保证会计信息及时性的基础,要求在经济业务发生或完成时及时填制有关原始凭证,并及时传递凭证。

原始凭证的审核,是一项十分细致而又严肃的工作,必须按照制度要求,坚持原则,严格审核,以确保会计资料的真实、合法、准确和有效。企业应该针对自身特点,合理设置原始凭证审核的岗位,配备相应的人员。会计人员必须熟悉与各种经济业务有关的政策、法令、规章制度和计划、预算的规定,全面了解和掌握本单位业务经营情况,认真履行会计人员的职责。在审核过程中,如发现问题,按以下方法处理:

(1) 对内容不完整、手续不完备、数字不准确以及填写不清楚的原始凭证,应当退还给有关业务单位或个人,并令其补办手续或进行更正;

(2) 对于违反有关法令、规章制度、计划和预算的一切收支,会计人员有权拒绝付款和报销,并向本单位领导报告;

(3) 如果发现伪造或涂改凭证、弄虚作假、虚报冒领等严重违法乱纪行为,会计人员应扣留原始凭证,并及时向领导汇报,请求严肃处理。

任务 3　记账凭证

填制和审核
记账凭证

一、记账凭证的基本内容

记账凭证与原始凭证相比,格式较统一,但仍然有不同的格式,其主要作用都在于对原始凭证进行分类、整理,按照复式记账的要求,运用会计科目,编制会计分录,据以登记账簿。各种记账凭证必须具备以下基本内容:

(1) 填制凭证的日期,通常用年、月、日表示;
(2) 记账凭证的编号;
(3) 经济业务的内容摘要;
(4) 会计科目,经济业务应借、应贷会计科目(包括明细科目);
(5) 金额;
(6) 所附原始凭证的张数;
(7) 填制凭证人员、稽核人员、记账人员、会计机构负责人、会计主管人员签名或者盖章。

二、记账凭证的填制要求

(一) 记账凭证填制的基本要求

(1) 记账凭证各项内容必须完整。
(2) 记账凭证的书写应当清楚、规范。

（3）除结账和更正错账可以不附原始凭证外，其他记账凭证必须附原始凭证。

（4）记账凭证可以根据每一张原始凭证填制，或根据若干张同类原始凭证汇总填制，也可以根据原始凭证汇总表填制；但不得将不同内容和类别的原始凭证汇总填制在一张记账凭证上。

（5）记账凭证应连续编号。凭证应由主管该项业务的会计人员，按业务发生的顺序并按不同种类的记账凭证采用"字号编号法"连续编号。如果一笔经济业务需要填制两张以上（含两张）记账凭证的，可以采用"分数编号法"编号。

（6）填制记账凭证时若发生错误，应当重新填制。

（7）记账凭证填制完成后，如有空行，应当自金额栏最后一笔金额数字下的空行处至合计数上的空行处划线注销。

（二）记账凭证填制的具体要求

各种记账凭证都必须按照规定的格式和内容及时、正确地填制。填制时要求各类凭证统一格式，内容完整，科目运用正确，对应关系清晰，摘要简练，书写清晰工整。具体要求如下：

（1）准确填写记账凭证的日期。一般的记账凭证，应填写填制凭证当天的日期，但报销差旅费的记账凭证应填写报销当日的日期。库存现金收付款记账凭证应填写现金收付当日的日期。银行存款收付款业务的记账凭证应填写收到银行进账单或银行回执戳记日期，当实际收到进账单的日期与银行戳记日期相隔较远，或次月收到上月银行收付款凭证，可按财会人员实际办理转账业务日期填写。银行付款业务的记账凭证，一般以财会人员开出银行付款凭证的日期或承付的日期填写。财会人员自制的计提和分配费用等转账业务的记账凭证，应当填写当月最后一天的日期。

（2）正确核对记账凭证编号。记账凭证在一个月内应当连续编号，目的是分清记账凭证的先后顺序，便于登记账簿，也便于日后对账和查核，并防止散失。编号的方法，可以将全部记账凭证作为一类统一编号，每月从第一号记账凭证起，按经济业务发生的顺序，依次编号。也可以分别按库存现金收入、银行存款收入、库存现金付出、银行存款付出、转账业务分类编号。例如，现收字第×号，现付字第×号，银收字第×号，银付字第×号，转字第×号等。但无论按何种编号方法，均应分月按自然数1，2，3…顺序编号，不得跳号或重号。如果一笔经济业务需要编制多张记账凭证时，可采用"分数编号法"，并将原始凭证附在某一张记账凭证后，在未附原始凭证的记账凭证上注明"单据附在第×号记账凭证上"，前面的整数表示业务顺序，分数的分母表示本笔经济业务共编几张记账凭证，分数的分子表示是其第几张凭证。如一笔经济业务需要编制4张转账凭证，该笔业务的顺序号是40，则第一张的编号为"转字第$40\frac{1}{4}$号"，第二张的编号为"转字第$40\frac{2}{4}$号"，第三张的编号为"转字第$40\frac{3}{4}$号"，第四张的编号为"转字第$40\frac{4}{4}$号"。

此外，某些既涉及收款业务，又涉及转账业务的综合性业务，可分开填制不同类型的记账凭证。

（3）认真填写摘要。记账凭证的摘要栏既是对经济业务内容所做的简要说明，又是登记账簿的重要依据。因此，填写摘要时必须针对不同性质的经济业务的特点，考虑到登记账簿的需要，正确、认真地填写，不可漏填或错填。填写摘要时，一要认真准确，二要简明扼要，三要书写工整。

（4）一张记账凭证只能反映同一类的经济业务，以便使会计科目对应关系清晰明确。填写会计科目，应先写借方科目，后写贷方科目。

（5）会计科目、子目、细目必须按照会计制度统一规定的会计科目的全称填写，不得简化或只写科目的编号，不写科目的名称。

（6）金额栏数字的填写必须规范、准确，与所附原始凭证的金额相等。

（7）记账凭证应按行次逐项填写，不得跳行，如果在合计数与最后一笔数字之间有空行时，应在金额栏画斜线或"ㄣ"形线注销。

（8）记账凭证的附件张数必须注明，以便查核。如果原始凭证需另行保管时，则应在附件栏目内加以注明。

（9）记账凭证填写完毕，应进行复核和检查，并按借贷记账法的记账规则进行试算平衡，有关人员均要签名盖章。出纳人员根据收款凭证收款，或根据付款凭证付款时，要在凭证上加盖"收讫"或"付讫"的戳记，以免重收重付，防止差错。

温馨提示

各种货币资金之间相互划转的业务处理

对于现金和银行存款之间以及各种货币资金之间相互划转的业务，为了避免重复记账或漏记账，在实际工作中，可按以下方法填列：只填制一张付款凭证，不再填制收款凭证，记账时，根据"借方科目"和"贷方科目"分别登记入账。例如，以现金存入银行，根据该项经济业务的原始凭证，只填制一张现金付款凭证，不再填制银行存款收款凭证；相反，从银行提取现金时，根据有关原始凭证，只填制一张银行存款付款凭证，不再填制现金收款凭证。这种方法不仅可以减少记账凭证的编制数量，而且可以避免重复记账。

三、记账凭证填制示范

1. 收款凭证的填写

在借贷记账法下，收款凭证的设置科目是借方科目，在收款凭证左上方所列的"借方科目"应填列"库存现金"或"银行存款"科目；收款凭证上方的年、月、日应按编制凭证的日期填写；右上方为记账凭证编号，应按顺序编写，即：分别自"银收字第1号""现收字第1号"顺序编写，不得漏号、重号、错号，一般每月重编一次。"摘要栏"应填写经济业务内容的简要说明。在凭证内所反映的"贷方科目"应填写与收入库存现金和银行存款相对应的一级科目和二级明细科目。各贷方科目的金额应填入本科目同一行的"金额栏"中。"合计"行的金额表示借方科目"银行存款"或"库存现金"的金额。"过账栏"应注明记入分类账或日记账的页码，或以"√"代替，表示已经记账。附件张数应按独立的原始凭证计算填列，如图5-16所示。

2. 付款凭证的填写

在借贷记账法下，付款凭证的设置科目是贷方科目，在付款凭证左上方所列"贷方科目"应填列"库存现金"或"银行存款"科目；在付款凭证内所反映的借方科目，应填列与付出库存现金或银行存款相对应的一级科目和二级明细科目；其余各项目的填列方法与收款凭证基本相同，如图5-17所示。

收 款 凭 证

银收 字第 001 号

借方科目：银行存款　　　2023年12月01日

摘要	对方科目		借或贷	金额 千百十万千百十元角分	√
	总账科目	明细科目			
收到大明公司欠的货款	应收账款	大明公司	贷	5 0 0 0 0 0 0	
合　　计				￥5 0 0 0 0 0 0	

附单据 1 张

会计主管：　　记账：　　出纳：　　复核：　　制单：陈光　　收款人：

图 5-16　收款凭证的填写

付 款 凭 证

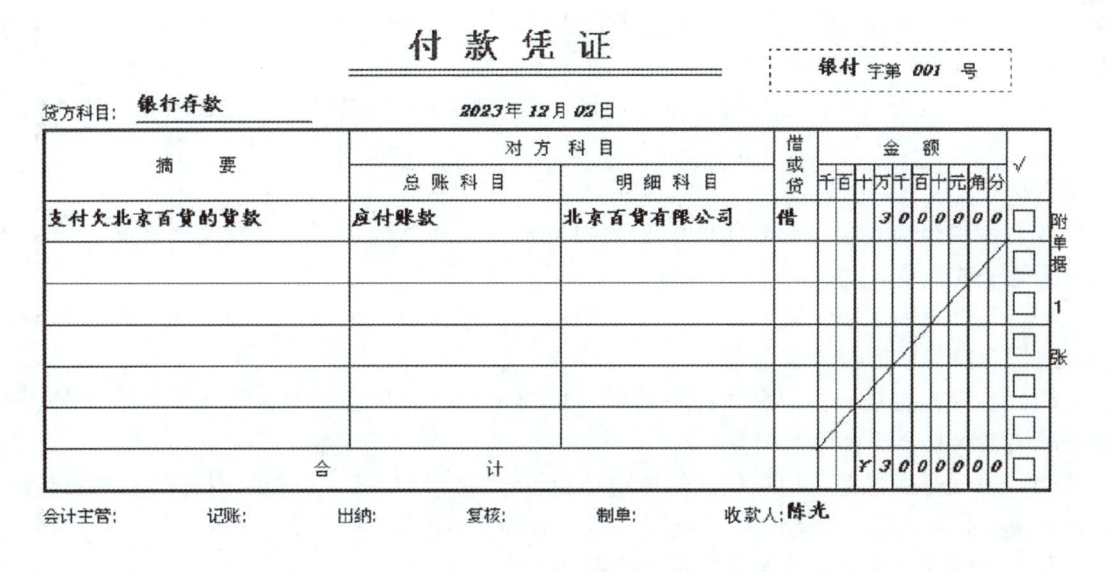

银付 字第 001 号

贷方科目：银行存款　　　2023年12月02日

摘要	对方科目		借或贷	金额 千百十万千百十元角分	√
	总账科目	明细科目			
支付欠北京百货的货款	应付账款	北京百货有限公司	借	3 0 0 0 0 0 0	
合　　计				￥3 0 0 0 0 0 0	

附单据 1 张

会计主管：　　记账：　　出纳：　　复核：　　制单：　　收款人：陈光

图 5-17　付款凭证的填写

3. 转账凭证的填写

在借贷记账法下，转账凭证将经济业务所涉及的会计科目全部填列在凭证内。会计科目栏应分别填列应借、应贷的一级科目和二级明细科目，借方科目在先，贷方科目在后。相应的金额栏内填列应借科目的"借方金额"和应贷科目的"贷方金额"。"借方金额"合计数与"贷方金额"合计数相等。其他有关各项目的填列方法与收、付款凭证基本相同，如图 5-18 所示。

四、记账凭证审核

为了正确登记账簿和监督经济业务，除了编制记账凭证的人员应当认真负责、正确填

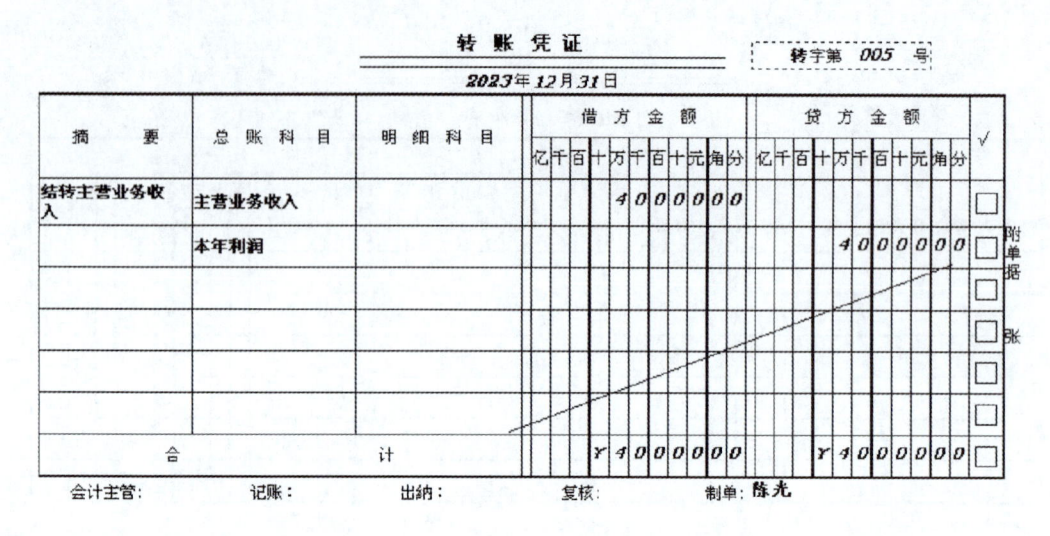

图 5-18 转账凭证的填写

制、加强自审以外，还应建立专人审核制度。因此，记账凭证填制后，在据以记账之前，必须由会计主管人员或其他指定人员对记账凭证进行严格审核。审核的主要内容包括以下几个方面：

（1）内容是否真实：是否附有原始凭证；所附原始凭证的张数与记账凭证中填列的附件张数是否相符；所附原始凭证记录的经济业务内容与记账凭证内容是否相符；二者金额合计是否相等。

（2）项目是否齐全：记账凭证中有关项目是否填列齐全，有关手续是否完备，有关人员是否签字或盖章。

（3）科目是否正确：记账凭证中所应用的会计科目是否正确，二级或明细科目是否齐全；科目对应关系是否清楚。

（4）金额是否正确：记账凭证中的借、贷方金额合计是否相等，一级科目金额是否与其所属明细科目金额合计数相等。

（5）书写是否规范：记账凭证的填制是否符合特定的要求，是否简明扼要，书写整洁。如摘要填写是否清楚，是否正确归纳了经济业务的实际内容。

（6）手续是否完备：有关人员的签章是否齐全。

在审核过程中，如果发现记账凭证填制有错误，或者不符合要求，则需要由填制人员重新填制，或按规定的方法进行更正。只有经过审核无误的记账凭证，才可以据以登记入账。

课堂实训 5-1：判断下列经济业务分别填写哪一类记账凭证。

（1）公司从供应商处购买原材料，以银行存款支付货款；

（2）以现金支付出差借款；

（3）从银行提取备用金；

（4）销售商品，货款暂欠；

（5）支付房屋租金；

（6）提取本月职工薪酬。

任务 4　会计凭证的传递和保管

一、会计凭证的传递

会计凭证的传递是指从会计凭证的取得或填制时起至归档保管过程中，在单位内部有关部门和人员之间的传送程序。

会计凭证的传递，应当满足内部控制制度的要求，使传递程序合理有效，同时尽量节约传递时间，减少传递的工作量。各单位应根据具体情况确定每一种会计凭证的传递程序和方法。

会计凭证的传递具体包括传递程序和传递时间。各单位应根据经济业务特点、内部机构设置、人员分工和管理要求，具体规定各种凭证的传递程序；根据有关部门和经办人员办理业务的情况，确定凭证的传递时间。

因此，要求会计凭证沿着最迅速、最合理的轨道传递，使会计凭证在传递过程中只经过必要的部门和人员，并明确规定凭证在每个部门和业务环节停留的最长时间，并指定专人负责按照规定的顺序和时间监督凭证传递，做到凭证传递满足需要，手续完备，层次清楚，责任明确，传递及时。

二、会计凭证的保管

会计凭证的保管是指会计凭证记账后的整理、装订、归档和存查工作。

会计凭证作为记账的依据，是重要的会计档案和经济资料。本单位以及其他有关单位，可能因为各种需要查阅会计凭证，特别是发生贪污、盗窃、违法乱纪行为时，会计凭证还是依法处理的有效证据。因此，任何单位在完成经济业务手续和记账后，必须将会计凭证按规定的立卷归档制度形成会计档案资料，妥善保管，防止丢失，不得任意销毁，以便日后随时查阅。

> 温馨提示
>
> **电子会计资料的要求**
>
> 电子会计资料可仅以电子形式归档保存，具体要求：
>
> 一是形成的电子会计资料来源真实有效，由计算机等电子设备形成和传输；
>
> 二是使用的会计核算系统能够准确、完整、有效接收和读取电子会计资料，能够输出符合国家标准归档格式的会计凭证、会计账簿、财务会计报表等会计资料，设定了经办、审核、审批等必要的审签程序；
>
> 三是使用的电子档案管理系统能够有效接收、管理、利用电子会计档案，符合电子档案的长期保管要求，并建立了电子会计档案与相关联的其他纸质会计档案的检索关系；
>
> 四是采取有效措施，防止电子会计档案被篡改；
>
> 五是建立电子会计档案备份制度，能够有效防范自然灾害、意外事故和人为破坏的影响；
>
> 六是形成的电子会计资料不属于具有永久保存价值或者其他重要保存价值的会计档案；
>
> 七是电子会计资料附有符合《中华人民共和国电子签名法》规定的电子签名。
>
> 以上要求中：第一、七项规定是确保电子会计档案的真实，第二、三、六项是确保电子

会计档案的准确、完整、可用，第四、五项规定是确保电子会计档案的安全。单位内部生成的电子会计资料仅以电子形式归档保存必须同时满足第一~六项规定；单位外部接收的电子会计资料仅以电子形式归档保存必须同时满足第一~七项规定。

会计档案的销毁

会计档案的销毁是会计档案管理的重要环节，其中鉴定销毁工作是档案销毁的前提和基础。2016年1月1日起施行的《会计档案管理办法》增加了鉴定销毁环节，要求"单位应当定期对已到保管期限的会计档案进行鉴定，并形成会计档案鉴定意见书。经鉴定，仍需继续保存的会计档案，应当重新划定保管期限；对保管期满，确无保存价值的会计档案，可以销毁。"

监销是保证销毁工作按照规定程序和要求进行的一项制度安排。《会计档案管理办法》进一步明确了单位内部组织监销的有关要求，即"单位档案管理机构负责组织会计档案销毁工作，并与会计管理机构共同派员监销。监销人在会计档案销毁前，应当按照会计档案销毁清册所列内容进行清点核对；在会计档案销毁后，应当在会计档案销毁清册上签名或盖章。"

为便于单位档案的统一管理，并结合会计档案的实际利用需求，将会计档案的定期保管期限由原3年、5年、10年、15年、25年五类调整为10年、30年两类，将原保管期限为3年、5年、10年的会计档案统一规定保管期限为10年，将保管期限为15年、25年的会计档案统一规定保管期限为30年。其中会计凭证、会计账簿等主要会计档案的最低保管期限已延长至30年，其他辅助会计资料的最低保管期限延长至10年。

按照《会计档案管理办法》的要求，对会计凭证的保管，既要做到会计凭证的安全和完整无缺，又要便于凭证的事后调阅和查找。保管要求主要有以下几个方面：

（1）会计凭证应定期装订成册，防止散失。会计部门在依据会计凭证记账以后，应定期（每天、每旬或每月）对各种会计凭证进行分类整理，将各种记账凭证按照编号顺序，连同所附的原始凭证一起加具封面和封底，装订成册，并在装订线上加贴封签，由装订人员在装订线封签处签名或盖章。

从外单位取得的原始凭证遗失时，应取得原签发单位盖有公章的证明，并注明原始凭证的号码、金额、内容等，由经办单位会计机构负责人（会计主管人员）和单位负责人批准后，才能代作原始凭证。若确实无法取得证明的，如车票丢失，则应由当事人写明详细情况，由经办单位会计机构负责人（会计主管人员）和单位负责人批准后，代作原始凭证。

（2）会计凭证封面应注明单位名称、凭证种类、凭证张数、起止号数、年度、月份、会计主管人员和装订人员等有关事项，会计主管人员和保管人员应在封面上签章。

（3）会计凭证应加贴封条，防止抽换凭证。原始凭证不得外借，其他单位如有特殊原因确实需要使用时，经本单位会计机构负责人（会计主管人员）批准，可以复制。向外单位提供的原始凭证复制件，应在专设的登记簿上登记，并由提供人员和收取人员共同签名、盖章。

（4）原始凭证较多时，可单独装订，但应在凭证封面注明所属记账凭证的日期、编号和种类，同时在所属的记账凭证上应注明"附件另订"及原始凭证的名称和编号，以便查阅。对各种重要的原始凭证，如押金收据、提货单等，以及各种需要随时查阅和退回的单据，应另编目录，单独保管，并在有关的记账凭证和原始凭证上分别注明日期和编号。其样式如图5-19所示。

年月份第册	（企业名称） 年 月份 共 册第 册
	收款 付款 凭证 第 号至第 号共 张 转账
	附原始凭证共 张
	会计主管（签章） 保管（签章）

图 5-19 会计凭证封面

（5）每年装订成册的会计凭证，在年度终了时可暂由单位会计机构保管一年，期满后应当移交本单位档案机构统一保管；未设立档案机构的，应当在会计机构内部指定专人保管。出纳人员不得兼管会计档案。

（6）严格遵守会计凭证的保管期限要求，期满前不得任意销毁。

知识链接 5-2

会计凭证的装订方法

会计凭证装订的范围：原始凭证、记账凭证、科目汇总表、银行对账单，等等。科目汇总表的工作底稿也可以装订在内，作为科目汇总表的附件。使用计算机的企业，还应将转账凭证清单等装订在内。

一、会计凭证装订前的准备及工作要求

（一）工具、原料准备

锥子、专门用于装订凭证的针（回形针、大头针）、线、胶水、对角纸（会计装订专用的）。

（二）会计装订工作要求

（1）分类整理，按顺序排列，检查日数、编号是否齐全；

（2）按凭证汇总日期归集（如按上、中、下旬汇总归集）确定装订成册的本数；

（3）摘除凭证内的金属物（如订书钉、大头针、回形针），对大的张页或附件要折叠成同记账凭证大小，且要避开装订线，以便翻阅保持数字完整；

（4）整理检查凭证顺序号，如有颠倒要重新排列，发现缺号要查明原因。再检查附件有否漏缺，领料单、入库单、工资、奖金发放单是否随附齐全；

（5）记账凭证上有关人员（如财务主管、复核、记账、制单等）的印章是否齐全。

二、会计凭证装订的方法

（1）将凭证封面和封底裁开，分别附在凭证前面和后面，再拿一张质地相同的纸（可以再找一张凭证封皮，裁下一半用，另一半为订下一本凭证备用）放在封面上角，做护角线。

（2）在凭证的左上角画一边长为5厘米的等腰三角形，用夹子夹住，用装订机在底线上分布均匀地打两个眼儿。

（3）用大针引线绳穿过两个眼儿。如果没有针，可以将回形别针顺直，然后将两端折向同一个方向，将线绳从中间穿过并夹紧，即可把线引过来，因为一般装订机打出的眼儿是可以穿过的。

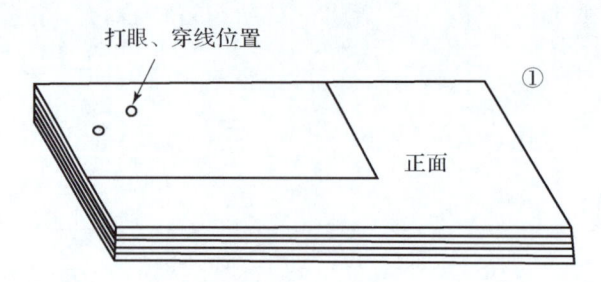

（4）在凭证的背面打线结。线绳最好在凭证中端系上。

（5）将护角向左上侧折，并将一侧剪开至凭证的左上角，然后抹上胶水。

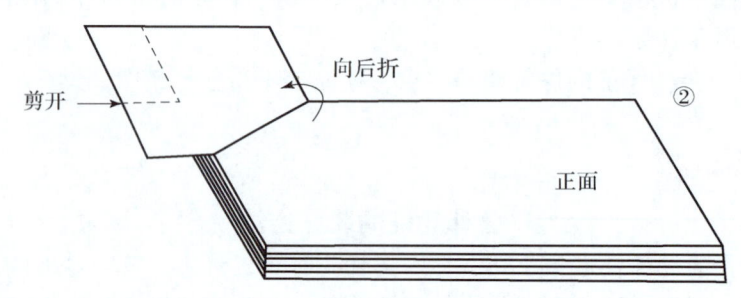

（6）向后折叠，并将侧面和背面的线绳扣粘死。

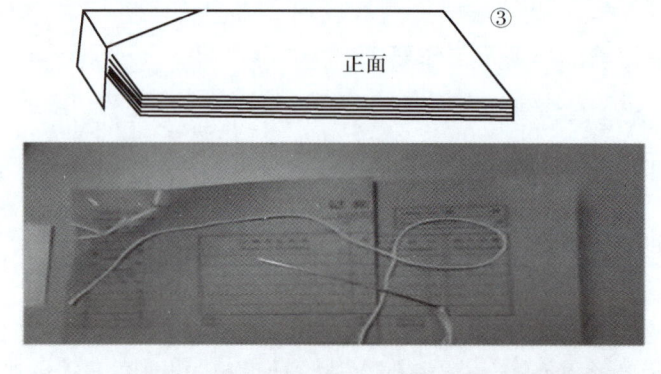

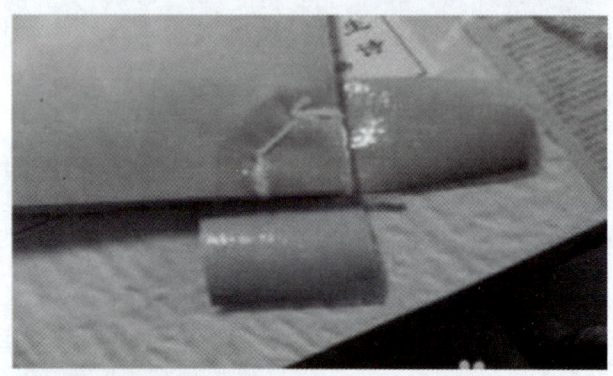

刷胶水，刷满。胶棒的效果不是很好，最好用胶水，平面和凭证的侧面也要刷满胶水。这样粘得结实

（7）待晾干后，在凭证本的脊背上面写上"某年某月第几册共几册的字样"。装订人在装订线封签处签名或者盖章。现金凭证、银行凭证和转账凭证最好依次顺序编号，一个月从头编一次序号，如果单位的凭证少，可以全年顺序编号。只有掌握了会计凭证装订方法，才能更好地提高工作效率。

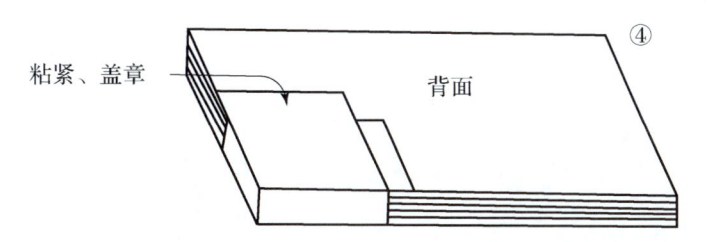

（8）装订凭证厚度一般1.5厘米，方可保证装订牢固，美观大方。

三、会计凭证装订后的注意事项

（1）每本封面上填写好凭证种类、起止号码、凭证张数、会计主管人员和装订人员签章；

（2）在封面上编好卷号，按编号顺序入柜，并要在明显处标明凭证种类编号，以便于调阅。

一体化训练

模块 6

登记会计账簿

知识框架

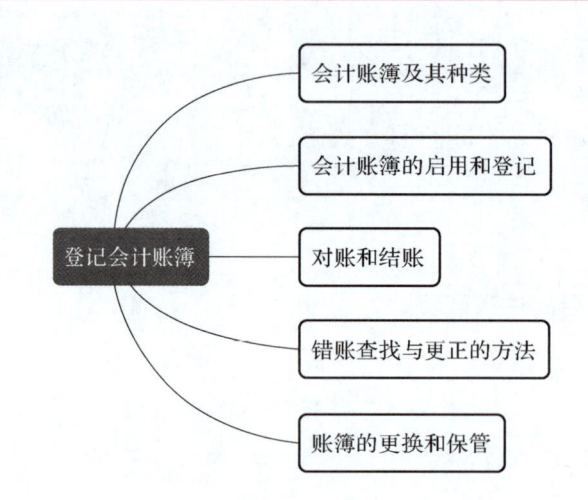

```
                    ┌─ 会计账簿及其种类
                    │
                    ├─ 会计账簿的启用和登记
                    │
      登记会计账簿 ──┼─ 对账和结账
                    │
                    ├─ 错账查找与更正的方法
                    │
                    └─ 账簿的更换和保管
```

学习目标

知识目标

1. 了解会计账簿的概念与种类
2. 理解会计账簿的登记要求
3. 掌握日记账、总分类账及明细分类账的启用和登记方法
4. 理解总分类账与明细分类账平行登记的要点
5. 掌握对账与结账的方法
6. 掌握错账查找与更正的方法
7. 了解会计账簿的更换与保管

能力目标

1. 能够正确设置和启用各类会计账簿
2. 能够熟练规范地登记日记账、总分类账和明细分类账
3. 能够正确进行对账和结账工作
4. 能够进行错账的查找与更正

素养目标

1. 通过建立会计账簿体系，养成数智化思维"总体"意识
2. 通过学习过账、对账、结账，具备劳动精神、敬业精神、工匠精神和全面客观的职业态度
3. 通过学习错账查找，树立法纪意识、诚信意识和有错必究的职业态度

> **导入案例**

刘先生最近注册成立了一家贸易公司，因为公司注册资金少，规模小，成立初期业务又不多，所以刘先生自己临时兼任出纳。由于他所学财会知识有限，对会计业务不是特别熟悉，记账中时时出现差错。为此他购买了一本活页式账簿，前半部分记现金收支，后半部分记银行存款收支，当出现差错时，就把有差错的账页重新抄写后换掉，这样即使有差错，也不会在账簿中出现。

本模块介绍会计账簿的启用、登记，对账、结账以及错账更正方法等知识，并帮助你认识刘先生上述做法的错误之处。

任务1 会计账簿及其种类

一、会计账簿及其作用

会计凭证和会计账簿都是记录经济业务的，但会计凭证数量多、资料分散，每张凭证只能记载个别经济业务，不能把会计主体某一期间发生的经济业务全面、连续、分类地反映出来。同时会计凭证过于分散，不便于查找。为了把单位在一定时期内发生的某类和全部经济业务进行连续、系统、完整地反映和监督，就需要把会计凭证所反映的大量、分散的会计核算资料加以归类和整理，这个归类和整理会计核算资料的工具就是会计账簿。

会计账簿又称"账簿"或"账册"，是指由一定格式的账页组成的，以经过审核的会计凭证为依据，全面、系统、连续地记录各项经济业务的簿籍。

在整个会计核算体系中，账簿处于中间环节，对于会计凭证和会计报表具有承前启后的作用。会计凭证所记载的经济业务，需要通过账簿加以归类整理，而会计报表所提供的各项指标，需要依据账簿记录才能填列，会计账簿记录是编制会计报表的直接依据。所以，科学地设置和正确地登记账簿，对于完成会计工作目标有着重要作用。

（1）通过账簿的设置和登记，记载和储存会计信息。

将会计凭证所反映的经济业务一一记入有关账簿，可以全面反映企业会计要素在一定时期内所发生的增减变动情况，储存所需要的各种会计信息。

（2）通过账簿的设置和登记，分类和汇总会计信息。

账簿是由相互关联的不同账户所构成的。通过账簿记录，一方面可以分门别类地反映各项经济业务，提供一定时期内会计要素的详细情况；另一方面可以通过发生额和余额的计算，提供各方面所需要的总括会计信息和明细会计信息。

(3) 通过账簿的设置和登记，检查和校正会计信息。

账簿记录是对会计凭证信息的进一步整理。如在永续盘存制下，通过有关盘存账户余额与实际盘点或核查结果的核对，可以确认财产的盘盈或盘亏，并根据实际结存数额调整账簿记录，做到账实相符，提供真实、可靠的会计信息。

(4) 通过账簿的设置和登记，据以编报和输出会计信息。

账簿可以为编制会计报表提供数据资料。企业定期编制会计报表的主要依据来自账簿记录。会计报表项目是否真实、编制能否及时，都与账簿设置和登记的质量有密切关系。

二、会计账簿的基本内容

不同类别的会计账簿的格式也不尽相同，但一般都应具备以下基本内容：

(一) 封面

封面主要用来标明会计账簿的名称，如总分类账、库存现金日记账、应收账款明细账等。

(二) 扉页

扉页主要用来填列会计账簿的使用信息，主要包括"账簿启用及经管人员一览表"（见表6-1）及"账户目录表"（见表6-2）。其主要内容包括：单位名称、账簿名称、页数、启用日期、经管人员（包括单位负责人、会计主管人员、复核与记账）姓名和签章、接交记录；账户目录。

表6-1 账簿启用及经管人员一览表

机构名称				印 鉴	
财簿名称		（第　　册）			
财簿编号					
财簿页数	本账簿共计　　页（本账簿页数　检点人盖章　　）				
启用日期	公元　　年　　月　　日				

经管人员	负责人		主办会计		复核		记账	
	姓名	盖章	姓名	盖章	姓名	盖章	姓名	盖章

接交记录	经管人员		接管			交出		
	职别	姓名	年	月	日	盖章	年	月	日	盖章

备注	

表 6-2 账户目录表

编号	账户名称	起讫页数	编号	账户名称	起讫页数

（三）账页

账页因其反映的经济业务不同，格式也不同，但一般应包括以下主要内容：账户名称（总账科目、二级科目或明细科目）、日期栏、凭证种类和号栏、摘要栏、金额栏、页次栏。

知识链接 6-1

会计账簿与账户的关系

账簿与账户的关系是形式和内容的关系。账簿是由若干账页组成的一个整体，账簿中的每一账页就是账户的具体存在形式和载体，没有账簿，账户就无法存在；账簿序时、分类地记录经济业务，是在各个具体的账户中完成的。因此，账簿只是一个外在形式，账户才是它的实质内容。

三、会计账簿的种类

每个单位所设置的账簿多种多样，功能各异，结构不同。为便于了解和更好地运用各种账簿，应按不同的标准进行分类。

（一）按用途分类

会计账簿按其用途，分为序时账簿、分类账簿和备查账簿。

1. 序时账簿

序时账簿，又称日记账，是对各项经济业务按其发生的时间顺序，逐日逐笔进行及时登记的账簿。序时账簿按其所记录的内容不同，分为普通日记账和特种日记账。

（1）普通日记账，是根据各种经济业务取得的原始凭证，直接以会计分录的格式进行序时登记的账簿。普通日记账具有会计凭证的作用，它是过入分类账的依据。因此，普通日记账也称分录簿。又由于只有"借方、贷方"两个金额栏，也称为两栏式日记账。在会计实务中，由于要登记全部经济业务，工作量较大，也不利于记账分工，因此在手工记账下普通日记账已很少采用。

（2）特种日记账，是专门登记某一类经济业务的日记账。它是在普通日记账的基础上发展而来的，如库存现金日记账、银行存款日记账、购货日记账、销货日记账等。在会计实务中，通常只对库存现金和银行存款设置日记账进行序时核算，以加强对货币资金的管理，库存现金日记账格式如表 6-3 所示。

表 6-3　库存现金日记账

20××年		凭证		摘要	对方科目	借方	√	贷方	√	余额
月	日	种类	号数							

2. 分类账簿

分类账簿是对各项经济业务进行分类登记的账簿。分类账簿按其反映内容的详细程度不同，又分为总分类账簿和明细分类账簿。

（1）总分类账簿，又称总账，是根据总分类科目开设的账户，用来分类登记全部经济业务，提供总括核算资料的分类账簿。

（2）明细分类账簿，又称明细账，是根据总分类科目设置，并按其所属二级科目或明细科目开设的账户，用来登记某一类经济业务，提供明细核算资料的分类账簿。

在实际工作中，经济业务比较简单、总分类科目为数不多的单位，为了简化记账工作，可以设置兼有序时账簿和分类账簿作用的联合账簿。日记总账就是典型的联合账簿。

3. 备查账簿

备查账簿，又称辅助登记簿或补充登记簿，是指对某些在序时账簿和分类账簿中未能记载或记载不全的经济业务进行补充登记的账簿，如租入固定资产登记簿（格式见表 6-4）、受托加工材料登记簿、代销商品登记簿、经济合同执行情况登记簿等。备查账簿只是对其他账簿记录的一种补充，与其他账簿之间不存在严密的依存和勾稽关系，也没有固定的格式要求。每个单位可根据实际需要确定是否设置备查账簿。

表 6-4　租入固定资产登记簿

固定资产名称及规格	租约号码	租出单位	租入单位	月租金	使用部门		归还日期	备注
					日期	单位		

(二) 按账页格式分类

会计账簿按账页格式，可分为两栏式账簿、三栏式账簿、数量金额式账簿、多栏式账簿和横线登记式账簿等。

1. 两栏式账簿

两栏式账簿是指只有借方和贷方两个金额栏目的账簿，如普通日记账等。

2. 三栏式账簿

三栏式账簿是由设置"借方、贷方、余额"三个金额栏的账页组成的账簿。三栏式账簿的账页格式是最基本的账页格式，其他账页格式都是据此增减栏目而来。三栏式账簿广泛用于各类总账、明细账。总账格式如表 6-5 所示。

表 6-5 总账

| 20××年 || 凭证 || 摘要 | 借方 | √ | 贷方 | √ | 借或贷 | 余额 |
月	日	种类	号数							

3. 数量金额式账簿

数量金额式账簿是指在"收入、发出、结存"三大栏的各栏内，分别设置由"数量、单价、金额"等小栏目的账页组成的账簿，数量金额式账簿主要用于存货等需要分别核算数量和金额的账户。

4. 多栏式账簿

多栏式账簿是在借方或贷方金额栏内再设置多个金额栏的账页组成的账簿，主要用于收入、费用、利润等需要在借方或贷方设置若干专栏的账户。

5. 横线登记式账簿

横线登记式账簿，又称平行式账簿，是在账页的同一横行内登记同一项经济业务的来龙与去脉的账簿。一般适用于登记材料采购业务，要求按每笔金额结算的应收、应付款项的明细核算以及一次性备用金业务核算。

(三) 按外形特征分类

会计账簿按外形特征，分为订本式账簿、活页式账簿和卡片式账簿。

1. 订本式账簿

订本式账簿是将印有顺序编号的若干账页固定装订成册的账簿。其优点是可以防止账页散失和账页被抽换，比较安全。缺点是由于账页已被固定装订，不能随实际业务需要而增减。所以，必须为每一账户预留若干空白账页，如预留账页不够用则会影响账户的连续记录，预留账页过多又会造成浪费。并且同一本账在同一时间只能由一人登记，因而不便于分工记账。订本式账簿一般用于具有统驭性的和重要的账簿，如总分类账、现金日记账和银行存款日记账等。

2. 活页式账簿

活页式账簿是将若干零散账页暂时装订在活页账夹内的账簿。其优点是可以根据实际业务需要增减账页，使用灵活，并便于分工记账。缺点是账页容易散失和被抽换。所以，在采用活页账时，必须将空白账页连续编写分号；会计期末，加写目录并按实际使用的账页连续编写总号，固定装订成册后归档保管。活页式账簿一般适用于各种明细账。

3. 卡片式账簿

卡片式账簿是由具有不同于一般账页格式的卡线表格式的账页所组成的账簿。卡片账一般是由分散的卡片所组成，每一卡片用正面和背面两种不同的格式，来记录同一项财产物资的使用等情况。在使用中可不加装订，而存放在卡片盒或卡片夹中。使用时可以随时取放，实际上它是一种特殊的活页账。卡片账除了具有一般活页账的特点外，还可以跨年度使用，不需要每年更换新账。卡片账多用于记录内容比较复杂的财产明细账，如固定资产卡片账、低值易耗品卡片账等。固定资产卡片如表6-6所示。

表6-6 固定资产卡片　　　　　　　　　第　　号

资产类别		制造厂名			资金来源		
编号		出厂编号			使用状态		
名称		出厂日期			安装时间		
型号		使用部门			开始使用时间		
技术特征		存放地点			建卡日期		
项目	金额	折旧记录					
重置完全价值		年份	年折旧额	累计折旧额	年份	年折旧额	累计折旧额
改装或配置价值							
清理费用							
使用年限							
已使用年限							
尚可使用年限							
		原值变动记录					
		变动日期	增加	减少	变动记录	变动原因	
年基本折旧率	%						
年基本折旧率	%						

账户按不同标准分类如图 6-1 所示。

```
                    ┌─ 序时账簿：库存现金日记账、银行存款日记账
          按用途分类 ┤   分类账簿：总分类账、明细分类账
          │         └─ 备查账簿：租入固定资产登记簿等
          │         ┌─ 两栏式账簿：普通日记账
          │         │  三栏式账簿：总账，资本、债权、债务明细账
账簿的种类 ┤ 按账页格式┤  数量金额式账簿：原材料、库存商品等存货明细账
          │         │  多栏式账簿：收入、成本、费用明细账
          │         └─ 横线登记式账簿：材料采购、应收票据等明细账
          │         ┌─ 订本式账簿：总分类账、库存现金、银行存款日记账
          └按外形特征┤  活页式账簿：各种明细账
                    └─ 卡片式账簿：固定资产明细账
```

图 6-1 账簿的分类（综合）

知识链接 6-2

账簿设立的有关规定

（1）从事生产、经营的纳税人应当在领取营业执照之日起十五日内按照规定设置总账、明细账、日记账以及其他辅助性账簿，其中总账、日记账必须采用订本式。

生产经营规模小又确无建账能力的纳税人，可以聘请经批准从事会计代理记账业务的专业机构或者经税务机关认可的财会人员代为建账和办理账务；聘请上述机构或者人员有实际困难的，经县以上税务机关批准，可以按照税务机关的规定，建立收支凭证粘贴簿、进货销货登记簿或者使用税控装置。

（2）扣缴义务人应当自税收法律、行政法规规定的扣缴义务发生之日起十日内，按照所代扣、代收的税种，分别设置代扣代缴、代收代缴税款账簿。

纳税人、扣缴义务人采用电子计算机记账的，对于会计制度健全，能够通过电子计算机正确、完整地计算其收入、所得的，其电子计算机储存和输出的会计记录，可视同会计账簿，但应按期打印书面记录并完整保存；对于会计制度不健全，不能通过电子计算机正确、完整地反映收入、所得的，应当建立总账和与纳税或者代扣代缴、代收代缴税款有关的其他账簿。

（3）从事生产、经营的纳税人应当自领取税务登记证件之日起十五日内，将其财务、会计制度或者财务、会计处理办法报送主管税务机关备案。纳税人、扣缴义务人采用计算机记账的，应当在使用前将其记账软件、程序和使用说明书及有关资料报送主管税务机关备案。

任务 2　会计账簿的启用和登记

一、会计账簿的启用

为了保证账簿的合规性和账簿资料的完整性，明确记账责任，各科账簿的登记都要有专人负责，在账簿启用时，由相关负责人员履行账簿启用手续。

会计账簿的登记

（1）启用账簿时，应当在账簿封面上写明单位名称和账簿名称，并在账簿扉页上填列"账簿启用和经管人员一览表"（见表6-1），详细填写有关项目后加盖单位公章，并由会计主管人员和记账人员签章。同时，按"会计科目表"的科目排列顺序填写"账户目录"（见表6-2）。

（2）启用订本式账簿应当从第一页到最后一页顺序编定页数，不得跳页、缺号。使用活页式账簿应当按账户顺序编号，并须定期装订成册，装订后再按实际使用的账页顺序编定页码，另加目录以便于记明每个账户的名称和页次。

（3）更换记账人员时，应在会计主管的监督下办理交接手续，并在交接记录内填写有关项目后，由交接双方和会计主管签章。

二、会计账簿的登记要求

1. 账簿记录准确完整

登记会计账簿必须以审核无误的会计凭证为依据，将会计凭证的日期、编号、业务内容摘要、金额和其他有关资料逐项记入账簿中，做到数字准确、摘要简明、登记及内容字迹工整。对于每天发生的各种各样的经济业务都要登记入账，确保账簿记录准确完整。

知识链接6-3

账簿记录中日期的填写

企业发生的每一笔经济业务，都要根据会计账簿的记账要求，记入有关的总账，如果该项业务需进行明细核算，还要记入该总账所属的明细账。账簿记录中的日期，应该是交易或事项实际发生的日期，也应是记账凭证上的填写日期；以自制原始凭证如收料单、领料单等作为记账依据的，账簿记录中的日期应按有关自制凭证上的日期填列。登记账簿要及时，但对各种账簿的登记间隔时间应该多长，一般说来，由本单位所采用的具体账务处理程序而定。

2. 注明记账符号

登账后，要在记账凭证上签名或者盖章，并注明所记账簿的页数，或打"√"，表示已经登记入账，以避免重记或漏记。

3. 文字和数字书写规范整洁，准确无误

账簿中书写的文字和数字上面要留有适当空格，不要写满格，一般应占格距的1/2，便于发生错账时进行更正。账簿要保持整洁、清晰，记账的文字和数字要端正，文字和数字书写既要准确无误，又要符合规范。

记录金额时，如为没有角分的整数，应分别在角分栏内写上"0"，不得省略不写，或以"—"号代替。阿拉伯数字一般可自左向右适当倾斜，以使账簿记录整齐、清晰。为防止字迹模糊，墨迹未干时不要翻动账页；夏天记账时，可在手臂下垫一块软质布或纸板等书写，以防汗浸。

4. 记账采用蓝、黑墨水或碳素墨水

登记账簿要用蓝、黑墨水或者碳素墨水书写，不得使用铅笔或圆珠笔（银行的复写账

页除外）。在会计的记账书写中，数字的颜色是重要的语素之一，它同数字和文字一起传递出会计信息，书写墨水的颜色用错了，导致的概念混乱不亚于数字和文字错误。

5. 特殊记账使用红墨水

在账簿记录中，红字表示对蓝色或黑色数字的冲销、减少或者表示负数。下列几种情况，可以用红色墨水记账：

(1) 按照红字冲账的记账凭证，冲销错误记录。
(2) 在不设借贷等栏的多栏式账页中，登记减少数。
(3) 在三栏式账户的余额栏前，如未印明余额方向的，在余额栏内登记负数余额。
(4) 根据国家统一会计制度的规定可以用红字登记的其他会计记录。

6. 序时连续登记

各种账簿应按页次序时连续登记，不得跳行、隔页。如发生跳行、隔页，应在空行、空页处用红色墨水对角划线，或者注明"此行空白""此页空白"字样，并由记账人员签名或者盖章。

7. 结出余额

凡需要给出余额的账户，结出余额后，应当在"借或贷"栏内写明"借"或者"贷"等字样，表明余额的方向。没有余额的账户，应当在"借或贷"栏内写"平"字，并在"余额栏"内用"0"表示。库存现金日记账和银行存款日记账必须逐日逐笔结出余额。

8. 过次页和承前页

每一账页登记完毕结转下页时，应当结出本页合计数及余额，写在本页最后一行和下页第一行有关栏内，并在摘要栏内分别注明"过次页"和"承前页"字样；也可以将本页合计数及金额只写在下页第一行有关栏内，并在摘要栏内注明"承前页"字样。不需要加计发生额的账户，只把余额转入次页，并在摘要栏内注明"承前页"。

9. 账簿记录发生错误应按规定更正

账簿记录发生错误，不准涂改、挖补、刮擦或者用药水消除字迹，不准重新抄写，应根据错误的具体情况，采用正确的方法予以更正。具体更正方法见本模块任务4。

三、日记账的格式和登记方法

为了加强对货币资金的管理，各单位一般应设置库存现金日记账和银行存款日记账等特种日记账，以序时地反映其收入、支出和每日的结存情况。有外币业务的企业，应分别设置人民币和各种外币日记账。

（一）库存现金日记账的格式与登记方法

库存现金日记账是用来核算和监督库存现金日常收、付和结存情况的序时账簿。库存现金日记账可按照库存现金管理部门或管理人员设置，一个出纳一本账。

1. 库存现金日记账的格式

其格式主要有三栏式和多栏式两种，库存现金日记账必须使用订本账。

(1) 三栏式库存现金日记账。

三栏式库存现金日记账是用来登记库存现金的增减变动及其结果的日记账。设借方、贷方和余额三个金额栏目，一般将其分别称为收入、支出和结余三个基本栏目。为了清晰地反映收付款业务的对应关系，在金额栏前可设"对方科目"栏。

(2) 多栏式库存现金日记账。

多栏式库存现金日记账是在三栏式库存现金日记账基础上发展起来的。这种日记账的借方（收入）和贷方（支出）金额栏都按对方科目设专栏，也就是按收入的来源和支出的用途设专栏。这种格式在月末结账时，可以结出各收入来源专栏和支出用途专栏的合计数，便于对现金收支的合理性、合法性进行审核分析，便于检查财务收支计划的执行情况，其全月发生额还可以作为登记总账的依据。多栏式日记账既能全面、清晰地反映库存现金或银行存款收入与支出的来龙去脉，又能简化总账的登记工作，其格式如表6-7所示。

表6-7 库存现金日记账（多栏式）

20××年		凭证		摘要	收入（应贷以下科目）		收入合计	支出（应借以下科目）		支出合计	余额
月	日	种类	号数								

2. **库存现金日记账的登记方法**

库存现金日记账是由出纳人员根据库存现金收款凭证、库存现金付款凭证以及银行存款的付款凭证，按照库存现金收、付款业务和银行存款付款业务发生时间的先后顺序逐日逐笔登记。登记库存现金日记账要做到日清月结，即每日业务终了，必须结出当天余额（可以在本日结束后计算填列结出余额，也可以在每笔经济业务登账后直接结出余额），并与库存现金实存数相核对；每月业务终了，要将其月末余额与现金总账的月末余额相核对。以表6-3三栏式库存现金日记账为例，具体登记方法如下：

(1) 日期栏，指填制记账凭证的日期，应按库存现金实际收付的日期填写。

(2) 凭证号数栏，指登记入账的收付款凭证的种类及号数，如"现金收款凭证"简写为"现收"，"现金付款凭证"简写为"现付"，"银行存款付款凭证"简写为"银付"；同时填写登记入账的凭证编号，以便于查账，对账。

(3) 摘要栏，简要说明登记入账的经济业务的内容。

(4) 对方科目栏，指现金收入的来源科目或现金支出的用途科目，如将现金存入银行业务，其对方科目为"银行存款"，通过该栏目可以了解现金收付业务的来龙去脉。

(5) 收入（借方）栏，根据现金收款凭证和有关的银行存款付款凭证登记现金收入栏。

(6）支出（贷方）栏，根据现金付款凭证登记现金支出栏。

(7）余额栏，每日收付完毕后，应分别计算现金收入和支出的合计数，根据"上日余额＋本日收入－本日支出＝本日余额"的公式，逐日结出现金账面余额，并将现金日记账的账面余额与库存现金实存数核对，以检查每日现金收付是否有误，即通常说的"日清"。如账款不符，应查明原因，报请领导批准及时处理。月终，计算当月现金收入、支出和结存的合计数，即通常说的"月结"。

库存现金日记账每张账页最后一行在摘要栏内注明"过次页"，并填列本月发生额合计数和余额。

（二）银行存款日记账的格式与登记方法

银行存款日记账是用来核算和监督银行存款每日的收入、支出和结余情况的账簿。银行存款日记账应按企业在银行开立的账户和币种分别设置，每个银行账户设置一本日记账。

1. 银行存款日记账的格式

其格式与库存现金日记账的格式基本相同，通常采用借方、贷方和余额三栏式。银行存款日记账在"摘要"栏后还可设"结算凭证种类号数"栏，以便与开户银行对账。其格式如表6-8所示。

表6-8　银行存款日记账

20××年		凭证		摘要	结算凭证		对方科目	借方	√	贷方	√	余额
月	日	种类	号数		种类	号数						

2. 银行存款日记账的登记方法

银行存款日记账是根据银行存款收款凭证、银行存款付款凭证以及将现金存入银行的现金付款凭证登记的。登记方法与库存现金日记账基本相同，但对于结算凭证编号栏中的结算凭证种类，应根据收付款凭证所附的银行结算凭证登记，并可以简写为"现支"（现金支票）、"转支"（转账支票）、"信汇"（信汇凭证）、"现存"（现金存款单）、"进账单"（转账存款的进账单）、"委收"（委托银行收款）等。结算凭证号数可根据银行结算凭证的编号登记。每月业务终了，不仅要将其月末余额与开户银行对账单的月末余额相核对，还要与银行存款总账的月末余额相核对。银行存款日记账的登记方法与库存现金日记账的登记方法基本相同，如表6-9所示。

表 6-9 银行存款日记账

银行存款日记账

第 23 页

开户行 交通银行北京：
账 号 0200001009

2023年		凭证		支票		摘要	借方	核对	贷方	核对	余额
月	日	种类	号数	类别	号数		百十万千百十元角分		百十万千百十元角分		百十万千百十元角分
						承前页	3086 5 7 1 8 3		3155 7 0 1 1 1		1650 0 0 0 0
12	01	银付	001			提取现金备用			1000 0 0		1640 0 0 0 0
12	01	银收	001			收到前欠货款	6000 0 0				1700 0 0 0 0
12	02	银收	002			取得短期借款	1 0000 0 0 0				2700 0 0 0 0
12	04	银付	002			购买电脑			4500 0 0		2655 0 0 0 0
12	07	银付	003			购入原材料			2696 0 0 1		2385 3 9 9 9
12	08	银付	004			支付前欠货款			1200 0 0 0		2265 3 9 9 9
12	09	银付	005			购买专利权			2000 0 0 0		2065 3 9 9 9
12	11	银付	007			交纳上月应交增值税和城建税			1530 1 0 0		1912 3 8 9 9
12	15	银收	005			收到前欠货款	2000 0 0				1932 3 8 9 9
12	15	银付	008			提取现金备发工资			9000 0 0		1032 3 8 9 9
12	17	银付	010			购入原材料，验收入库			7020 0 0 0		330 3 8 9 9
12	19	银付	012			销售科购汽油			220 0 0		308 3 8 9 9
12	19	银收	006			销售产品，款已收	4680 0 0 0				776 3 8 9 9
12	20	银付	013			归还短期借款本息			4223 0 0 0		354 0 8 9 9
12	23	银付	014			支付广告费			240 0 0		330 0 8 9 9
12	28	银收	007			销售产品，款已收	2340 0 0 0				564 0 8 9 9
12	30	现付	015			将现金存入银行	20 6 5 3				566 1 5 5 2
						过次页	3264 9 7 8 3 6		3442 4 9 2 1 2		566 1 5 5 2

四、分类账的格式和登记方法

（一）总分类账的格式和登记方法

1. 总分类账的格式

总分类账是指按照总分类账户分类登记以提供总括会计信息的账簿。为了全面、总括地反映经济活动和财务收支情况，并为编制会计报表提供资料，各单位都要设置总分类账。按照会计科目的编号顺序设立账户，并适当估计本年度内各种经济业务的发生笔数，为每个账户预留若干账页。总分类账最常用的格式为三栏式，设有借方、贷方和余额三个金额栏目。

2. 总分类账的登记方法

总分类账由总账会计负责登记，其登记依据和方法取决于所采用的记账程序，分别依据记账凭证、汇总记账凭证或科目汇总表编制。

经济业务少的小型单位的总分类账可以根据记账凭证逐笔登记；经济业务多的大中型单位的总分类账可以根据科目汇总表或汇总记账凭证等定期登记。

（1）采用记账凭证账务处理程序的单位，应根据记账凭证和本单位业务量的多少每三天或五天或十天登记一次。

（2）采用科目汇总表账务处理程序的单位，应根据定期汇总的科目汇总表随时登记。

（3）采用汇总记账凭证账务处理程序的单位，应根据汇总收款凭证、汇总付款凭证和汇总转账凭证的合计数，月终一次登记总账。

(4) 月终，登记全部经济业务后，结出各账户本期借方发生额、贷方发生额和期末余额。

(二) 明细分类账的格式和登记方法

为了满足经营管理的需要，各单位应在设置总分类账的基础上，按照二级科目或明细科目开设明细分类账，明细账根据记账凭证逐笔登记，提供有关经济业务的详细资料。

1. 明细分类账的格式

明细分类账一般采用活页式账簿，比较重要的明细分类账也可以采用订本式账簿，特殊的业务还可以采用卡片式账簿。其账簿格式多种多样，有三栏式、数量金额式、多栏式和横线登记式等，以满足复杂多样的明细分类核算。

(1) 三栏式明细分类账。

三栏式明细分类账的格式是在账页内只设借方、贷方和余额三个金额栏。这种格式适用于只进行金额核算、不进行数量核算的债权、债务结算科目的明细分类核算，如"应收账款""应付账款"等账户的明细核算。

(2) 多栏式明细分类账。

多栏式账页是将属于同一个总账科目的各个明细科目合并在一张账页上进行登记，即在这种格式账页的借方或贷方金额栏内按照明细项目设若干专栏。这种格式适用于收入、成本、费用类科目的明细核算。

按照明细分类账登记的经济业务的不同，多栏式明细分类账的账页又分为借方多栏式、贷方多栏式和借贷多栏式三种常见的格式。

①借方多栏式明细分类账，是指按照借方科目设置若干个专栏，用蓝字登记，贷方发生额则用红字在有关专栏内登记的明细分类账。它适用于借方需要设置多个明细科目或明细项目的账户，如"生产成本""管理费用""制造费用""财务费用""其他业务成本""营业外支出"等账户的明细分类核算。管理费用明细分类账的格式如表6-10所示。

表6-10　管理费用明细分类账

20××年		凭证		摘要	借方						合计
月	日	种类	号数		职工薪酬	办公费	差旅费	折旧费	修理费	…	

②贷方多栏式明细分类账，是指按照贷方科目设置若干个专栏，用蓝字登记，借方发生额则用红字在有关专栏内登记的明细分类账。它适用于贷方需要设置多个明细科目或明细项目的账户，如"主营业务收入""其他业务收入""营业外收入"等账户的明细分类核算。主营业务收入明细分类账的格式如表6-11所示。

表 6–11　主营业务收入明细分类账

20××年		凭证		摘要	贷方						合计
月	日	种类	号数		×产品	×产品	×产品	×产品	×产品	…	

③借贷多栏式明细分类账，是指按照借方和贷方科目分别设置若干个专栏进行登记的明细分类账。它适用于借方和贷方都需要设置多个明细科目或明细项目的账户，如"本年利润""应交税费——应交增值税"（一般纳税人设置）等账户的明细分类核算。其格式如表 6–12 所示。

表 6–12　应交税费——应交增值税明细分类账

20××年		凭证		摘要	借方			贷方				余额
月	日	种类	号数		进项税额	已交税额	合计	销项税额	进项税额转出	出口退税	合计	

（3）数量金额式明细分类账。

数量金额式明细分类账的格式是在账页内设有收入、发出和结存三大栏，在三大栏内各设数量、单价、金额等几个小栏目。这种格式适用于既要进行金额核算，又要进行实物数量核算的各种财产物资科目，如"原材料""库存商品"等账户的明细核算。原材料明细分类账的格式如表 6–13 所示。

（4）横线登记式明细分类账。

横线登记式明细分类账是采用横线登记，即将每一相关的业务登记在一行，从而可依据每一行各个栏目的登记是否齐全来判断该项业务的进展情况。这种格式适用于登记材料采购、在途物资、应收票据和一次性备用金业务。其他应收款——备用金明细分类账的格式如表 6–14 所示。

表 6-13 原材料明细分类账

材料类别：　　　　　　　　　　　　　　　　　　　　　　　　　　　　计量单位：
材料名称或规格：　　　　　　　　　　　　　　　　　　　　　　　　　存放地点：
材料编号：　　　　　　　　　　　　　　　　　　　　　　　　　　　　储备定额：

20××年		凭证		摘要	收入			发出			结存		
月	日	种类	号数		数量	单价	金额	数量	单价	金额	数量	单价	金额

表 6-14 其他应收款——备用金明细分类账

20××年		凭证号	摘要	借方			20××年		凭证号	摘要	贷方			余额
月	日			原借	补付	合计	月	日			报销	退	合计	

2. 明细分类账的登记方法

不同类型经济业务的明细分类账可根据管理需要，依据记账凭证、原始凭证或汇总原始凭证逐日逐笔或定期汇总登记。

通常情况下，有关财产物资和债权债务结算的明细分类账应逐笔登记；种类多、收发频繁的库存商品、原材料等明细分类账可以逐笔登记，也可定期汇总登记；有关收入、费用、成本等明细分类账可以逐日汇总登记，也可以定期汇总登记。

对于只设借方的多栏式明细分类账，平时在借方登记"制造费用""管理费用""主营业务成本"等账户的发生额，贷方登记月末将借方发生额一次转出的数额。平时如果发生贷方发生额，应该用红色数字在多栏式账页的借方栏内登记表示冲减。对于只设有贷方的多栏式明细分类账，平时在贷方登记"主营业务收入""营业外收入"等账户的发生额，借方登记月末将贷方发生额一次转出的数额。平时如果发生借方发生额，应该用红色数字在多栏式账页的贷方栏内登记表示冲减。

课堂实训6-1：判断下列账页一般应采用什么格式。

(1) 管理费用明细账；
(2) 材料采购明细账；
(3) 银行存款总账；
(4) 应收账款明细账；
(5) 其他应收款明细账；
(6) 库存商品明细账；
(7) 固定资产总账；
(8) 固定资产明细账；
(9) 生产成本明细账；
(10) 本年利润明细账。

五、总分类账户与明细分类账户的平行登记

（一）总分类账户与明细分类账户的关系

总分类账户是所属明细分类账户的统驭账户，对所属明细分类账户起着控制作用；明细分类账户则是总分类账户的从属账户，对其所隶属的总分类账户起着辅助作用。总分类账户及其所属明细分类账户的核算对象是相同的，它们所提供的核算资料互相补充，只有把二者结合起来，才能既总括又详细地反映同一核算内容。因此，总分类账户和明细分类账户必须平行登记。

（二）总分类账户与明细分类账户平行登记的要点

平行登记是指对所发生的每项经济业务都要以会计凭证为依据，一方面记入有关总分类账户，另一方面记入所属明细分类账户的方法。平行登记的要点包括以下几个方面：

1. 方向相同

每项经济业务记入总分类账和明细分类账的方向要相同。如果记入总账的借方，也要相应地记入明细账的借方；如果记入总账的贷方，也要相应地记入明细账的贷方。

2. 期间一致

每一项经济业务，应在同一会计期间内依据相同的会计凭证，既要记入有关的总分类账户，又要记入其所属的明细分类账户。

实际工作中，同期间登记并不是同时间登记，可以有先有后，但必须是同一会计期间。

3. 金额相等

每项经济业务记入总分类账的金额必须与记入所属各有关明细分类账的金额之和相等。

一般来说，平行登记的结果是：

总分类账户的本期发生额 = 所属明细分类账户的本期发生额合计

总分类账的期末余额 = 所属的明细分类账户的期末余额合计

在会计期末，为了检查有关总分类账与其所属的明细分类账的记录是否正确，应按不同账户分别编制"明细分类账户本期发生额及余额表"，并与其从属的总分类账户相核对。如果核对相符，说明平行登记的结果是正确无误的；如果不符，说明记账有差错，必须查明原因后进行更正。

(三) 平行登记举例

现以"原材料"和"应付账款"两个账户为例，说明总账与所属明细账的平行登记方法。

【例 6-1】 嘉陵公司 2023 年 8 月 1 日，"原材料"和"应付账款"账户的期初余额：

原材料总账　30 000 元　　A 材料明细账 10 000 千克　单价 1.00 元　　10 000 元
　　　　　　　　　　　　B 材料明细账 10 000 只　　单价 2.00 元　　20 000 元
应付账款总账 50 000 元　　甲公司明细账 18 000 元　　　乙公司明细账　32 000 元

嘉陵公司 8 月份发生的有关经济业务如下（不考虑税费）：

(1) 购入 A 材料 1 000 千克，每千克 1.00 元；B 材料 800 只，每只 2.00 元。以银行存款支付货款 2 600 元，材料已验收入库。

(2) 以银行存款偿还甲公司货款 10 000 元、乙公司货款 12 000 元。

(3) 购入 A 材料 2 000 千克，每千克 1.00 元；B 材料 3 000 只，每只 2.00 元。共计货款 8 000 元。其中 A 材料是向甲公司购买，货款尚未支付；B 材料是向乙公司购买，货款已用银行存款支付，材料已验收入库。

(4) 以银行存款偿还甲公司货款 8 000 元、乙公司货款 10 000 元。

根据嘉陵公司 8 月份发生的有关经济业务，编制会计分录。

①借：原材料——A 材料　　　　　　　1 000
　　　　　　——B 材料　　　　　　　1 600
　　　贷：银行存款　　　　　　　　　　　　2 600
②借：应付账款——甲公司　　　　　　10 000
　　　　　　　——乙公司　　　　　　12 000
　　　贷：银行存款　　　　　　　　　　　　22 000
③借：原材料——A 材料　　　　　　　2 000
　　　　　　——B 材料　　　　　　　6 000
　　　贷：应付账款——甲公司　　　　　　　2 000
　　　　　银行存款　　　　　　　　　　　　6 000
④借：应付账款——甲公司　　　　　　8 000
　　　　　　　——乙公司　　　　　　10 000
　　　贷：银行存款　　　　　　　　　　　　18 000

开设"原材料"和"应付账款"总分类账户及所属各明细分类账户，填入期初余额，并根据以上会计分录登记有关账簿（见表 6-15～表 6-20）。

表 6-15　总分类账

账户名称：原材料　　　　　　　　　　　　　　　　　　　　　　　　　　　单位：元

| 2023 年 || 凭证号 | 摘要 | 借方 | 贷方 | 借或贷 | 余额 |
月	日						
8	1		承前页			借	30 000
	略	略	①购入材料	2 600		借	32 600
			③购入材料	8 000		借	40 600
8	31		本月合计	10 600		借	40 600

表 6-16　原材料明细分类账

账户名称：A 材料　　　　　　　　　　　　　　　　　　　　　　　　　　　计量单位：千克

| 2023 年 || 凭证号 | 摘要 | 借方 ||| 贷方 ||| 余额 |||
月	日	^	^	数量	单价	金额	数量	单价	金额	数量	单价	金额
8	1		承前页							10 000	1.00	10 000
		略	略	①购入	1 000	1.00	1 000				11 000	1.00	11 000
				③购入	2 000	1.00	2 000				13 000	1.00	13 000
8	31		本月合计	3 000	1.00	3 000				13 000	1.00	13 000

表 6-17　原材料明细分类账

账户名称：B 材料　　　　　　　　　　　　　　　　　　　　　　　　　　　计量单位：千克

| 2023 年 || 凭证号 | 摘要 | 借方 ||| 贷方 ||| 余额 |||
月	日	^	^	数量	单价	金额	数量	单价	金额	数量	单价	金额
8	1		承前页							10 000	2.00	20 000
		略	略	①购入	800	2.00	1 600				10 800	2.00	21 600
				③购入	3 000	2.00	6 000				13 800	2.00	27 600
8	31		本月合计	3 800	2.00	7 600				13 800	2.00	27 600

表 6-18　总分类账

账户名称：应付账款　　　　　　　　　　　　　　　　　　　　　　　　　　　单位：元

| 2023 年 || 凭证号 | 摘要 | 借方 | 贷方 | 借或贷 | 余额 |
月	日	^	^	^	^	^	^
8	1		承前页			贷	50 000
		略	略	②偿还货款	22 000		贷	28 000
				③购料		2 000	贷	30 000
				④偿还货款	18 000		贷	12 000
8	31		本月合计	40 000	2 000	贷	12 000

表 6-19　应付账款明细分类账

账户名称：甲公司　　　　　　　　　　　　　　　　　　　　　　　　　　　单位：元

| 2023 年 || 凭证号 | 摘要 | 借方 | 贷方 | 借或贷 | 余额 |
月	日	^	^	^	^	^	^
8	1		承前页			贷	18 000

续表

2023年		凭证号	摘要	借方	贷方	借或贷	余额
月	日						
		略	略	②偿还货款	10 000		贷	8 000
				③购料		2 000	贷	10 000
				④偿还货款	8 000		贷	2 000
8	31		本月合计	18 000	2 000	贷	2 000

表6-20　应付账款明细分类账

账户名称：乙公司　　　　　　　　　　　　　　　　　　　　　　　单位：元

2023年		凭证号	摘要	借方	贷方	借或贷	余额
月	日						
8	1		承前页			贷	32 000
		略	略	②偿还货款	12 000		贷	20 000
				④偿还货款	10 000		贷	10 000
8	31		本月合计	22 000		贷	10 000

月末，结出各账户的本期发生额和期末余额（见表6-15～表6-20），并编制"明细分类账户本期发生额及余额表"，核对平行登记的结果是否正确，如表6-21和表6-22所示。

表6-21　原材料明细分类账户本期发生额及余额表

2023年8月　　　　　　　　　　　　　　　　　　　　　　　　　单位：元

明细账	计量单位	单价	期初余额		本期发生额				期末余额	
					收入		发出			
			数量	金额	数量	金额	数量	金额	数量	金额
A材料	千克	1.00	10 000	10 000	3 000	3 000			13 000	13 000
B材料	只	2.00	10 000	20 000	3 800	7 600			13 800	27 600
合计	—			30 000		10 600				40 600

表6-22　应付账款明细分类账户本期发生额及余额表

2023年8月　　　　　　　　　　　　　　　　　　　　　　　　　单位：元

明细账	期初余额		本期发生额		期末余额	
	借方	贷方	借方	贷方	借方	贷方
甲公司		18 000	18 000	2 000		2 000

续表

明细账	期初余额		本期发生额		期末余额	
	借方	贷方	借方	贷方	借方	贷方
乙公司		32 000	22 000			10 000
合计		50 000	40 000	2 000		12 000

任务3 对账和结账

一、对账

在日常会计工作中，难免会发生各种差错或账实不符的情况。为了保证会计记录的正确性，就有必要进行对账。对账，就是定期地对各种账簿记录进行核对，做到账证相符、账账相符和账实相符，以保证账簿记录的真实性和正确性，保证会计报表数据的真实可靠。

对账

对账的主要内容包括：

（一）账证核对

账证核对是指各种账簿记录与有关会计凭证的核对。在实际工作中，由于凭证数量太多，要在结账时全部加以核对是不可能的。一般是在日常编制凭证和记账过程中通过复核来进行的，在期末结账时也可重点抽查核对。账证核对相符是保证账账相符、账实相符的基础。

（二）账账核对

账账核对是指各种账簿之间有关数字的核对。主要内容包括：

1. 总账借方与贷方的核对（全部账户的试算平衡）

总分类账中全部账户的本期借方发生额合计与贷方发生额合计、全部账户的期末借方余额合计与期末贷方余额合计应分别核对相符。

2. 总账与日记账的核对

总分类账中现金、银行存款账户的本期发生额合计和期末余额应与现金、银行存款日记账的相应数字核对相符。

3. 总账与明细账的核对

总分类账的本期发生额和期末余额应与所属的各明细分类账的本期发生额合计和期末余额合计核对相符。

4. 各部门财产物资明细账的核对

会计部门有关财产物资明细分类账的余额，与财产物资保管部门或使用部门相应的明细分类账的余额核对相符。

（三）账实核对

账实核对是指各种财产物资和债权债务的账面余额与实存数进行核对，主要内容包括：

(1) 库存现金日记账账面余额与库存现金实际库存数逐日核对是否相符；
(2) 银行存款日记账账面余额与银行对账单的余额定期核对是否相符；
(3) 各项财产物资明细账账面余额与财产物资的实有数额定期核对是否相符；
(4) 有关债权债务明细账账面余额与对方单位的账面记录核对是否相符等。

以上各种账实核对，一般是通过财产清查的方法进行的。财产清查是会计核算的专门方法之一，其具体内容将在模块8详述。

二、结账

(一) 结账的概念

结账是一项将账簿记录定期结算清楚的账务工作，即在一定时期内将所发生的全部经济事项登记入账的基础上，结计出所有账户的本期发生额和期末余额，并将其余额结转到下期的账簿以结束当期会计业务的工作。在一定时期结束时（如月末、季末或年末），为了编制财务报表，需要进行结账，具体包括月结、季结和年结。结账的内容通常包括两个方面：一是结清各种损益类账户，并据以计算确定本期利润；二是结出各资产、负债和所有者权益账户的本期发生额合计和期末余额。

(二) 结账的程序

结账的内容和程序如下：

(1) 结账前，将本期发生的经济业务全部登记入账，并保证其正确性。若有漏记应补记，既不允许为了赶编报表提前结账，也不能把结账工作有意推迟。对于发现的错误，应及时采用适当的方法进行更正。

(2) 在本期经济业务全面入账的基础上，根据权责发生制的要求，调整有关账项，合理确定应计入本期的收入和费用。应由本期承担的费用和收入，应按权责发生制的要求，填制凭证登记入账。同时应注意该结转的账目是否结转，如期末制造费用是否转入"生产成本"，本期完工产品是否由"生产成本"转入"库存商品"。

(3) 将各损益类账户余额全部转入"本年利润"账户，结平所有损益类账户。编制结账分录并据以入账，以确定本期财务成果。

(4) 结出资产、负债和所有者权益账户的本期发生额和余额，并转入下期。

上述工作完成后，就可以根据总分类账和明细分类账的本期发生额和期末余额，分别进行试算平衡。

(三) 结账的方法

会计期末采用画通栏红线的方法进行结账，其目的是突出有关结账数据，明确各会计期间的界限。结账一般分为月结和年结，月末结账为月结，年末结账为年结。根据需要，企业可自己确定是否需要季结。各类账户记录和管理要求不同，分别采用不同的方法进行结账。具体结账方法如下：

(1) 对于本月没有发生额的账户，不必进行月结（不画结账红线）。

(2) 对不需按月结计本期发生额的账户，每次记账以后，都要随时结出余额，每月最后一笔余额是月末余额，即月末余额就是本月最后一笔经济业务记录的同一行内余额。月末结账时，只需要在最后一笔经济业务记录之下通栏画单红线，不需要再次结计余额，如所有总账以及应收款明细账（见表6-23）、应付款明细账、财产物资明细账。

表 6-23 应收账款明细账

2023年		凭证		摘要	日页	借方	贷方	借或贷	余额
月	日	种类	号数			百十万千百十元角分	百十万千百十元角分		百十万千百十元角分
				承前页		1 0 2 5 0 0 0 0	1 1 4 7 0 0 0 0	借	6 5 0 0 0 0
12	30	银收	356	收到氨纶股份前欠货款			6 0 0 0 0 0	借	5 0 0 0 0

一级科目：应收账款　二级科目：氨纶股份
分页：1　总页：30

(3) 对于库存现金日记账和银行存款日记账以及需要按月结计发生额的收入、费用等明细账，每月结账时，应在本月最后一笔记录下面画一条通栏单红线，并在下一行的摘要栏中用红字居中书写"本月合计"，同时在该行结出本月发生额合计及余额，然后在"本月合计"行下面再画一条通栏单红线，如表 6-24 所示。

表 6-24 银行存款日记账

银行存款日记账　第 68 页
开户行 交通银行北京
账号 1441750104

2023年		凭证		支票		摘要	借方	核对	贷方	核对	余额
月	日	种类	号数	类别	号数		百十万千百十元角分		百十万千百十元角分		百十万千百十元角分
						承前页	2 3 0 0 0 0 0		2 3 0 0 0 0 0		1 1 6 0 0 0 0 0
12	01	付	001			购入牙膏,付款与验收入库			4 6 8 0 0 0		1 1 5 5 3 2 0 0
12	02	付	002			购入香皂,付货款,货未到			2 9 2 5 0 0		1 1 5 2 3 9 5 0
12	05	收	001			预收货款	2 0 0 0 0 0				1 1 7 2 3 9 5 0
12	06	付	003			支付广告费			2 0 0 0 0 0		1 1 7 0 3 9 5 0
12	07	付	004			缴纳增值税			2 0 0 0 0 0		1 1 5 0 3 9 5 0
12	08	付	006			提现备用			2 0 0 0 0 0		1 1 4 8 3 9 5 0
12	12	付	007			购入商品并付款,货到			4 6 8 0 0 0		1 1 0 1 5 9 5 0
12	17	付	008			从二级市场上购买股票			6 0 3 0 0 0		1 0 4 1 2 9 5 0
12	21	付	009			向红十字会捐款			1 0 0 0 0 0		1 0 3 1 2 9 5 0
12	30	付	010			提现备发工资			2 5 0 0 0 0		1 0 0 6 2 9 5 0
						本月合计	2 0 0 0 0 0		1 7 3 7 0 5 0		1 0 0 6 2 9 5 0

(4) 对于需要结出本年累计发生额的某些明细账户，如收入、费用等明细账，每月结账时，应在"本月合计"行下结出自年初起至本月末止的累计发生额，登记在月份发生额下面，在摘要栏内注明"本年累计"字样，并在下面通栏画单红线；12 月末的"本年累计"就是全年累计发生额。全年累计发生额下面应当通栏画双红线，如表 6-25 所示。

(5) 总账账户平时只需结出月末余额。年终结账时，为了总括地反映全年各项资金运动情况的全貌，核对账目，要将所有总账账户结出全年发生额和年末余额，在摘要栏内注明"本年合计"字样，并在合计数下通栏画双红线。

表 6-25　管理费用多栏式明细账

2023年		凭证号数	摘要	折旧费	办公费	工资及福利费	计提坏账准备	通讯费	合计
月	日								
			承前页	1310200	620000	12953501	1715814	650000	16664 51?
12	18	现付011	支付通信费					7000	7000
12	31	转006	计提折旧	100000					100000
12	31	转007	计提工资			1341010			1341010
12	31	转015	结转成本费用类账户	100000		1341010		7000	1448010
			本月合计	100000		1341010		7000	1448010
			本年累计	6355666	3568965	5632246	8656623	365800	79214 87?

分页: 12　总页: 12
一级科目: 管理费用
二级科目: _____

（6）年度终了结账时，有余额的账户，应将其余额结转下年，并在摘要栏注明"结转下年"字样；在下一会计年度新建有关账户的第一行余额栏内填写上年结转的余额，并在摘要栏注明"上年结转"字样，使年末有余额账户的余额如实地在账户中加以反映，以免混淆有余额的账户和无余额的账户。

任务 4　错账查找与更正的方法

由于主观和客观的原因，记账错误总是会发生的。正因为如此，查找和更正错账成为日常会计核算工作的重要组成部分。

一、错账的原因

错账的发生具有一定的偶然性，为了保证会计账簿记录正确无误，需要根据会计核算的特点，探寻常见错账产生的原因及规律，常见的错账有两种表现形式。

1. 影响借贷平衡的错账

这一类错账的发生通常是由于以下几种原因：

（1）倒码，如将 25 963.82 错记为 29 563.82，其中千位上的"5"与百位上的"9"颠倒；

（2）错位，如将 5 000 错记为 500，把千位上的"5"写到百位上了；

（3）反方向，将借方发生额错记为贷方发生额，导致一方未记，另一方重记。

2. 不影响借贷平衡的错账

这一类错账的发生通常是由于以下几种原因：

（1）重记整笔业务；

（2）漏记整笔业务；

（3）串户，即把甲账户发生额错记到乙账户上；

（4）几种错误相互抵消，也会造成不影响借贷平衡的错账。

错账更正

二、查找错账的方法

针对以上错账的形式，常用的错账查找方法有两类，即全面查账法和个别查账法。

1. 全面查账法

实际工作中，错账往往不止一笔一数，特别是在日久未对账时，账目不平衡，常常是由很多错误造成的。在这种情况下，可采用全面查账法查找错账。全面查账法有以下几种：

（1）顺查法。

顺查法是按照记账程序，从原始凭证开始，逐笔查到试算表的一种检查方法。首先，检查记账凭证和所附的原始凭证记录的各项内容是否相符、计算上有无差错等；其次，将记账凭证和所附的原始凭证同有关总账、日记账、明细账逐笔查对；最后，检查试算平衡表是否抄错。这种查账方法与会计处理程序基本一致，所以叫顺查法。

（2）逆查法。

逆查法是从试算平衡表追溯到原始凭证，其检查顺序与记账顺序相反。首先，检查本期发生额及余额的计算有无差错；其次，逐笔核对账簿记录是否与记账凭证相符。

2. 个别查账法

（1）差额法。

差额法适用于查找总账与所属明细账之间产生的漏记或重记错误。总账与所属明细账试算出现差额，可能是因漏记或重记产生的。如果是漏记，则哪方数额小，漏记就在哪方；如果是重记，则哪方数额大，重记就在哪方。差额法也可用于财务报表编制错误的查找。

（2）尾数法。

尾数法是指对于发生的差错只查找末位数，以提高查错效率的方法。这种方法适合于借贷方金额其他位数都一致，而只有末位数出现差错的情况。

（3）除 2 法。

除 2 法适用于查找反方错误。记账如果出现反方记录，即借贷两笔发生额记入同一方向，使得一方的合计数加大，而另一方的合计数减少，其差额正好是应记正确数字的两倍。将差额除以 2，所得商数可能就是记错的数字。

（4）除 9 法。

除 9 法适用于查找倒码、错位的错账，因数字倒码或错位造成的正误差数都是 9 的倍数。

①发生倒码错误可以借助于"邻位数字颠倒便查表"去查实，如表 6-26 所示。

②发生错位错误，可将正误的差数除以 9 或 9 的倍数，即可得到正确数或错误数。为此，应注意两点：一是如果错移一位，则差数除以 9；如果错移二位，则差数除以 99，以此类推。二是小数错位成大数时，其商数是正确数；当大数错位成小数时，其商数是错误数。

例如，将 560 错记为 56，其差数 504 除以 9 得 56，56 就是错误数。如果将 68 错记为 6 800，其差额 6 732 除以 99 得 68，68 就是正确数。

查找错账时，对于已经查过的数字，分别标上正确或错误记号，并把错账的账页号码、记账日期、凭证字号、业务内容及差错情况进行详细记录，在查清错账后，要及时更正错账。

表 6-26 邻位数字颠倒便查表

大数颠倒成小数								差	小数颠倒成大数							
89	78	67	56	45	34	23	12	01	9	10	21	32	43	54	65	76	87	98
	79	68	57	46	35	24	13	02	18	20	31	42	53	64	75	86	97	
		69	58	47	36	25	14	03	27	30	41	52	63	74	85	96		
			59	48	37	26	15	04	36	40	51	62	73	84	95			
				49	38	27	16	05	45	50	61	72	83	94				
					39	28	17	06	54	60	71	82	93					
						29	18	07	63	70	81	92						
							19	08	72	80	91							
								09	81	90								

三、更正错账的方法

账簿记录应保持整齐清洁，记账时力求准确无误。如果在登记过程中不慎发生错误，应根据错账的具体情况，采用规定的方法正确地进行更正。

(一) 错账的基本类型

为正确使用错账的更正方法，首先应了解错账的基本类型。引起错账的原因是多方面的，从记账凭证的填制和登记账簿两个环节考察，错账的类型主要有以下几种：

1. 记账凭证正确，但在登记账簿时发生错误

记账凭证正确主要是指在凭证上编制的会计分录正确，无论是会计科目还是登记方向和金额等都不存在问题。在记账过程中，登记的账户以及账户的登记方向也没有问题，只是将登记的金额写错，由此而产生了错账，见例 6-2。

2. 记账凭证错误，引发账簿登记错误

具体又分为以下三种情况：

(1) 记账凭证上会计科目用错而引发的错账。

即在记账凭证上编制会计分录时，搞错了账户之间的对应关系，编制了与实际发生的交易或事项不相符的会计分录并已登记入账，从而形成错账，见例 6-3。

(2) 在记账凭证上将金额写多而引发的错账。

即在记账凭证上编制会计分录时，账户的对应关系是正确的，只是金额多于实际发生数并已登记入账。根据这样的会计分录登记账簿，有关账户中登记的金额就会大于应当登记的金额而形成错账，见例 6-4。

(3) 在记账凭证上将金额写少而引发的错账。

即在记账凭证上编制会计分录时，会计科目的对应关系是正确的，只是填写的金额小于实际发生数。根据这样的会计分录登记账簿，有关账户中登记的金额就会小于应当登记的金额，也会形成错账，见例 6-5。

（二）更正错账的具体方法

更正错账的方法主要有划线更正法、红字更正法和补充登记法三种，分别适用于对不同错账类型的更正。

1. 划线更正法

如果记账凭证正确，只是由于过账时发生差错，而使账簿记录出现错误，应采用划线更正法进行更正。具体更正的方法如下：

（1）在错误记录上画一条红线注销。文字错误可以只注销错字，但数字错误必须将整个数字全部注销。被注销的记录仍要清晰可辨，以备查考；

（2）记账人员在注销处加盖个人名章，以明确责任；

（3）登记正确的记录。

划线更正法举例如下：

【例 6-2】对账时发现有一笔经济业务的发生额为 8 400 元，过账时误记为 4 800 元，则更正如下：

8 400

~~4 800~~（旁边加盖更正人印章）

2. 红字更正法

红字更正法也称红字冲销法，一般有以下两种做法：

（1）全部冲销。

如果记账凭证中的科目错误或借贷方向错误，并已过账，应采用红字更正法全部冲销。具体做法是：

①填制一张与错误记账凭证内容相同的红字金额记账凭证并据以入账，冲销错误记录。在红字金额凭证的摘要栏注明"注销×月×日第×号凭证"；

②用蓝字填制一张正确的记账凭证并据以入账，更正错账记录。在蓝字更正凭证的摘要栏注明"重填×月×日第×号凭证"。

红字更正法举例如下：

【例 6-3】车间修理办公用具时领用材料计 800 元。编制记账凭证时，将借方科目误写为"制造费用"，并已登记入账。错误分录如下：

借：制造费用　　　　　　　　　800
　　贷：原材料　　　　　　　　　　　800

更正分录如下：

①用红字金额填制一张与原来错误的记账凭证内容完全相同的记账凭证，冲销错误记录：

借：制造费用　　　　　　　　　|800|
　　贷：原材料　　　　　　　　　　　|800|

注意：|×××|是在教材中表示红字金额的做法，在实务中并不使用。

②用蓝字填制一张正确的记账凭证，并计入应予记录的账户：

借：管理费用　　　　　　　　　800
　　贷：原材料　　　　　　　　　　　800

必须注意：以上类型的错账只能采用红蓝数字相互抵销的办法进行更正，而不宜采用"借：管理费用，贷：制造费用"的借贷转销的办法来更正。因为：①账户余额虽然得到更正，但虚增了发生额；②转销分录的账户对应关系得不到正常解释，容易使人产生误解。

（2）部分冲销。

如果记账凭证中的科目、方向都没有错误，只是错误金额大于应记金额并已过账，应采用红字更正法进行部分冲销。

具体做法是：填制一张科目和方向与错误凭证相同，但金额是多记差额的红字金额凭证并据以入账，冲销多记的金额。在部分冲销凭证的摘要栏注明"冲销×月×日第×号凭证多记金额"。

【例6-4】结转外购材料实际采购成本，计5 000元。编制记账凭证时，将金额误写为50 000元，并已登记入账。错误分录如下：

借：原材料　　　　　　　　　　　　50 000
　　贷：在途物资　　　　　　　　　　50 000

更正分录如下：

借：原材料　　　　　　　　　　　　45 000
　　贷：在途物资　　　　　　　　　　45 000

将以上更正分录过账后，有关账户实际入账金额为5 000元。

3. 补充登记法

如果记账凭证中的科目、方向没有错误，只是错误金额小于应记金额并已过账，应采用补充登记法进行更正。

具体做法是：填制一张科目和方向与错误凭证相同，但金额是少记差额的蓝字金额凭证并据以入账，补记少记的金额。在补充登记凭证的摘要栏注明"补记×月×日第×号凭证少记金额。"

【例6-5】结转外购材料实际采购成本，计5 000元。编制记账凭证时，将金额误写为500元，并已登记入账。错误分录如下：

借：原材料　　　　　　　　　　　　500
　　贷：在途物资　　　　　　　　　　500

更正分录如下：

借：原材料　　　　　　　　　　　　4 500
　　贷：在途物资　　　　　　　　　　4 500

将以上更正分录过账后，有关账户实际入账金额为5 000元。

课堂实训6-2：练习更正错账的方法。

嘉陵公司2023年6月发生以下错账：

（1）生产车间领用乙材料用于一般耗用，计6 000元。在填制记账凭证时，误编为如下会计分录，并据以登记入账。

借：生产成本　　　　　　　　　　　6 000
　　贷：原材料　　　　　　　　　　　6 000

（2）记账人员在根据记账凭证记账时，将5 300元误记为5 800元。

(3) 行政管理部门用库存现金300元购买办公用品。这项业务在填制证账凭证时，误将金额填写为30元，并据以登记入账。

借：管理费用　　　　　　　30
　　贷：库存现金　　　　　　　30

(4) 用银行存款5 000元购买材料，材料已验收入库。不考虑增值税，在根据这项业务填制记账凭证时，误将金额填为50 000元，并据以登记入账。

借：原材料　　　　　　　50 000
　　贷：银行存款　　　　　　　50 000

要求：以上错账应分别采用哪种更正方法进行更正，如何更正？

任务5　账簿的更换和保管

一、账簿的更换

为了保持账簿资料的连续性，按照相关会计制度的规定，每年年末应进行账簿的更换。

(1) 总账、日记账和大部分的明细账，每年更换一次。年初，要将旧账各账户年末余额直接转记到新账各账户的第一行的"余额"栏中，在日期栏注明1月1日，在"摘要"栏内加盖"上年结转"戳记，并在"借或贷"栏注明余额方向。上年旧账各账户最后一行"摘要"栏内加盖"结转下年"戳记，并将其下面的空行画一条斜红线注销。旧账余额过入新账时，无须编制记账凭证。新年度登记余额行中的"凭证编号"栏、"借方"栏和"贷方"栏都空置不填。

(2) 对于数额变动较小、内容格式特殊的明细账，如固定资产明细账，可以连续使用多年，而不必每年更换新账。但在摘要栏内要加盖"结转下年"戳记，以划清新旧年度之间的界限。各种备查账簿可以连年使用。

二、账簿的保管

会计账簿是企业的会计档案和历史资料，应该妥善保管，不得销毁和丢失。

正在使用的账簿，应由经管账簿的会计人员负责保管。年末结账后，会计人员应将活页账簿的空白账页抽出，并在填写齐全的"账簿启用及经管人员一览表""账户目录"前加上封面，固定装订成册。经统一编号后，与各种订本账一起归档保管。各种账簿的保管年限和销毁的审批程序，应按会计制度的规定严格执行。

知识链接6-4

怎样装订会计账簿？

账簿在使用过程中，应妥善保管。账簿的封面颜色，同一年度内力求统一，逐年更换颜色，便于区别年度。这样，在找账查账时就会比较方便。账簿内部，应编好目录，建立索引。注意贴上相应数额的印花税票。在过次年后，应将账簿装订整齐，活页账要编好科目目录、页码，用线绳系死，然后贴上封皮，在封皮上写明账簿的种类、单位、时间，在账簿的脊背上，也要写明账簿种类、时间。

一体化训练

模块 7

选择科学合理的账务处理程序

知识框架

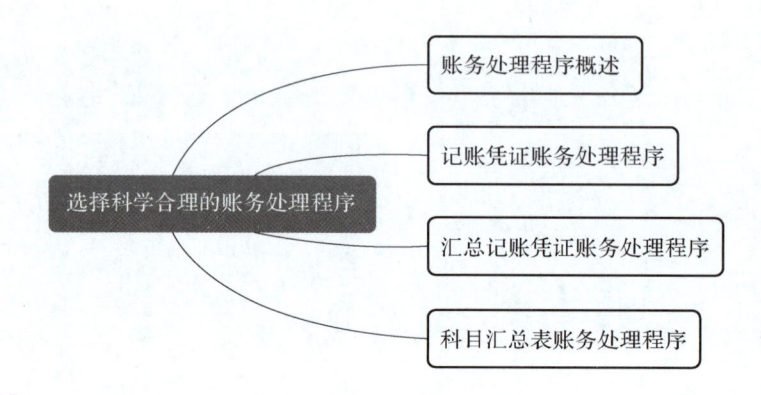

```
                          ┌─ 账务处理程序概述
                          │
                          ├─ 记账凭证账务处理程序
选择科学合理的账务处理程序 ─┤
                          ├─ 汇总记账凭证账务处理程序
                          │
                          └─ 科目汇总表账务处理程序
```

学习目标

知识目标
1. 了解企业账务处理程序的意义与种类
2. 熟悉账务处理程序的一般步骤
3. 掌握各种账务程序的特点、优缺点及适用范围
4. 掌握记账凭证账务处理程序的内容
5. 掌握汇总记账凭证账务处理程序的内容
6. 掌握科目汇总表账务处理程序的内容

能力目标
1. 能够正确区分各种账务程序
2. 能够熟练运用记账凭证账务处理程序、科目汇总表账务处理程序处理经济业务

素养目标
1. 通过学习账务处理程序的选择，树立一般性与企业适应性相结合的职业思维
2. 通过学习账务处理程序，具备一定的"程序"意识

导入案例

小王大学毕业后，正在创业。刚开始，没请人做会计，全凭自己的数学基础，简单地收

入减支出即可。随着公司规模的逐渐扩大，单位经济业务日渐增多，小王请高中同学小李做会计。

由于公司规模不大，业务也比较简单，登记总账的工作对小李来说还算轻松，但随着企业规模的进一步扩大，单位经济业务越来越多，登记总账的工作量越来越大，小李登账觉得越来越困难。

试析：小李如何既能减轻登账的工作量，又能确保公司会计信息质量？

任务1　账务处理程序概述

一、账务处理程序的概念与意义

账务处理程序，又称会计核算组织程序或会计核算形式，是指会计凭证、会计账簿、财务报表相结合的方式，包括账簿组织和记账程序。账簿组织是指会计凭证和会计账簿的种类、格式，会计凭证与账簿之间的联系方法；记账程序是指由填制、审核原始凭证到填制、审核记账凭证，登记日记账、明细分类账和总分类账，编制财务报表的工作程序和方法等。

账务处理程序概述

科学、合理地选择账务处理程序的意义主要有以下几个方面：
（1）有利于规范会计工作，保证会计信息加工过程的严密性，提高会计信息质量；
（2）有利于保证会计记录的完整性和正确性，增强会计信息的可靠性；
（3）有利于减少不必要的会计核算环节，提高会计工作效率，保证会计信息的及时性。

二、账务处理程序的种类

企业常用的账务处理程序主要有记账凭证账务处理程序、汇总记账凭证账务处理程序和科目汇总表账务处理程序等。它们之间的主要区别为登记总分类账的依据和方法不同。

1. 记账凭证账务处理程序

记账凭证账务处理程序是指对发生的经济业务，先根据原始凭证或汇总原始凭证填制记账凭证，再直接根据记账凭证登记总分类账的一种账务处理程序。

2. 汇总记账凭证账务处理程序

汇总记账凭证账务处理程序是指先根据原始凭证或汇总原始凭证填制记账凭证，定期根据记账凭证分类编制汇总收款凭证、汇总付款凭证和汇总转账凭证，再根据汇总记账凭证登记总分类账的一种账务处理程序。

3. 科目汇总表账务处理程序

科目汇总表账务处理程序，又称记账凭证汇总表账务处理程序，是指根据记账凭证定期编制科目汇总表，再根据科目汇总表登记总分类账的一种账务处理程序。

> 知识链接7-1

如何选择账务处理程序

为了把会计核算工作科学地组织起来，保证及时编制会计报表和提供经济管理所需的资料，企业应结合本单位特点，采用适当的会计核算组织程序。选择的原则如下：

（1）要适合本单位经营管理的特点。即在设计会计账务处理程序时，既要考虑自身企业的经营规模、经济业务性质和简繁程度，同时，要有利于会计工作的分工协作、企业的内部控制和建立岗位责任制等。

（2）要适应本单位、主管部门和国家管理经济的需要。在保证会计信息质量的前提下，满足本单位各部门、人员和社会各有关行业的会计信息需要。

（3）要适当地简化会计核算手续。减少不必要的环节，节约人力、物力和财力，节约会计核算费用，不断地提高会计工作的效率。

任务2　记账凭证账务处理程序

一、一般步骤

记账凭证账务处理程序的一般步骤是：

（1）根据原始凭证填制汇总原始凭证；

（2）根据原始凭证或汇总原始凭证，填制收款凭证、付款凭证和转账凭证，也可以填制通用记账凭证；

（3）根据收款凭证和付款凭证逐笔登记库存现金日记账和银行存款日记账；

（4）根据原始凭证、汇总原始凭证和记账凭证，登记各种明细分类账；

（5）根据记账凭证逐笔登记总分类账；

（6）期末，将库存现金日记账、银行存款日记账和明细分类账的余额与有关总分类账的余额核对相符；

（7）期末，根据总分类账和明细分类账的记录，编制财务报表。

记账凭证账务处理程序的编制步骤如图7-1所示。

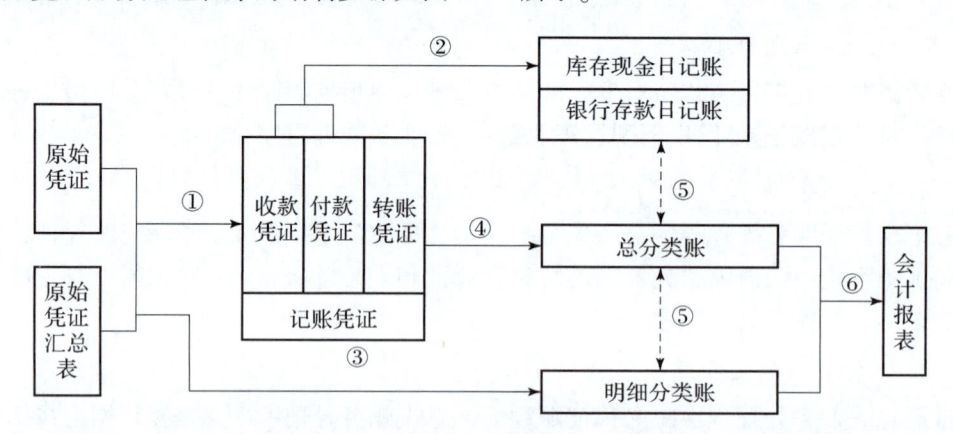

图7-1　记账凭证账务处理程序的编制步骤

二、记账凭证账务处理程序的内容

（一）特点

记账凭证账务处理程序的特点是直接根据记账凭证对总分类账进行逐笔登记。

(二) 优缺点

记账凭证账务处理程序的优点是简单明了，易于理解，总分类账可以较详细地反映经济业务的发生情况；缺点是登记总分类账的工作量较大。

(三) 适用范围

该账务处理程序适用于规模较小、经济业务量较少、凭证不多的企事业单位。

【例7-1】嘉陵公司2023年7月末的总分类账和明细分类账户科目余额如表7-1、表7-2所示。

表7-1 总分类账户余额

2023年7月31日　　　　　　　　　　　　　　　　　　　　单位：元

账户名称	金额	账户名称	金额
库存现金	5 200	短期借款	6 800
银行存款	36 000	长期借款	8 000
原材料	5 600	应付账款	5 200
其他应收款	9 700	本年利润	51 000
库存商品	7 000		
利润分配	7 500		
合计	71 000		71 000

表7-2 明细分类账户余额

账户名称	数量	单价/元	金额/元
原材料——A材料	1 000千克	5	5 000
原材料——B材料	200千克	3	600
库存商品——甲产品	700件	10	7 000

嘉陵公司2023年8月发生下列经济业务：

(1) 3日，购入A材料2 000千克，每千克5元，购入B材料500千克，每千克4元，增值税1 560元，款项以银行存款支付。

(2) 4日，A材料运到公司验收入库，并按实际采购成本入账。

(3) 5日，生产甲产品领用A材料1 000千克，每千克5元，B材料500千克，每千克3元。

(4) 6日，以库存现金支付甲产品广告费300元。

(5) 7日，向华新公司销售甲产品200件，每件售价100元，货款20 000元，应交增值税2 600元，款项已收并存入银行（单位成本90元）。

(6) 8日，从银行提取现金10 000元，准备发放职工工资。

(7) 9日，以库存现金10 000元发放本月职工工资。

(8) 11日，王某出差回来，报销差旅费1 000元，退回余款500元。

(9) 31日，结转本月应付职工工资10 000元，其中甲产品生产工人工资8 000元，车间管理人员工资1 200元,厂部管理人员工资800元。

(10) 31日,按工资总额的14%计提职工福利费。

(11) 31日,以银行存款支付借款利息600元。

(12) 31日,结转本月产品负担的制造费用。

(13) 31日,本月甲产品已完工,结转完工产品成本。

(14) 31日,结转已售甲产品成本,已知甲产品单位成本90元。

(15) 31日,将本月"管理费用""财务费用""销售费用""主营业务成本"账户结转至"本年利润"借方。

(16) 31日,将"主营业务收入"账户结转至"本年利润"贷方。

财务处理如下:

(1) 根据发生经济业务所取得的原始凭证或汇总原始凭证填制记账凭证,如表7-3所示。

表7-3 记账凭证　　　　　　　　　　　　　　　　　　单位:元

2023年		凭证号数	摘要	一级科目	明细科目	借方金额	贷方金额
月	日						
8	3	银付1	购材料付款	材料采购	A材料	10 000	
				材料采购	B材料	2 000	
				应交税费	应交增值税(进项税额)	1 560	
				银行存款			13 560
8	4	转1	材料验收入库	原材料	A材料	10 000	
					B材料	2 000	
				材料采购	A材料		10 000
					B材料		2 000
8	5	转2	生产领用材料	生产成本	甲产品	6 500	
				原材料	A材料		5 000
					B材料		1 500
8	6	现付1	支付广告费	销售费用		300	
				库存现金			300
8	7	银收1	销售产品款项存入银行	银行存款		22 600	
				主营业务收入	甲产品		20 000
				应交税费	应交增值税(销项税额)		2 600

续表

2023年 月	日	凭证号数	摘要	一级科目	明细科目	借方金额	贷方金额
8	8	银付2	提现	库存现金		10 000	
				银行存款			10 000
8	9	现付2	发放职工工资	应付职工薪酬		10 000	
				库存现金			10 000
8	11	现收1	王某报差旅费	管理费用		1 000	
				库存现金		500	
				其他应收款	王某		1 500
8	31	转3	结转本月职工工资	生产成本	甲产品	8 000	
				制造费用		1 200	
				管理费用		800	
				应付职工薪酬	工资		10 000
8	31	转4	提取本月的职工福利费	生产成本	甲产品	1 120	
				制造费用		168	
				管理费用		112	
				应付职工薪酬	职工福利		1 400
8	31	银付3	支付银行借款利息	财务费用		600	
				银行存款			600
8	31	转5	结转制造费用	生产成本	甲产品	1 368	
				制造费用			1 368
8	31	转6	结转完工产品成本	库存商品	甲产品	16 988	
				生产成本	甲产品		16 988
8	31	转7	结转已销产品成本	主营业务成本	甲产品	18 000	
				库存商品	甲产品		18 000
8	31	转8	结转销售费用、财务费用、管理费用、主营业务成本	本年利润		20 812	
				销售费用			300
				财务费用			600

续表

2023年		凭证号数	摘要	一级科目	明细科目	借方金额	贷方金额
月	日						
				管理费用			1 912
				主营业务成本	甲产品		18 000
8	31	转9	结转主营业务收入	主营业务收入	甲产品	20 000	
				本年利润			20 000

（2）根据库存现金和银行存款收款凭证、付款凭证逐笔登记库存现金日记账和银行存款日记账，以银行存款日记账为例，如表7-4所示。

表7-4　银行存款日记账　　　　　　　　　　　　　　　　　单位：元

2023年		凭证号数	摘要	对方科目	收入	支出	余额
月	日						
8	1		期初余额				36 000
	3	银付1	付购材料款	材料采购		12 000	24 000
				应交税费		1 560	22 440
	7	银收1	销售产品收款	主营业务收入	20 000		42 440
				应交税费	2 600		45 040
	8	银付2	提现	库存现金		10 000	35 040
	31	银付3	付银行借款利息	财务费用		600	34 440
			本月合计		22 600	24 160	34 440

（3）根据原始凭证和记账凭证登记各种明细分类账，以原材料明细账为例，如表7-5所示。

表7-5　原材料明细账

类别：A材料　　　　　　　　　　　　　　　　　　　　　　计量单位：千克

2023年		凭证号数	摘要	收入			支出			结存		
月	日			数量	单价	金额	数量	单价/元	金额/元	数量	单价/元	金额/元
8	1		期初余额							1 000	5	5 000
	4	转1	材料入库	2 000	5	10 000				3 000	5	15 000
	5	转2	生产产品领用材料				1 000	5	5 000	2 000	5	10 000
			本月合计	2 000		10 000	1 000		5 000	2 000		10 000

（4）登记总分类账，以销售费用、银行存款总账为例，如表7-6和表7-7所示。

表7-6 销售费用（总账） 单位：元

2023年		凭证号数	摘要	借方	贷方	借或贷	余额
月	日						
8	1		期初余额			平	—0—
	6	现付1	支付广告费	300		借	300
	31	转8	结转入本年利润		300	平	—0—
			本月合计	300	300	平	—0—

表7-7 银行存款（总账） 单位：元

2023年		凭证号数	摘要	借方	贷方	核对号	余额
月	日						
8	1		期初余额				36 000
	3	银付1	购材料付款		12 000		24 000
					1 560		22 440
	7	银收1	销售产品收款	20 000			42 440
				2 600			45 040
	8	银付2	提现		10 000		35 040
	8	银付3	付银行借款利息		600		34 440
			本月合计	22 600	24 160		34 440

（5）将总账与日记账核对、总账与所属明细账核对（略）。

（6）编制试算平衡表，如表7-8所示。

表7-8 试算平衡表

2023年8月 单位：元

账户名称	期初余额		本期发生额		期末余额	
	借方	贷方	借方	贷方	借方	贷方
库存现金	5 200		10 500	10 300	5 400	
银行存款	36 000		22 600	24 160	34 440	
原材料	5 600		12 000	6 500	11 100	
生产成本			16 988	16 988		
库存商品	7 000		16 988	18 000	5 988	

续表

账户名称	期初余额 借方	期初余额 贷方	本期发生额 借方	本期发生额 贷方	期末余额 借方	期末余额 贷方
材料采购			12 000	12 000		
其他应收款	9 700			1 500	8 200	
制造费用			1 368	1 368		
销售费用			300	300		
财务费用			600	600		
管理费用			1 912	1 912		
税金及附加						
主营业务成本			18 000	18 000		
主营业务收入			20 000	20 000		
应交税费			1 560	2 600		1 040
应付职工薪酬			10 000	11 400		1 400
短期借款		6 800				6 800
长期借款		8 000				8 000
应付账款		5 200				5 200
实收资本						
盈余公积						
本年利润		51 000	20 812	20 000		50 188
利润分配	7 500				7 500	
合计	71 000	71 000	165 628	165 628	72 628	72 628

（7）根据总账、明细账及其他有关的资料，编制会计报表。（略）

任务3　汇总记账凭证账务处理程序

一、汇总记账凭证的编制方法

汇总记账凭证是指对一段时期内同类记账凭证进行定期（一般为每隔5天或10天）汇总而编制的记账凭证。汇总记账凭证可以分为汇总收款凭证、汇总付款凭证和汇总转账凭证，三种凭证有不同的编制方法。

（一）汇总收款凭证的编制

汇总收款凭证根据"库存现金"和"银行存款"账户的借方进行编制。汇总收款凭证是在对各账户对应的贷方分类之后，进行汇总编制。总分类账根据各汇总收款凭证的合计数进行登记，分别记入"库存现金""银行存款"总分类账户的借方，并将汇总收款凭证上各账户贷方的合计数分别记入有关总分类账户的贷方，如表7-9所示。

表7-9 汇总收款凭证

借方科目：库存现金　　　　　　　　202×年×月　　　　　　　　汇收字：　号

贷方科目	金额			合计	总账页数	
	1-10日凭证号至　号	11-20日凭证号至　号	21-31日凭证号至　号		借方	贷方
银行存款						
主营业务收入						
其他业务收入						
营业外收入						
其他应收款						
合计						

（二）汇总付款凭证的编制

汇总付款凭证根据"库存现金"和"银行存款"账户的贷方进行编制。汇总付款凭证是在对各账户对应的借方分类之后，进行汇总编制。总分类账根据各汇总付款凭证的合计数进行登记，分别记入"库存现金""银行存款"总分类账户的贷方，并将汇总付款凭证上各账户借方的合计数分别记入有关总分类账户的借方，如表7-10所示。

表7-10 汇总付款凭证

贷方科目：银行存款　　　　　　　　202×年×月　　　　　　　　汇付字：　号

借方科目	金额			合计	总账页数	
	1-10日凭证号至　号	11-20日凭证号至　号	21-31日凭证号至　号		借方	贷方
库存现金						
材料采购						
原材料						
应付账款						
销售费用						
合计						

（三）汇总转账凭证的编制

汇总转账凭证通常根据所设置账户的贷方进行编制。汇总转账凭证是在对所设置账户相对应的借方账户分类之后，进行汇总编制。总分类账根据各汇总转账凭证的合计数进行登记，分别记入对应账户的总分类账户的贷方，并将汇总转账凭证上各账户借方的合计数分别记入有关总分类账户的借方。值得注意的是，在编制的过程中贷方账户必须唯一，借方账户可一个或多个，即转账凭证必须一借一贷或多借一贷。

如果在一个月内某一贷方账户的转账凭证不多，可不编制汇总转账凭证，直接根据单个的转账凭证登记总分类账，如表 7–11 所示。

表 7–11　汇总转账凭证

贷方科目：生产成本　　　　　　　　202×年×月　　　　　　　　汇转字：　　号

借方科目	金额				总账页数	
	1–10 日凭证号至　号	11–20 日凭证号至　号	21–31 日凭证号至　号	合计	借方	贷方
库存商品						
合计						

二、一般步骤

汇总记账凭证账务处理程序的一般步骤是：

（1）根据原始凭证填制汇总原始凭证；

（2）根据原始凭证或汇总原始凭证，填制收款凭证、付款凭证和转账凭证，也可以填制通用记账凭证；

（3）根据收款凭证、付款凭证逐笔登记库存现金日记账和银行存款日记账；

（4）根据原始凭证、汇总原始凭证和记账凭证，登记各种明细分类账；

（5）根据各种记账凭证编制有关汇总记账凭证；

（6）根据各种汇总记账凭证登记总分类账；

（7）期末，将库存现金日记账、银行存款日记账和明细分类账的余额与有关总分类账的余额核对相符；

（8）期末，根据总分类账和明细分类账的记录，编制财务报表。

汇总记账凭证账务处理程序如图 7–2 所示。

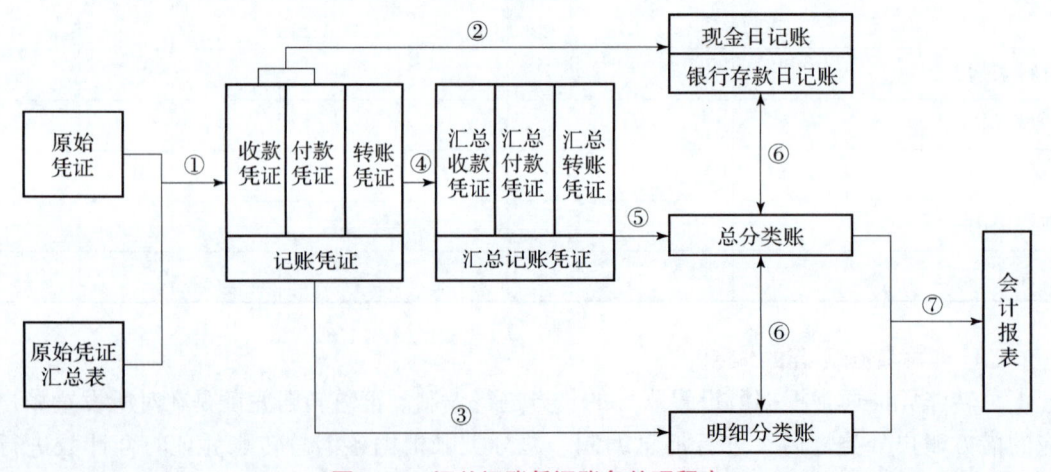

图 7–2　汇总记账凭证账务处理程序

三、汇总记账凭证账务处理程序的内容

(一) 特点

汇总记账凭证账务处理程序的特点是先根据记账凭证编制汇总记账凭证，再根据汇总记账凭证登记总分类账。

(二) 优缺点

汇总记账凭证账务处理程序的优点是减轻了登记总分类账的工作量；缺点是当转账凭证较多时，编制汇总转账凭证的工作量较大，并且按每一贷方账户编制汇总转账凭证，不利于会计核算的日常分工。

(三) 适用范围

该账务处理程序适用于规模较大、经济业务较多的单位。

四、汇总记账凭证账务处理程序的应用

【例 7-2】资料见本模块任务 2。

（1）按时间顺序填制记账凭证，如表 7-3 所示。

（2）根据收款凭证、付款凭证登记现金日记账和银行存款日记账，以银行存款日记账为例，如表 7-4 所示。

（3）登记明细分类账。以原材料——A 材料明细分类账为例，如表 7-5 所示。

（4）根据记账凭证编制汇总记账凭证，以银行存款汇总收款凭证，银行存款汇总付款凭证、原材料——A 材料汇总转账凭证为例，如表 7-12～表 7-14 所示，其余从略。

表 7-12 汇总收款凭证

借方科目：银行存款　　　　　2023 年 8 月　　　　　　　　汇收字：××号

贷方科目	金额				总账页数	
	1-10 日收款凭证号至　号	11-20 日收款凭证号至　号	21-31 日收款凭证号至　号	合计	借方	贷方
主营业务收入	20 000			20 000		
应交税费	2 600			2 600	略	略
合计	22 600			22 600		

表 7-13 汇总付款凭证

贷方科目：银行存款　　　　　2023 年 8 月　　　　　　　　汇付字：××号

借方科目	金额				总账页数	
	1-10 日付款凭证号至　号	11-20 日付款凭证号至　号	21-31 日付款凭证号至　号	合计	借方	贷方
材料采购	12 000			12 000	略	略
应交税费	1 560			1 560	略	略

续表

借方科目	金额			合计	总账页数	
	1-10日付款凭证号至 号	11-20日付款凭证号至 号	21-31日付款凭证号至 号		借方	贷方
库存现金	10 000			10 000	略	略
管理费用					略	略
财务费用			600	600	略	略
合计	23 560		600	24 160		

表7-14 汇总转账凭证

贷方科目：原材料——A材料　　　　2023年8月　　　　　　　汇转字：××号

借方科目	金额			合计	总账页数	
	1-10日转账凭证号至 号	11-20日转账凭证号至 号	21-31日转账凭证号至 号		借方	贷方
生产成本	5 000			5 000	略	略
合计	5 000			5 000		

（5）根据各种汇总记账凭证登记总分类账。（略）

（6）将总分类账与现金日记账、银行存款日记账及明细账相核对。（略）

（7）根据总分类账和明细分类账编制会计报表。（略）

任务4　科目汇总表账务处理程序

一、科目汇总表的编制方法

科目汇总表，又称记账凭证汇总表，是企业通常定期对全部记账凭证进行汇总后，按照不同的会计科目分别列示各账户借方发生额和贷方发生额的一种汇总凭证。科目汇总表的编制方法是，根据一定时期内的全部记账凭证，按照会计科目进行归类，定期汇总出每一个账户的借方本期发生额和贷方本期发生额，填写在科目汇总表的相关栏内。科目汇总表可每月编制一张，按旬汇总，也可每月汇总一次编制一张。任何格式的科目汇总表，都只反映各个账户的借方本期发生额和贷方本期发生额，不反映各个账户之间的对应关系。

在实际工作中，编制科目汇总表时，可以设置"科目汇总表工作底稿"，先将本期记账凭证中各总账科目的借方和贷方发生额在"科目汇总表工作底稿"中记录、汇总，期末将"科目汇总表工作底稿"中各总账科目的借方、贷方发生额合计数分别抄在科目汇总表相应总账科目的"借方"和"贷方"栏内，从而提高编制科目汇总表的及时性。

科目汇总表的编制

二、一般步骤

科目汇总表账务处理程序的一般步骤如下：

（1）根据原始凭证填制汇总原始凭证；
（2）根据原始凭证或汇总原始凭证填制记账凭证；
（3）根据收款凭证、付款凭证逐笔登记库存现金日记账和银行存款日记账；
（4）根据原始凭证、汇总原始凭证和记账凭证，登记各种明细分类账；
（5）根据各种记账凭证编制科目汇总表；
（6）根据科目汇总表登记总分类账；
（7）期末，将库存现金日记账、银行存款日记账和明细分类账的余额同有关总分类账的余额核对相符；
（8）期末，根据总分类账和明细分类账的记录，编制财务报表。

科目汇总表财务处理程序如图7-3所示。

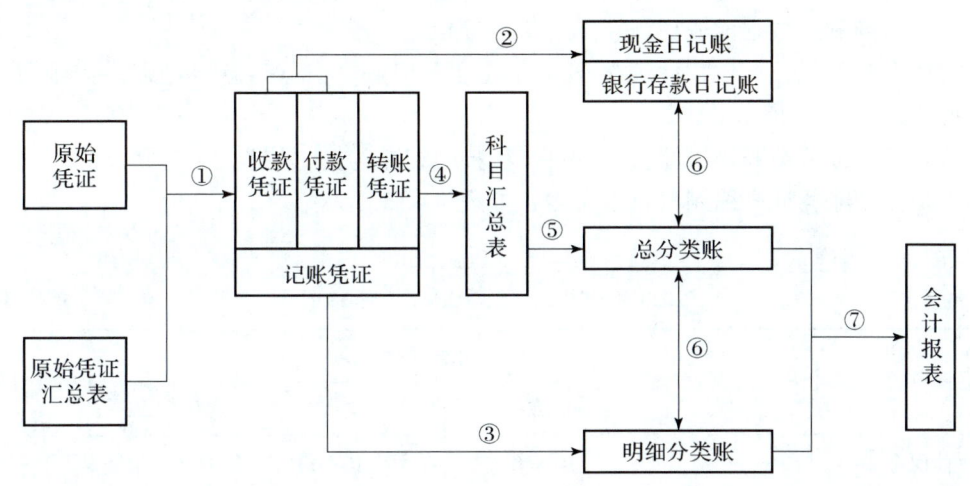

图7-3 科目汇总表账务处理程序

三、科目汇总表账务处理程序的内容

（一）特点

科目汇总表账务处理程序的特点是先将所有记账凭证汇总编制成科目汇总表，然后以科目汇总表为依据登记总分类账。

（二）优缺点

科目汇总表账务处理程序的优点是减轻了登记总分类账的工作量，易于理解，方便学习，并可做到试算平衡；缺点是科目汇总表不能反映各个账户之间的对应关系，不利于对账目进行检查。

（三）适用范围

该账务处理程序适用于经济业务较多的单位。

> **温馨提示**
>
> **科目汇总表与科目余额汇总表相同吗？**
>
> 科目汇总表亦称"记账凭证汇总表"，是定期对全部记账凭证进行汇总，按各个会计科目列示其借方发生额和贷方发生额的一种汇总凭证。依据借贷记账法的基本原理，科目汇总表中各个会计科目的借方发生额合计与贷方发生额合计应该相等，因此，科目汇总表具有试

算平衡的作用。科目汇总表是科目汇总表核算形式下总分类账登记的依据。

科目余额汇总表亦称"总账余额汇总表",是按照总账科目余额编制的。科目余额汇总表的编制遵循下列公式:

资产类科目:期末借方余额=期初借方余额+本期借方发生额-本期贷方发生额

负债及所有者权益类科目:

期末贷方余额=期初贷方余额+本期贷方发生额-本期借方发生额

由此可见,两者不同,但有联系。

四、科目汇总表账务处理程序的应用

【例7-3】资料见本模块任务2。

(1) 按时间顺序填制记账凭证,如表7-3所示。

(2) 根据收款凭证、付款凭证登记库存现金日记账、银行存款日记账。以银行存款日记账为例,如表7-4所示。

(3) 登记明细分类账。以原材料——A材料明细账为例,如表7-5所示。

(4) 根据记账凭证,编制科目汇总表,如表7-15所示。

表7-15 科目汇总表

编号: 2023年8月1日至2023年8月31日 单位:元

会计科目	账目页数	本期发生额 借方	本期发生额 贷方	记账凭证起讫号数
库存现金		10 500	10 300	
银行存款		22 600	24 160	
原材料		12 000	6 500	
生产成本		16 988	16 988	
库存商品		16 988	18 000	
材料采购		12 000	12 000	
其他应收款			1 500	
制造费用		1 368	1 368	银行收款凭证1
销售费用		300	300	银行付款凭证1-3
财务费用		600	600	现金收款凭证1
管理费用		1 912	1 912	现金付款凭证1-2
主营业务成本		18 000	18 000	转账凭证1-9
主营业务收入		20 000	20 000	
应交税费		1 560	2 600	
应付职工薪酬		10 000	11 400	
本年利润		20 812	20 000	
合计		165 628	165 628	

(5) 根据科目汇总表登记总分类账,以银行存款和库存商品为例,如表7-16、表7-17所示。

表 7-16　银行存款（总账）　　　　　　　　　单位：元

2023年		凭证号数	摘要	借方	贷方	借或贷	余额
月	日						
8	1		期初余额			借	36 000
	31	科汇	1-31日汇总表过入	22 600	24 160	借	34 440
8	31		本月合计	22 600	24 160	借	34 440

表 7-17　库存商品（总账）

2023年		凭证号数	摘要	借方	贷方	借或贷	余额
月	日						
8	1		期初余额			借	7 000
	31	科汇	1-31日汇总表过入	16 988	18 000	借	5 988
8	31		本月合计	16 988	18 000	借	5 988

（6）按对账要求，将总分类账与现金日记账、银行存款日记账及明细账相核对。

（7）根据总分类账和明细分类账编制会计报表。（略）

知识链接 7-2

电算化账务组织程序

会计电算化是指将电子计算机技术和信息技术应用到会计业务处理工作中的简称。企业开展会计电算化前应做好各项基础工作。

一、会计软件初始化

在会计电算化系统中，初始化工作包括设置系统参数、设置科目、建立各种账簿文件、定义各种辅助核算、定义报表以及录入各种余额数据或者是发生额数据等。初始化工作只能进行一次，并将在很大程度上影响其后的核算工作。不论是从手工核算过渡到电算化处理还是更换会计电算化软件，都需要做初始化的工作。在会计软件开始投入使用前，主要应做好以下几个方面的准备工作：

（1）建立会计科目体系并确定编码。

（2）规范各类凭证、账簿、报表的格式和内容，使其更符合会计电算化的工作特点，满足会计软件处理的需要。

（3）规范有关会计核算方法和各种凭证、账簿、报表的生成、传递和处理程序。

（4）重新核对账目，整理手工会计数据等。

相关准备工作做好后，即可进行会计软件的初始化。会计软件的初始化是确定会计软件的核算方法与输入基础数据的过程，即在会计软件应用前，应根据本单位的业务性质、规模以及管理要求等因素，选择核算方法，输入基础数据。

二、人机并行

人机并行是指人工与计算机同时进行会计处理的过程，是在会计软件使用的最初阶段。人机并行的时间一般最好安排在年初、年末、季初、季末等特殊的会计时期。人机并行的前期以人工为主要核算方式，以计算机为辅助核算方式，后期以计算机为主。

人机并行时如果计算机与手工核算结果不一致，要由专门人员查明原因并向本单位领导书面报告。

人机并行时要进行如下的准备工作：

（1）检验各种核算方法。

（2）检查会计科目体系的正确性和完整性。

（3）考查操作熟练程度。

（4）纠正会计软件程序错误或业务处理错误。会计软件存在错误时必须暂停此会计软件的试运行，通知设计人员进行修改。

（5）安排好实施进度，及时进行总结检查。同时多向专家及有关单位咨询，尽量少走弯路。

一体化训练

模块 8

开展财产清查

知识框架

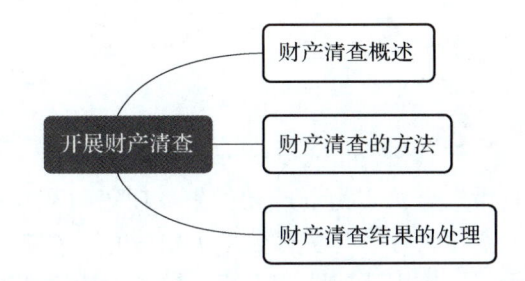

开展财产清查
- 财产清查概述
- 财产清查的方法
- 财产清查结果的处理

学习目标

知识目标

1. 了解财产清查的意义与种类
2. 了解财产清查的一般程序
3. 掌握货币资金、实物资产和往来款项的清查方法
4. 掌握银行存款余额调节表的编制
5. 掌握财产清查结果的账务处理

能力目标

1. 能够对各种财产物资开展清查工作
2. 能够熟练正确地编制银行存款余额调节表
3. 能够正确对财产清查的结果进行账务处理

素养目标

1. 通过学习财产清查，养成定期自查的习惯
2. 通过学习财产盘点，具备实事求是、客观公正、严谨认真的职业态度
3. 通过学习财产清查的处理，树立法纪意识和责任担当的职业态度

导入案例

审计人员在检查 A 公司财务账时，在该公司现金支出日记账中发现一笔 650 元的支出，摘要为"支付拆除××机器劳务费"，但在现金收入和银行存款日记账中却都没有发现相应

的机器清理收入，审计人员怀疑该公司可能将报废固定资产的清理收入转入了小金库。因此进一步检查了固定资产明细账，发现同月份的一张凭证的摘要为"报废××机器一台"，显示"累计折旧"借方为 150 000，"营业外支出"借方为 50 000，"固定资产——××机器"贷方为 200 000。

审计人员分析，报废一台重要机器，肯定会有清理收入，为了不打草惊蛇，审计人员询问了该机器的保管人员，保管员承认该机器已运往 B 公司。经到 B 公司核实，B 公司以 60 000 元现金从 A 公司购入××机器，并有 A 公司开出的外购的三联式收据为证。根据这个线索，审计人员顺藤摸瓜，发现了 A 公司以报废固定资产为名，将出售旧机器的收入转入了小金库，在财务处理上，不通过有关科目处理，企图浑水摸鱼。据此，A 公司的小金库得以曝光。

试析：企业资产的报废应完善哪些手续？会计上如何处理？

（资料来源：中国国家审计网）

任务 1　财产清查概述

一、财产清查的概念与意义

财产清查是指通过对货币资金、实物资产和往来款项等财产物资进行盘点或核对，确定其实存数，查明账存数与实存数是否相符的一种专门方法。

实际工作中，往往由于以下原因造成账实不符，导致会计信息失真：

（1）由于管理不善或工作人员失职造成财产物资的损坏、霉变、偷窃、贪污、徇私舞弊；

（2）因工作人员责任心不强在凭证和账簿中出现的错记、漏记、重记、多记、少记等情况；

（3）财产物资在保管过程中发生的自然损耗或损溢；

（4）由于自然灾害和意外事故造成了财产物资损失等；

（5）由于结算凭证传递不及时而造成未达账项。

以上原因使得单位各项财产物资的账存数与实存数发生差异，尽管有的是主观的，有的是客观的，有的是可避免的，有的是不可避免的。

为了掌握各项财产物资的真实情况，保证会计资料的准确可靠，企业应当建立健全财产物资清查制度，加强管理，以保证财产物资核算的真实性和完整性。财产清查的意义主要是：

（1）保证账实相符，提高会计资料的准确性；

（2）切实保障各项财产物资的安全完整；

（3）加速资金周转，提高资金使用效益；

（4）保证财经法纪的贯彻执行。

二、财产清查的种类

（一）按照清查的范围分类

按清查的范围不同，可分为全面清查和局部清查。

1. 全面清查

全面清查是指对所有的财产进行全面的盘点和核对。它涉及企业资产的全部，包括：货币资金及有价证券、存货、固定资产、投资和债权债务等。全面清查的范围广、工作量大、清查时间长、涉及人员多，因此不宜经常进行。为不影响正常生产经营活动，全面清查一般在下列情况下进行：

（1）为确保年终决算会计信息的真实和准确，在年终决算之前，需要进行全面清查；
（2）企业关、停、并、转或改变隶属关系时，需要进行全面清查；
（3）按国家规定进行清产核资时需要进行全面清查；
（4）企业主要负责人调离或离任时，需要进行全面清查。

2. 局部清查

局部清查是指根据需要只对部分财产进行盘点和核对。由于全面清查费时费力，难以经常进行，因而企业时常采用局部清查。局部清查的主要对象是库存现金、银行存款、材料、在产品、产成品等流动性较大的财产。一般情况下，对于库存现金，应由出纳员于每日业务终了时清点核对；对于银行存款应每月同银行核对一次；对原材料、在产品、产成品等存货除了年度清查外，应有计划地重点抽查；对于贵重的财产物资，应每月清查一次；对于债权债务，在一个会计年度内至少核对1~2次。

（二）按照清查的时间分类

按照清查的时间分类，可分为定期清查和不定期清查。

1. 定期清查

定期清查是指按照预先计划安排的时间对财产进行的盘点和核对。这种清查通常在年末、季末和月末结账时进行，可以进行全面清查，也可以进行局部清查。多数情况下，年末应进行全面清查，季末和月末进行局部清查。

2. 不定期清查

不定期清查是指事前不规定清查日期，而是根据特殊需要临时进行的盘点和核对。不定期清查可以是全面清查，也可以是局部清查，应根据实际需要来确定清查的对象和范围。一般在下列情况下进行：

（1）为明确经济责任，财产物资和现金保管人员更换时；
（2）为查明损失情况，发生自然灾害和意外损失时；
（3）监管部门对企业进行审计查账时；
（4）按规定进行临时清产核资时；
（5）会计主体或隶属关系发生变化时。

（三）按照清查的执行系统分类

按照清查的执行系统分类，分为内部清查和外部清查。

1. 内部清查

内部清查是指由本单位内部自行组织清查工作小组所进行的财产清查工作。大多数财产清查都是内部清查。

2. 外部清查

外部清查是指由上级主管部门、审计机关、司法部门、注册会计师根据国家有关规定或情况需要对本单位所进行的财产清查。一般来讲，进行外部清查时应有本单位相关人员参加。

三、财产清查的一般程序

财产清查既是会计核算的一种专门方法，又是财产物资管理的一项重要制度。企业必须有计划、有组织地进行财产清查。

为了使财产清查工作能够有组织、有步骤和有计划地顺利进行，最终达到预期的目标。一般应成立财产清查领导小组，具体负责清查工作。财产清查的一般程序如下：

（1）建立财产清查组织。成立财产清查领导小组。其主要工作职责是：制订财产清查计划，确定清查范围，安排清查工作程序，配备清查工作人员；检查清查工作进度，监督清查工作过程，解决清查工作中的问题；总结清查工作的经验教训，撰写清查工作总结，提出清查结果处理意见。

（2）组织清查人员学习有关政策规定，掌握有关法律、法规和相关业务知识，以提高财产清查工作的质量。

（3）确定清查对象、范围，明确清查任务。

（4）制定清查方案，具体安排清查内容、时间、步骤、方法，以及必要的清查前准备。

（5）清查时本着先清查数量、核对有关账簿记录等，后认定质量的原则进行。

（6）填制盘存清单。

（7）根据盘存清单，填制实物、往来账项清查结果报告表。

四、财产物资的盘存制度

财产清查的盘存制度，又称财产物资的盘存方法，是指通过对实物的盘查、核对，并以此确定财产物资的账存、实存情况的制度。财产清查的盘存制度有两种——永续盘存制和实地盘存制。

（一）永续盘存制

永续盘存制，又称"账面盘存制"，是指平时对各项财产物资的增加数和减少数，都必须根据会计凭证，在财产物资明细账中进行连续、全面的记录，并以此计算财产物资期末账面余额的一种方法。其计算公式是：

$$期末账面余额 = 期初账面余额 + 本期增加数 - 本期减少数$$

在这种方式下，财产物资的收发都有十分严格的手续，任何财产物资的变动都要进行相应的登记，并随时结出余额，便于掌握各种财产物资的收、发、存以及积压物资的情况，有利于加强管理，因而在实际工作中被广泛使用。但其不足之处是对财产物资的日常收、发都要记录并结算出余额，会计核算的工作量较大。

永续盘存制下账务处理如下：

【例8-1】某企业2023年7月库存甲材料有关资料如表8-1所示。

本期共购进甲材料80件，发出甲材料60件。

$$甲材料账存数量 = 30 + 80 - 60 = 50（件）$$

$$甲材料账存金额为 = 15\,000 + 40\,000 - 30\,000 = 25\,000（元）$$

其明细账记录如表8-2所示。

表8-1 库存甲材料资料

日期	摘要	数量/件	单价/元	金额/元
7月3日	期初结存	30	500	15 000
7月8日	购进	40	500	20 000
7月12日	发出	40	500	20 000
7月19日	购进	30	500	15 000
7月24日	发出	20	500	10 000
7月30日	购进	10	500	5 000

表8-2 甲材料明细账（永续盘存制）

材料名称：甲材料　　　　　　　　　　　　　　　　　　　　计量单位：件

2023年 月	日	凭证 字	凭证 号	摘要	单价/元	收入 数量	收入 金额/元	发出 数量	发出 金额/元	结存 数量	结存 金额/元
7	3			期初结存		30	15 000			30	15 000
7	8			购进		40	20 000			70	35 000
7	12			发出	500			40	20 000	30	15 000
7	19			购进		30	15 000			60	30 000
7	24			发出				20	10 000	40	20 000
7	30			购进		10	5 000			50	25 000

永续盘存制下，对存货的收、发都要记录，不仅有利于从数量和金额两个方面对存货进行控制，而且有利于保证存货的安全完整和正确地计算当期损益。但因财产物资的收、发都是以有关会计凭证为依据进行登记的，由于不可避免的人为或自然原因，均可能发生账实不符的情况。因此，采用永续盘存制，仍然需要对财产物资进行实地清查盘点，以确保账实相符。

若经盘点，甲材料实存数量为51件，则需要进一步查明甲材料盘盈的原因并调整账面记录。

（二）实地盘存制

实地盘存制是指平时对财产物资的收、发只登记增加数，不登记发出数，期末通过实地盘点来倒推计算发出数，并据以记账的一种方法。这种方法是根据期末结存数，来倒推本期减少数，所以又称为"以存计销制"，其计算公式是：

本期减少数 = 期初账面余额 + 本期增加数 - 期末实际结存数

【例8-2】 仍以上例，期末经实地盘点，甲材料实际库存数为51件。

本期发出甲材料的数量 = 30 + 80 - 51 = 59（件）

本期发出甲材料的金额 = 15 000 + 40 000 - 25 500 = 29 500（元）

根据上述计算，明细账记录如表8-3所示。

表8-3 甲材料明细账（实地盘存制）

材料名称：甲材料　　　　　　　　　　　　　　　　　　　　　计量单位：件

2023年		凭证		摘要	收入			发出			结存		
月	日	字	号		数量	单价/元	金额/元	数量	单价/元	金额/元	数量	单价/元	金额/元
7	3	略	略	期初结存							30	500	15 000
7	8			购进	40	500	20 000						
7	19			购进	30	500	15 000						
7	30			购进	10	500	5 000						
7	30			本月发出				59	500	29 500			
7	30			本月合计	80	500	40 000	59	500	29 500	51	500	25 500

在实地盘存制下，只对财产物资的增加数做记录，省去了财产物资减少数及每日结存数的逐笔记录，手续可以得到简化，核算工作也比较简单。但由于平时没有登记财产物资的发出数，在财产物资明细账中也就不能随时反映其增减变化以及结存情况，另外这种盘存方法是以期末盘存数倒推出本期的发出数（减少数），就有可能将损耗、浪费等减少的财产物资也记为本期发出的财产物资，从而不能准确掌握财产物资的短缺、毁损以及丢失情况，容易造成管理上的漏洞。

知识链接8-1

秦朝的财物盘点方法

早在秦代，就有对财物进行定期盘点和临时盘点的规定。《效律》讲，终岁要计算出余禾若干石，这便是年终盘点清查的规定。临时盘点主要是新旧官员交接时的实地盘点。《效律》中讲到新旧官员交接时"必以儋籍度之"，就是指按照儋籍上的结存数实地进行清查。

（资料来源：郭道扬. 中国会计史稿 [M]. 北京：中国财经出版社，1982）

任务2　财产清查的方法

一、货币资金的清查方法

（一）库存现金的清查

库存现金是企业流动性最强的财产，除出纳人员每天进行的自查外，出于管理上的需要，应经常对其进行定期和不定期的清查。清查主要是采用

库存现金的清查

"突然袭击式"的实地盘点方式进行。首先应确定库存的实存数,然后再与现金日记账的账面余额进行核对,以查明账实是否相符。

对库存现金进行清查时,为了明确责任,应由清查人员和出纳人员共同负责。清查过程中应注意有无违反现金管理规定的行为,如有无收据、白条抵充现金,不具有法律效力的借条,库存现金超过规定的数额等情况。盘点中,如发生盘盈或盘亏,应由盘点人员和出纳共同核实。盘点结束后,应根据盘点结果立即填写"库存现金盘点报告表",由检查人员和出纳共同签章认可,如表8-4所示。

表8-4 库存现金盘点报告表

单位名称: 　　　　　　　　　　　　　年　　月　　日　　　　　　　　　　　　单位:元

实存金额	账存金额	对比结果		备注
		盘盈	盘亏	

处理意见:

会计机构负责人:　　　　　　　　盘点人签章:　　　　　　　　出纳员签章:

知识链接8-2

盘点库存现金的技巧

盘点库存现金是验证被审计单位库存现金总账或库存现金日记账所反映的现金是否真实存在和计量是否准确的最有效、最常用的审计方法。其技巧如下:

(1) 库存现金盘点应在事先不通知被审计单位相关人员的情况下突击进行。避免由于被审计单位相关人员了解到审计人员将要实施库存现金盘点,而早有防备,致使现金盘点达不到预期效果。

(2) 实施盘点最佳时间应选择在营业前(上午上班前)或营业终了(下午下班后),这样既可避免打扰被审计单位正常的经营业务,又可防止被审计单位对盘点出的问题有这样或那样的解释,影响现金盘点预期效果。

(3) 组织安排库存现金的清点工作前,先要求出纳取出保险柜中混入的属于私人的现金,然后要求出纳将保险柜外所有单位公款全部放入保险柜,最后封存保险柜,避免由于单位钱和出纳个人钱混淆,影响最后盘点数的认定。

(4) 当现金存放在单位不同地点的保险柜时,应安排几个盘点小组同时对单位每一存放处的保险柜现金展开盘点,或将每一存放处保险柜先做封存,然后逐一盘点。避免被审计单位在现金实际盘点过程中,采取拆东墙补西墙的办法应付盘点,致使此次盘点失去原有的作用,达不到预期的审计目标。

(5) 审计人员应邀请被审计单位会计主管、会计、出纳等一同到盘点现场参与盘点及监督工作。盘点工作一般由被审计单位出纳在现场清点现金并做记录，审计人员不直接参与盘点，只是现场监督盘点。必要时审计人员可对盘点结果进行复查，避免审计人员单独或亲自盘点产生一些不必要的麻烦。

（6）库存现金清点工作结束后，由被审计单位出纳填制"库存现金盘点表"，由审计人员、被审计单位会计主管及出纳三方共同签字认证，增强审计证据的可靠性。避免由于"库存现金盘点表"未经被审计单位会计主管及出纳签字认证，而影响审计证据的可靠性和证明力。

（二）银行存款的清查

银行存款的清查是采用与开户银行核对账目的方法进行的，即将本单位银行存款日记账的账簿记录与开户银行转来的对账单逐笔进行核对，来查明银行存款的实有数额。银行存款的清查一般在月末进行。

1. 银行存款日记账与银行对账单不一致的原因

将截至清查日所有银行存款的收付业务都登记入账后，对发生的错账、漏账应及时查清更正，再与银行的对账单逐笔核对。如果二者余额相符，通常说明没有错误；如果二者余额不相符，则可能是企业或银行一方或双方记账过程有错误或者存在未达账项。

未达账项，是指企业和银行之间，由于记账时间不一致而发生的一方已经入账，而另一方尚未入账的事项。未达账项一般分为以下四种情况：

（1）企业已收款记账，银行未收款未记账的款项；

（2）企业已付款记账，银行未付款未记账的款项；

（3）银行已收款记账，企业未收款未记账的款项；

（4）银行已付款记账，企业未付款未记账的款项。

上述任何一种未达账项的存在，都会使企业银行存款日记账的余额与银行开出的对账单的余额不符。所以，在与银行对账时首先应查明是否存在未达账项，如果存在未达账项，就应该编制"银行存款余额调节表"，据以调节双方的账面余额，确定企业银行存款实有数。

2. 银行存款清查的步骤

银行存款的清查按以下四个步骤进行：

（1）将本单位银行存款日记账与银行对账单，以结算凭证的种类、号码和金额为依据，逐日逐笔核对。凡双方都有记录的，用铅笔在金额旁打上记号"√"。

（2）找出未达账项（即银行存款日记账和银行对账单中没有打"√"的款项）。

（3）将日记账和对账单的月末余额及找出的未达账项填入"银行存款余额调节表"，并计算出调整后的余额。

（4）将调整平衡的"银行存款余额调节表"，经主管会计签章后，呈报开户银行。

凡有几个银行户头以及开设有外币存款户头的单位，应分别按存款户头开设"银行存款日记账"。每月月底，应分别将各户头的"银行存款日记账"与各户头的"银行对账单"核对，并分别编制各户头的"银行存款余额调节表"。

银行存款余额调节表的编制，是以双方账面余额为基础，各自分别加上对方已收款入账而已方尚未入账的数额，减去对方已付款入账而已方尚未入账的数额。其计算公式如下：

企业银行存款日记账余额 + 银行已收企业未收款 – 银行已付企业未付款 =

银行对账单存款余额 + 企业已收银行未收款 – 企业已付银行未付款

若双方调整后的余额相等，一般表明双方记账正确，反之则说明某一方或双方记账有误。此种情况下，则应由某一方或双方按规定的错账更正方法予以更正。

3. 银行存款余额调节表的作用

（1）银行存款余额调节表是一种对账记录或对账工具，不能作为调整账面记录的依据，即不能根据银行存款余额调节表中的未达账项来调整银行存款账面记录，未达账项只有在收到有关凭证后才能进行有关的账务处理。

（2）调节后的余额如果相等，通常说明企业和银行的账面记录一般没有错误，该余额通常为企业可以动用的银行存款实有数。

（3）调节后的余额如果不相等，通常说明一方或双方记账有误，需进一步追查，查明原因后予以更正和处理。

下面举例说明未达账项的调整方法。

【例8-3】 某企业2023年11月30日银行存款日记账的账面余额为115 726元。银行对账单账面余额为91 234元。经逐笔核对，两者不相符是由下列未达账项造成的：

（1）29日企业开出转账支票5 435元购买材料，企业已入账，银行尚未入账。

（2）30日银行代企业划付银行借款利息13 200元，银行已记账，付款通知尚未送达企业。

（3）30日有一批产品销售款项18 600元，银行已记账，收账通知尚未送达企业。

（4）30日购货单位付给企业销货款14 000元，企业已记收讫，银行尚未入账。

（5）30日，银行接到付款通知，支付水电费21 327元，银行已记账，企业尚未入账。

要求：以单位、银行双方调节前的账面余额为基础进行调节并编制"银行存款余额调节表"，如表8-5所示。

表8-5 银行存款余额调节表   单位：元

项目	金额	项目	金额
企业账面余额存款	115 726	银行对账单余额	91 234
加：银行已收款，企业未收款	（3）18 600	加：企业已收款，银行未收款	（4）14 000
减：银行已付款，企业未付款	（2）13 200 （5）21 327	减：企业已付款，银行未付款	（1）5 435
调整后的余额	99 799	调整后的余额	99 799

主管会计： 出纳： 制表人：

温馨提示

"银行存款余额调节表"只是企业对账的工具，不是原始凭证。企业必须在收到银行的收、付款通知时，方可进行账务处理。

课堂实训8-1： 国信公司2023年11月30日银行存款日记账余额为299 700元，银行对账单上的余额为298 900元，经逐笔核对后，查明有以下几笔未达账项：

（1）公司于 11 月 30 日存入银行从其他单位收到的转账支票一张，计 24 000 元，银行尚未入账；

（2）公司委托银行代收外埠销货款 19 200 元，银行已收到入账，但公司尚未收到银行的收款通知，没有入账；

（3）公司于 11 月 30 日开出的转账支票 4 400 元，持票人尚未到银行办理转账，银行尚未入账；

（4）银行代付的电话费 2 000 元，公司尚未收到银行的付款通知，没有入账；

（5）银行收到 B 公司购货款 1 600 元，已记入公司存款户，但公司尚未入账。

要求：根据上述资料编制"银行存款余额调节表"。

二、实物资产的清查方法

实物资产主要包括固定资产、存货等。实物资产的清查就是对实物资产在数量和质量上所进行的清查。常用的清查方法主要有实地盘点法和技术推算法。

（一）实地盘点法

实地盘点法是指通过点数、过磅、量尺等方式，确定财产物资的实有数量。该方法适用范围较广且易于操作，大部分实物资产均可采用。

对实物资产进行盘点时，实物保管人员必须在场，并与清查人员一起参与盘点，以明确经济责任。盘点时，有关人员要认真核实，及时记录，对清查中发现的异常情况如腐烂、破损、过期失效等致使不能使用或销售的实物资产，应详细注明并提出处理意见。盘点结果应由有关人员如实填制"盘存单"，并由盘点人和实物保管人签字或盖章。"盘存单"的一般格式如表 8-6 所示。

表 8-6 盘存单

编号：

盘点时间：　　　　　　　　　　　财产类别：　　　　　　　　　　　存放地点：

编号	名称	规格	计量单位	数量	单价	金额	备注

盘点人：　　　　　　　　　　　　　　　　　　　　　　　　　　保管人：

该盘存单一般填制一式三份，一份由清点人员留存备查，一份交实物保管人员保存，一份交财会部门与账面记录相核对。

为了查明实存数与账存数是否一致，确定盘亏或盘盈情况，还要根据盘存单和有关账簿的记录，编制"实存账存对比表"，通过对比，揭示账面结存数与实际结存数之间的差异。该表既是用以调整账簿记录的重要原始凭证，又是分析产生差异的原因、明确经济责任的依据。"实存账存对比表"的一般格式如表 8-7 所示。

表8-7 实存账存对比表

单位名称：　　　　　　　　　　　年　月　日　　　　　　　　　　　编号：

编号	类别及名称	计量单位	单价	实存		账存		差异					备注
^	^	^	^	^	^	^	^	盘盈		盘亏		^
^	^	^	^	数量	金额	数量	金额	数量	金额	数量	金额	^

盘点人签章：　　　　　实物负责人签章：　　　　　复核：　　　　　制表人：

在实际工作中，为了简化编表工作，"实存账存对比表"通常只列账实不符的财产物资，对于账实完全相符的财产物资并不列入。由于该表主要是反映盘盈盘亏情况，因而也称"盘盈盘亏报告表"。

（二）技术推算法

技术推算法是指通过技术推算（如量方、计尺等）测定财产物资实有数量的方法。该方法适用于大堆存放、物体笨重、价值低廉、不便逐一盘点的实物资产。从本质上讲，它是实地盘点法的一种补充方法。

三、往来款项的清查方法

往来款项主要包括应收、应付款项和预收、预付款项等。往来款项的清查一般采用发函询证的方法进行核对，如表8-8所示。

表8-8 函证信

××公司：

本公司与贵单位的业务往来款项有下列各项，为了清对账目，特函请查证，是否相符，请在回执联中注明后盖章寄回。此致敬礼。

往来结算款项对账单

单位：_____　　　地址：_____　　　编号：_____

会计科目名称	截止日期	经济事项摘要	账面余额

××公司（公章）
年　月　日

单位应将清查日截止时的有关结算凭证全部登记入账，在确保本单位应收、应付款项余额正确的基础上，编制一式两联的对账单，送交对方单位进行核对。对方单位核对后，应将核对结果在对账单上注明，加盖公章后退回清查单位。若发现未达账项，亦可采用前述调节方法予以调整相符。对于清查过程中有争议或确实无法收回以及不需支付的款项，应及时采取措施加以处理，以便减少坏账损失，避免呆滞款项长期挂账。

按规定为个人垫付的各种款项，也应定期列示清单与本人核对，并督促其及时归还。

往来款项的清查结果，应编制"往来款项清查表"，如表8-9所示。

表8-9 往来款项清查表

年 月 日

总分类账户		明细分类账户		清查结果		核对不符单位及原因			近日到期的票据		
名称	余额	名称	余额	核对相符金额	核对不符金额	核对不符单位	未达账项金额	争议款项金额	无法收回	无法支付	应收票据	应付票据

清查人员签章： 　　　　　　　　　　　　　　　　　　　　　　　　往来会计签章：

知识链接8-3

审计中的函询法

在查账过程中，许多查账事项的最终查核要依赖被查单位以外的其他有关方面，如应收账款及应付账款是否真实，可能在被查单位的账面上是无懈可击的，但实际上根本就不存在，而是被查单位虚构债权债务借以达到某种目的。但实际情况到底怎样，需要债务单位及债权单位书面证明或由查账人员直接审查它们的账目，或亲自询问对方。然而，对凡是需要从被查单位以外的其他方面获得证明材料的查账事项，如果一一都由查账人员亲自到他方所在地核实取证，一般是难以办到的。因为，核实取证所需的人力、财力常常较大，一般难以承受。实际上，只要对方确定存在，且与被查单位不存在串通舞弊的可能，双方不存在极强的依赖关系，则由他方按照查账人员的要求回答的信函，其证据效用同查账人员亲临现场获取的证据材料的效用是相当的。因此，函询在查账过程中被经常采用，对证实某些问题极为有效。

任务3　财产清查结果的处理

一、财产清查结果的处理要求

对于财产清查中发现的问题，如财产物资的盘盈、盘亏、毁损或其他各种损失，应核实情况，调查分析产生的原因，按照国家有关法律法规的规定，进行相应的处理。

财产清查结果处理的具体要求有以下几个方面：

（1）分析产生差异的原因和性质，提出处理建议。财产清查后，要认真审查"实存账存对比表"和"现金盘存表"等凭证，如果账存数与实存数一致，且不存在毁损，则不需要进行账务处理；如果存在毁损或账存数与实存数有差异，则应认真核准数字，研究分析发生差异的性质和原因，明确经济责任，并依据有关政策、法令和制度提出处理意见，按照审批权限和程序，报经有关部门批准后，进行必要处理。

（2）积极处理多余积压财产，清理往来款项。财产清查的任务不仅是核对账实，而且要通过清查，揭露经营管理中存在的问题。如果发现企业多余积压的呆滞物资及长期不清或有争执的债权、债务，应当按规定程序报请批准后积极处理。积压的物资除在企业内部尽量利用外，应积极组织调拨或销售；债权、债务方面存在的问题，应指定专人负责，查明原因，限期清理。

（3）总结经验教训，建立和健全各项管理制度。为有利于发现工作中存在的问题，堵塞漏洞，保护财产物资的安全完整，更好地发挥财产清查的作用，在财产清查后，要针对清查中发现的各种问题，认真总结经验教训，改进工作措施，建立健全规章制度，加强岗位责任制。

（4）及时调整账簿记录，保证账实相符。财产清查的最终目的，是保证会计资料的真实和准确，做到账实相符。由于清查结果的处理，一般均应报经有关部门及领导批准，因此，在账务处理上要分两步进行。审批前，应根据"实存账存对比表"的数额，编制记账凭证，并据以登记账簿，主要是调整账簿记录，使各项财产物资的账面数和实存数相符，以保证会计记录能够及时反映实际情况。但对于应收而收不回的坏账损失，在批准前不做账目调整。审批后，应依据处理意见，登记相关账簿，统一完成财产清查的账务处理工作。

二、财产清查结果处理的步骤与方法

对于财产清查结果的处理可分为以下两种情况：

1. 审批之前的处理

根据"清查结果报告表""盘点报告表"等已经查实的数据资料，填制记账凭证，记入有关账簿，使账簿记录与实际盘存数相符，同时根据权限，将处理建议报股东大会或董事会，或经理（厂长）会议或类似机构批准。

2. 审批之后的处理

企业清查的各种财产的损溢，应于期末前查明原因，并根据企业的管理权限，经股东大会或董事会，或经理（厂长）会议或类似机构批准后，在期末结账前处理完毕。企业应严格按照有关部门对财产清查结果提出的处理意见进行账务处理，填制有关记账凭证，登记有关账簿，并追回由于责任者原因造成的财产损失。

企业清查的各种财产的损溢，如果在期末结账前尚未经批准，在对外提供财务报表时，先按上述规定进行处理，并在附注中做出说明；其后批准处理的金额与已处理金额不一致的，调整财务报表相关项目的年初数。

三、财产清查结果的账务处理

（一）设置"待处理财产损溢"账户

财产清查无非有三种结果：一是盘盈，即实存数大于账存数；二是盘亏，即实存数小于账存数；三是账实相符。如果实存数与账存数一致，但财产物资质量存在问题，不能按正常的财产物资进行使用的，称为毁损。

为了反映和监督企业在财产清查过程中查明的各种财产物资的盘盈、盘亏、毁损及其处理情况，应设置"待处理财产损溢"账户（但固定资产盘盈和毁损分别通过"以前年度损益调整""固定资产清理"账户核算）。该账户属于双重性质的资产类账户，下设"待处理流动资产损溢"和"待处理非流动资产损溢"两个明细分类账户进行明细分类核算。账户结构如图8-1所示。

借方	待处理财产损溢	贷方
清查发现的盘亏数； 经批准转销的盘盈数（固定资产盘盈除外）	清查发现的盘盈数（固定资产盘盈除外） 经批准转销的盘亏数	

图8-1 "待处理财产损溢"账户

该账户的借方登记财产物资的盘亏数、毁损数和批准转销的财产物资盘盈数，贷方登记财产物资的盘盈数和批准转销的财产物资盘亏及毁损数。企业清查的各种财产的盘盈、盘亏和毁损应在期末结账前处理完毕，所以"待处理财产损溢"账户在期末结账后没有余额。

知识链接8-4

以前年度损益调整账户

"以前年度损益调整"账户用来核算企业本年度发生的调整以前年度损益的事项以及本年度发现的重要前期差错更正涉及调整以前年度损益的事项。企业在资产负债表日至财务报告批准报出日之间发生的需要调整报告年度损益的事项，也可以通过本科目核算。由于本账户是损益类账户，借方登记调整减少以前年度利润或增加以前年度亏损，贷方登记调整增加以前年度利润或减少以前年度亏损。

企业调整增加以前年度利润或减少以前年度亏损，借记有关科目，贷记本科目；调整减少以前年度利润或增加以前年度亏损做相反的会计分录。因以前年度损益调整而增加的所得税费用，应借记本科目，贷记"应交税费——应交所得税"等科目；因以前年度损益调整而减少的所得税费用做相反的会计分录。经上述调整后，应将本科目的余额转入"利润分配——未分配利润"科目。本科目如为贷方余额，借记本科目，贷记"利润分配——未分配利润"科目；如为借方余额做相反的会计分录。本科目结转后应无余额。

（二）库存现金清查结果的账务处理

1. 库存现金盘盈的账务处理

库存现金盘盈时，应及时办理库存现金的入账手续，调整库存现金账簿记录，即按盘盈的金额借记"库存现金"科目,贷记"待处理财产损溢——待处理流动资产损溢"科目。

对于盘盈的库存现金,应及时查明原因,按管理权限报经批准后,按盘盈的金额借记"待处理财产损溢——待处理流动资产损溢"科目,按需要支付或退还他人的金额贷记"其他应付款"科目,按无法查明原因的金额贷记"营业外收入"科目。

2. 库存现金盘亏的账务处理

库存现金盘亏时,应及时办理盘亏的确认手续,调整库存现金账簿记录,即按盘亏的金额借记"待处理财产损溢——待处理流动资产损溢"科目,贷记"库存现金"科目。

对于盘亏的库存现金,应及时查明原因,按管理权限报经批准后,按可收回的保险赔偿和过失人赔偿的金额借记"其他应收款"科目,按管理不善等原因造成净损失的金额借记"管理费用"科目,按自然灾害等原因造成净损失的金额借记"营业外支出"科目,按原记入"待处理财产损溢——待处理流动资产损溢"科目借方的金额贷记本科目。

【例8-4】 企业在进行现金清查时,查出现金短缺500元,经查,应由责任人赔偿100元,应由保险公司赔偿200元,相关的账务处理为:

审批前:
借:待处理财产损溢——待处理流动资产损溢　　　500
　　贷:库存现金　　　　　　　　　　　　　　　　　　500

审批后:
借:其他应收款　　　　　　　　　　　　　　　　　300
　　管理费用　　　　　　　　　　　　　　　　　　200
　　贷:待处理财产损溢——待处理流动资产损溢　　　500

【例8-5】 企业在现金清查中发现盘盈现金120元,未查明原因,经批准作营业外收入处理。

审批前:
借:库存现金　　　　　　　　　　　　　　　　　　120
　　贷:待处理财产损溢——待处理流动资产损溢　　　120

审批后:
借:待处理财产损溢——待处理流动资产损溢　　　120
　　贷:营业外收入　　　　　　　　　　　　　　　　　120

知识链接 8-5

审查库存现金的"收获"

单位私设的"小金库"多数由财务人员掌管,少部分由工会、办公室、学会等内设机构人员掌管。检查人员在初步掌握单位财务管理部门和人员以及收入支出配比情况后,应在事先不通知有关人员的情况下,对单位财务、业务等场所财物保管人员的现金、存折和有价证券进行突击盘点。盘点后,检查人员应当根据财物经管人员现场提供的未入账票据等资料,对盘点日保管人的现金应存数进行调整。

当盘点调整后的账面现金应存余额与实际库存现金余额出现较大偏差时,通常应该是正常的货币资金与"小金库"资金混放造成的,因为单位出纳等现金保管人员一般不可能用自己的现金为单位垫付支出。从审计实践看,盘点误差基本都是"小金库"。而存放于保险柜的存折、存单，不管是单位户还是个人户，一般都是"小金库"。

（三）存货清查结果的账务处理

1. 存货盘盈的账务处理

存货盘盈时，应及时办理存货入账手续，调整存货账簿的实存数。盘盈的存货应按其重置成本作为入账价值借记"原材料""库存商品"等科目，贷记"待处理财产损溢——待处理流动资产损溢"科目。

对于盘盈的存货，应及时查明原因，按管理权限报经批准后，冲减管理费用，即按其入账价值，借记"待处理财产损溢——待处理流动资产损溢"科目，贷记"管理费用"科目。

2. 存货盘亏的账务处理

存货盘亏时，应按盘亏的金额借记"待处理财产损溢——待处理流动资产损溢"科目，贷记"原材料""库存商品"等科目。材料、产成品、商品采用计划成本（或售价）核算的，还应同时结转成本差异（或商品进销差价）。涉及增值税的，还应进行相应处理。

对于盘亏的存货，应及时查明原因，按管理权限报经批准后，按可收回的保险赔偿和过失人赔偿的金额借记"其他应收款"科目，按管理不善等原因造成净损失的金额借记"管理费用"科目，按自然灾害等原因造成净损失的金额借记"营业外支出"科目，按原记入"待处理财产损溢——待处理流动资产损溢"科目借方的金额贷记本科目。

【例 8-6】 某公司在财产清查中盘盈甲材料 100 千克，单价 500 元，经查明属于材料收发计量错误。该公司的会计处理如下：

审批前：
借：原材料　　　　　　　　　　　　　　　　　　　　　50 000
　　贷：待处理财产损溢——待处理流动资产损溢　　　　　　50 000

审批后：
借：待处理财产损溢——待处理流动资产损溢　　　　　　　50 000
　　贷：管理费用　　　　　　　　　　　　　　　　　　　50 000

【例 8-7】 企业盘亏材料 1 000 元，属于定额内损耗。其会计处理如下：

审批前：
借：待处理财产损溢——待处理流动资产损溢　　　　　　　1 000
　　贷：原材料　　　　　　　　　　　　　　　　　　　　1 000

审批后：
借：管理费用　　　　　　　　　　　　　　　　　　　　　1 000
　　贷：待处理财产损溢——待处理流动资产损溢　　　　　　1 000

【例 8-8】 企业在财产清查中盘亏材料 1 500 元。经查明原因，其中属于定额内损耗部分为 200 元，由于管理人员过失应赔偿 400 元，属于自然灾害造成的损失为 700 元。其余部分经批准计入管理费用。

报经批准前，根据"实存账存对比表"的记录，编制如下分录：

借：待处理财产损溢——待处理流动资产损溢　　　　　　　1 500
　　贷：原材料　　　　　　　　　　　　　　　　　　　　1 500

根据审批文件，编制如下分录：

借：其他应收款 400
　　营业外支出 700
　　管理费用 400
　　贷：待处理财产损溢——待处理流动资产损溢 1 500

(四) 固定资产清查结果的账务处理

1. 固定资产盘盈的账务处理

企业在财产清查过程中盘盈的固定资产，根据"固定资产盘点表"（见表 8-10），经查明确属企业所有，按管理权限报经批准后，应根据盘存凭证填制固定资产交接凭证，经有关人员签字后送交企业会计部门，填写固定资产卡片账，并作为前期差错处理，通过"以前年度损益调整"科目核算。盘盈的固定资产通常按其重置成本作为入账价值借记"固定资产"科目，贷记"以前年度损益调整"科目。涉及增值税、所得税和盈余公积的，还应按相关规定处理。

表 8-10 固定资产盘点表

固定资产类别		个别固定资产账面情况				存放地点	实物负责人	盘点结果					
		固定资产名称	数量	单价	金额	已折旧额			计量单位	数量	单价	金额	盘盈	盘亏	备注
生产用	在用													
	未用													
	不需用													
	季节性停用													
非生产用	在用													
	未用													
	不需用													

盘点小组签字： 　　　　　复核人： 　　　　　制表人：

【例8-9】 某企业在财产清查中，盘盈账外机器一台，估计重置价值为10 000元，已提折旧4 000元。账外固定资产经批准后转销。该公司企业所得税税率为25%，并按净利润的10%计提法定盈余公积。

审批前：
借：固定资产　　　　　　　　　　　　　　　10 000
　　贷：累计折旧　　　　　　　　　　　　　　4 000
　　　　以前年度损益调整　　　　　　　　　　6 000

审批后：
借：以前年度损益调整　　　　　　　　　　　　1 500
　　贷：应交税费——应交所得税　　　　　　　1 500（6 000×25%）

结转留存收益时：
借：以前年度损益调整　　　　　　　　　　　　4 500（6 000-1 500）
　　贷：盈余公积——法定盈余公积　　　　　　450（4 500×10%）
　　　　利润分配——未分配利润　　　　　　　4 050

2. 固定资产盘亏的账务处理

固定资产盘亏时，应及时办理固定资产注销手续，按盘亏固定资产的账面价值，借记"待处理财产损溢——待处理非流动资产损溢"科目，按已提折旧额，借记"累计折旧"科目，按其原价，贷记"固定资产"科目。涉及增值税和递延所得税的，还应按相关规定处理。

对于盘亏的固定资产，应及时查明原因，按管理权限报经批准后，按过失人及保险公司应赔偿额，借记"其他应收款"科目，按盘亏固定资产的原价扣除累计折旧和过失人及保险公司赔偿后的差额，借记"营业外支出"科目，按盘亏固定资产的账面价值，贷记"待处理财产损溢——待处理非流动资产损溢"科目。

【例8-10】 某企业在财产清查中盘亏设备一台，账面原值20 000元，已提折旧9 000元，经批准后转销。

审批前：
借：待处理财产损溢——待处理固定资产损溢　　11 000
　　累计折旧　　　　　　　　　　　　　　　　9 000
　　贷：固定资产　　　　　　　　　　　　　　20 000

审批后：
借：营业外支出——固定资产盘亏　　　　　　　11 000
　　贷：待处理财产损溢——待处理固定资产损益　11 000

（五）结算往来款项盘存的账务处理

在财产清查过程中发现的长期未结算的往来款项，应及时清查。对于经查明确实无法支付的应付款项可按规定程序报经批准后，转作营业外收入。

对于无法收回的应收款项则作为坏账损失冲减坏账准备。坏账是指企业无法收回或收回的可能性极小的应收款项。由于发生坏账而产生的损失，称为坏账损失。

企业通常应将符合下列条件之一的应收款项确认为坏账：①债务人死亡，以其遗产清偿后仍然无法收回；②债务人破产，以其破产财产清偿后仍然无法收回；③债务人较长时间内未履行其偿债义务,并有足够的证据表明无法收回或者收回的可能性极小。

企业对有确凿证据表明确实无法收回的应收款项,经批准后作为坏账损失。

对于已确认为坏账的应收款项,并不意味着企业放弃了追索权,一旦重新收回,应及时入账。

【例8-11】某公司在财产清查中,查明应收 A 单位货款 3 000 元,因该单位撤销,确实无法收回。经批准核销,做坏账处理。应做如下会计分录:

借:坏账准备　　　　　　　　　　　　　　　　3 000
　　贷:应收账款——A 单位　　　　　　　　　　　　3 000

【例8-12】某企业在财产清查中,查明应付 B 单位购货款 6 000 元,因该单位撤销,确实无法支付。经批准转作营业外收入处理。应做如下会计分录:

借:应付账款——A 单位　　　　　　　　　　　　6 000
　　贷:营业外收入　　　　　　　　　　　　　　　　6 000

知识链接 8-6

内部控制和内部控制制度

内部控制是指一个单位的各级管理层为了保护其经济资源的安全、完整,确保经济和会计信息的正确可靠,协调经济行为,控制经济活动,利用单位内部分工而产生的相互制约、相互联系的关系,形成一系列具有控制职能的方法、措施、程序,并予以规范化、系统化,使之成为一个严密的、较为完整的体系。

企业内部控制制度划分为内部管理控制制度与内部会计控制制度两大类。内部管理控制制度是指那些对会计业务、会计记录和会计报表的可靠性没有直接影响的内部控制。例如,企业单位的内部人事管理、技术管理等。内部会计控制制度是指那些对会计业务、会计记录和会计报表的可靠性有直接影响的内部控制。例如,由无权经管现金和签发支票的第三者每月编制银行存款调节表,就是一种内部会计控制,通过这种控制,可提高现金交易的会计业务、会计记录和会计报表的可靠性。

制定内部控制制度的基本目的在于:保证组织机构经济活动的正常运转,保护企业资产的安全、完整与有效运用,提高经济核算(包括会计核算、统计核算和业务核算)的正确性与可靠性,推动与考核企业单位各项方针、政策的贯彻执行,评价企业的经济效益,提高企业经营管理水平。内部控制贯穿于企业经营管理活动的各个方面,只要企业存在经济活动和经营管理,就需要加强内部控制,建立相应的内部控制制度。

一体化训练

模块 9

编制财务会计报告

知识框架

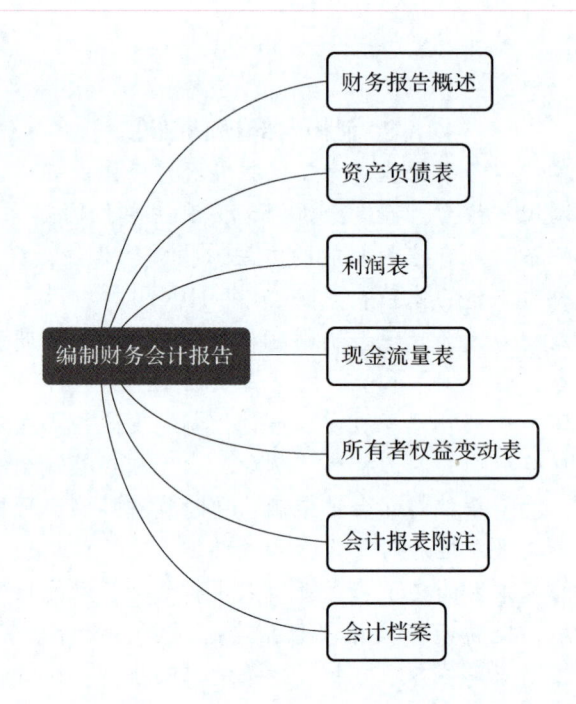

```
                        ┌─ 财务报告概述
                        │
                        ├─ 资产负债表
                        │
                        ├─ 利润表
                        │
      编制财务会计报告 ──┼─ 现金流量表
                        │
                        ├─ 所有者权益变动表
                        │
                        ├─ 会计报表附注
                        │
                        └─ 会计档案
```

学习目标

知识目标
1. 了解财务报表的概念与分类
2. 理解财务报表编制的基本要求
3. 掌握资产负债表的作用、列示要求与编制方法
4. 掌握利润表的作用、列示要求与编制方法
5. 了解现金流量表、所有者权益变动表和会计附注
6. 了解会计档案的归档、保管与销毁的一般程序

能力目标
1. 能够正确编制简单的资产负债表和利润表
2. 能够初步阅读财务报告

素养目标

1. 通过学习账务报告，养成诚信为本、坚持准则、提高技能的会计职业素养
2. 通过学习账务报告，具备"数智分析"素质

导入案例

2023年12月初，某企业总经理张鑫指示财务处李处长来总经理办公室，并与其"商量"：将本年度会计报告做得"漂亮"一些。李处长遵照张总经理意见，要求会计王晓对2023年度的财务报告进行"技术处理"，王晓虚拟了若干笔无交易的销售收入，从而使公司财务报表由亏变盈。

讨论：编制财务报告有无要求？公司总经理、财务负责人、会计人员各有什么责任？

任务1　财务报告概述

一、财务报表的概念与分类

（一）财务报表的概念

财务报表是对企业财务状况、经营成果和现金流量的结构性表述。

企业在日常的会计核算中，对所发生的各项交易或事项，及时按会计核算的要求，采用一定的会计方法进行确认和计量，并将确认和计量的结果进行记录，登记到有关账簿之中。然而，分散在许多账簿中的资料，不能总括反映企业经济活动的全貌，也不便于会计信息使用者了解企业的财务状况、经营成果和现金流量等有关的会计信息，反映企业管理层受托责任的履行情况，以帮助财务报告使用者做出经济决策。为此，需对分散在许多账簿中的会计信息资料进行汇总整理，形成一整套反映企业财务状况、经营成果和现金流量的指标体系，这就需要定期编制财务报告。

财务报告的核心内容是会计报表。财务报表至少应当包括下列组成部分：①资产负债表；②利润表；③现金流量表；④所有者权益变动表；⑤附注。

财务报表上述组成部分同等重要。

（二）财务报表的分类

1. 按编报期间不同分类

按财务报表编报期间不同，分为中期财务报表和年度财务报表。

按月编报的会计报表称为月度报表，按季编报的会计报表称为季度报表，按年编报的会计报表称为年度报表或决算报表。其中，月度报表和季度报表又称中期会计报表。中期报表是指短于一个完整会计年度的报表期间，它可以是一个月、一个季度或者半年，也可以是其他短于一个会计年度的期间。在我国，月度报表通常包括资产负债表和利润表。中期会计报表通常包括资产负债表、利润表和现金流量表。而年度报表除上述三张报表外，还包括所有者权益变动表（或股东权益变动表）。

2. 按编报主体不同分类

按财务报表编报主体不同，分为个别财务报表和合并财务报表。

个别财务报表是指在以母公司和子公司组成的具有控股关系的企业集团中，由母公司和子公司各自为主体分别单独编制的报表，用以分别反映母公司和子公司本身各自的财务状况和经营成果。

合并财务报表是以母公司和子公司组成的企业集团为一个会计主体，以母公司和子公司单独编制的个别会计报表为基础，由母公司编制的综合反映企业集团经营成果、财务状况及其资金变动情况的会计报表。

3. 按报表所反映的资金运动形态的不同分类

按报告所反映的资金运动形态的不同，分为静态报表和动态报表。

静态报表是指反映企业特定日期财务状况的报表，如资产负债表。该表体现的是在某一特定日期企业资金运动的结果，是对特定期末资产、权益的变动结果进行反映，它根据有关账户的期末余额编报。

动态报表是指反映企业一定时期的财务状况变动情况和经营成果的报表，如利润表、现金流量表和所有者权益变动表。这三张表体现的是一定时期内企业资金运动的状态，应根据有关账户的发生额和相关报表数字编报。

此外，按报表所反映的经济内容不同，分为反映财务状况及其变动情况的报表和反映企业经营成果的报表；按服务对象的不同，分为对外报表和内部报表；等等。

反映企业财务状况及其变动情况的报表又可以分为两种：一种是反映企业特定日期财务状况的报表，如资产负债表；另一种是反映企业一定时期财务状况变动情况的报表，如现金流量表和所有者权益变动表，反映企业一定期间经营成果的报表，如利润表。

二、财务报表编制的基本要求

（一）以持续经营为基础编制

企业应当以持续经营为基础，根据实际发生的交易和事项，按照《企业会计准则——基本准则》和其他各项会计准则的规定进行确认和计量，在此基础上编制财务报表。以持续经营为基础编制财务报表不再合理时，企业应当采用其他基础编制财务报表，并在附注中声明财务报表未以持续经营为基础编制的事实，披露未以持续经营为基础编制的原因和财务报表的编制基础。

（二）按正确的会计基础编制

除现金流量表按照收付实现制原则编制外，企业应当按照权责发生制原则编制财务报表。

（三）至少按年编制财务报表

企业至少应当按年编制财务报表。年度财务报表涵盖的期间短于一年的，应当披露年度财务报表的涵盖期间、短于一年的原因以及报表数据不具可比性的事实。

（四）项目列报遵守重要性原则

重要性，是指在合理预期下，财务报表某项目的省略或错报会影响使用者据此做出经济决策的，该项目具有重要性。

重要性应当根据企业所处的具体环境，从项目的性质和金额两方面予以判断，且对各项目重要性的判断标准一经确定，不得随意变更。判断项目性质的重要性，应当考虑该项目在性质上是否属于企业日常活动，是否显著影响企业的财务状况、经营成果和现金流量等因素；判断项目金额大小的重要性，应当考虑该项目金额占资产总额、负债总额、所有者权益总额、营业收入总额、营业成本总额、净利润、综合收益总额等直接相关项目金额的比重或所属报表单列项目金额的比重。

性质或功能不同的项目，应当在财务报表中单独列报，但不具有重要性的项目除外。

性质或功能类似的项目，其所属类别具有重要性的，应当按其类别在财务报表中单独列报。

某些项目的重要性程度不足以在资产负债表、利润表、现金流量表或所有者权益变动表中单独列示，但对附注却具有重要性，则应当在附注中单独披露。

《企业会计准则第 30 号——财务报表列报》规定在财务报表中单独列报的项目，应当单独列报。其他会计准则规定单独列报的项目，应当增加单独列报项目。

（五）保持各个会计期间财务报表项目列报的一致性

财务报表项目的列报应当在各个会计期间保持一致，除会计准则要求改变财务报表项目的列报或企业经营业务的性质发生重大变化后，变更财务报表项目的列报能够提供更可靠、更相关的会计信息外，不得随意变更。

（六）各项目之间的金额不得相互抵销

财务报表中的资产项目和负债项目的金额、收入项目和费用项目的金额、直接计入当期利润的利得项目和损失项目的金额不得相互抵销，但其他会计准则另有规定的除外。

一组类似交易形成的利得和损失应当以净额列示，但具有重要性的除外。

资产或负债项目按扣除备抵项目后的净额列示，不属于抵销。

非日常活动产生的利得和损失，以同一交易形成的收益扣减相关费用后的净额列示更能反映交易实质的，不属于抵销。

（七）至少应当提供所有列报项目上一个可比会计期间的比较数据

当期财务报表的列报，至少应当提供所有列报项目上一个可比会计期间的比较数据，以及与理解当期财务报表相关的说明，但其他会计准则另有规定的除外。

财务报表的列报项目发生变更的，应当至少对可比期间的数据按照当期的列报要求进行调整，并在附注中披露调整的原因和性质，以及调整的各项目金额。对可比数据进行调整不切实可行的，应当在附注中披露不能调整的原因。

（八）应当在财务报表的显著位置披露编报企业的名称等重要信息

企业应当在财务报表的显著位置（如表首）至少披露下列各项：

（1）编报企业的名称；
（2）资产负债表日或财务报表涵盖的会计期间；
（3）人民币金额单位；
（4）财务报表是合并财务报表的，应当予以标明。

三、财务报表编制前的准备工作

在编制财务报表前，应完成下列工作：
（1）严格审核会计账簿的记录和有关资料；
（2）进行全面财产清查、核实债务，并按规定程序报批，进行相应的会计处理；
（3）按规定的结账日进行结账，结出有关会计账簿的余额和发生额，并核对各会计账簿之间的余额；

(4) 检查相关的会计核算是否按照国家统一的会计制度的规定进行；

(5) 检查是否存在因会计差错、会计政策变更等原因需要调整前期或本期相关项目的情况等。

任务2　资产负债表

一、资产负债表的概念与作用

资产负债表是反映企业在某一特定日期的财务状况的财务报表。它根据资产、负债和所有者权益之间的相互关系，按照一定的分类标准和一定的顺序，将企业一定日期的资产各项目及各负债和所有者权益项目予以适当地排列，并对日常工作中形成的大量数据进行高度浓缩整理而成的。

资产负债表的作用主要有以下几方面：

(1) 可以提供某一日期资产的总额及其结构，表明企业拥有或控制的资源及其分布情况；

(2) 可以提供某一日期的负债总额及其结构，表明企业未来需要用多少资产或劳务清偿债务以及清偿时间；

(3) 可以反映所有者所拥有的权益，据以判断资本保值、增值的情况以及对负债的保障程度。

二、资产负债表的列示要求

(一) 资产负债表列报总体要求

1. 分类别列报

资产负债表应当按照资产、负债和所有者权益三大类别分类列报。

2. 资产和负债按流动性列报

资产和负债应当按照流动性分为流动资产和非流动资产、流动负债和非流动负债列示。

3. 列报相关的合计、总计项目

资产负债表中的资产类至少应当列示流动资产和非流动资产的合计项目；负债类至少应当列示流动负债、非流动负债以及负债的合计项目；所有者权益类应当列示所有者权益的合计项目。

资产负债表应当分别列示资产总计项目和负债与所有者权益之和的总计项目，并且这二者的金额应当相等。

(二) 资产的列报

资产负债表中的资产类至少应当单独列示反映下列信息的项目：①货币资金；②交易性金融资产；③应收票据及应收账款；④预付款项；⑤存货；⑥合同资产；⑦持有待售资产；⑧一年内到期的非流动资产；⑨债权投资；⑩长期应收款；⑪长期股权投资；⑫投资性房地产；⑬固定资产；⑭油气资产；⑮无形资产；⑯递延所得税资产。

(三) 负债的列报

资产负债表中的负债类至少应当单独列示反映下列信息的项目：①短期借款；②交易性

金融负债；③应付票据及应付账款；④预收款项；⑤合同负债；⑥应付职工薪酬；⑦应交税费；⑧持有待售负债；⑨一年内到期的非流动负债；⑩长期借款；⑪应付债券；⑫长期应付款；⑬预计负债；⑭递延所得税负债。

（四）所有者权益的列报

资产负债表中的所有者权益类至少应当单独列示反映下列信息的项目：①实收资本（或股本）；②资本公积；③盈余公积；④未分配利润。

三、我国企业资产负债表的一般格式

在我国，资产负债表采用账户式的格式，即左侧列示资产，右侧列示负债和所有者权益。

资产负债表由表头和表体两部分组成。表头部分应列明报表名称、编表单位名称、资产负债表日和人民币金额单位；表体部分反映资产、负债和所有者权益的内容。其中，表体部分是资产负债表的主体和核心，各项资产、负债和所有者权益按流动性排列，流动性强的资产如"货币资金""交易性金融资产"等排在前面，流动性弱的资产如"长期股权投资""固定资产"等排在后面。所有者权益项目按稳定性排列。

根据《财政部关于修订印发 2018 年度一般企业财务报表格式的通知》（财会〔2018〕15 号）的规定，企业要根据是否执行新金融准则与新收入准则来执行不同的报表格式。我国企业资产负债表的格式一般如表 9-1 所示。

表 9-1　资产负债表　　　　　　　会企 01 表

编制单位：　　　　　　　　年　月　日　　　　　　　　单位：元

资产	期末余额	年初余额	负债和所有者权益（或股东权益）	期末余额	年初余额
流动资产：		略	流动负债：		略
货币资金			短期借款		
交易性金融资产			交易性金融负债		
应收票据及应收账款			应付票据及应付账款		
预付款项			预收款项		
其他应收款			合同负债		
存货			应付职工薪酬		
合同资产			应交税费		
持有待售资产			其他应付款		
一年内到期的非流动资产			持有待售负债		
其他流动资产			一年内到期的非流动负债		
流动资产合计			其他流动负债		

续表

资产	期末余额	年初余额	负债和所有者权益（或股东权益）	期末余额	年初余额
非流动资产：			流动负债合计		
债权投资			非流动负债：		
其他债权投资			长期借款		
长期应收款			应付债券		
长期股权投资			长期应付款		
其他权益工具投资			预计负债		
其他非流动金融资产			递延收益		
投资性房地产			递延所得税负债		
固定资产			其他非流动负债		
在建工程			非流动负债合计		
生产性生物资产			负债合计		
油气资产			所有者权益（或股东权益）		
无形资产			实收资本（或股本）		
开发支出			其他权益工具		
商誉			其中：优先股		
长期待摊费用			永续债		
递延所得税资产			资本公积		
其他非流动资产			减：库存股		
非流动资产合计			其他综合收益		
			盈余公积		
			未分配利润		
			所有者权益（或股东权益）合计		
资产总计			负债和所有者权益（或股东权益）总计		

四、资产负债表编制的基本方法

（一）"年初余额"的填列方法

"年初余额"各项目金额，如本年度资产负债表规定的各个项目的名称和内容与上年度一致，可根据上年资产负债表的年末余额直接填列，如与上年度不一致，应按规定调整后填入"年初余额"栏内。

(二)"期末余额"的填列方法

(1) 直接根据总分类账户的期末余额填列。如资产项目的"在建工程""无形资产""递延所得税资产";负债项目的"短期借款""交易性金融负债""应付职工薪酬""应交税费"等,以及全部所有者权益项目。

(2) 根据明细分类账户的期末余额计算填列。有些项目不能直接根据某个总账和几个所属的明细账期末余额填列,而是要根据相关总账所属明细账的期末余额分析后计算填列。

如"应付票据及应付账款"项目,如果企业的应付账款与预付账款没有混用的情况下,应根据"应付票据"的期末余额加上"应付账款"的期末余额填列;如果企业的应付账款与预付账款混用的情况下,应根据"应付票据"的期末余额加上"应付账款"明细账的期末贷方余额再加上"预付账款"明细账的期末贷方余额填列。"应收票据及应收账款"项目,如果企业的应收账款与预收账款没有混用的情况下,应根据"应收票据"的期末余额加上"应收账款"的期末余额减去对应的"坏账准备"的期末余额填列;如果企业的应收账款与预收账款混用的情况下,应根据"应收票据"的期末余额加上"应收账款"明细账的期末借方余额再加上"预收账款"明细账的期末借方余额,再减去对应的"坏账准备"的期末余额填列。

(3) 根据几个总分类账户的期末余额合计数减去备抵科目余额后的净额填列。如"货币资金"项目,根据"库存现金""银行存款""其他货币资金"账户的期末余额的合计数填列;"存货"项目根据"在途物资""原材料""库存商品""周转材料""委托加工物资""委托代销商品""生产成本"等账户的期末余额的合计数,减去"代销商品款""存货跌价准备"科目期末余额后的金额填列。"其他应付款"项目,应根据"应付利息""应付股利"和"其他应付款"科目的期末余额合计数填列;"其他应收款"行项目,应根据"应付利息""应付股利"和"其他应付款"科目余额合计填列。

(4) 根据总分类账户和明细分类账户的期末余额分析计算填列。如"长期借款"项目需要根据"长期借款"总账科目扣除"长期借款"所属明细科目中将在一年内到期且企业不能自主地将清偿义务展期的长期借款后的金额计算填列;"其他非流动资产"项目,应根据有关科目期末余额减去将于一年内(含一年)收回数后的金额计算填列。

知识链接9-1

资产负债表中的应收、应付及预收、预付项目的填列

填列时,分清账户余额方向是关键,如不考虑备抵科目余额,则分别是:

"应收票据及应收账款"项目="应收票据"及
"应收账款"期末借方余额+"预收账款"期末借方余额
"预付款项"项目="应付票据"及
"应付账款"期末借方余额+"预付账款"期末借方余额
"应付票据及应付账款"项目="应付票据"及
"应付账款"期末贷方余额+"预付账款"期末贷方余额
"预收款项"项目="应收票据"及
"应收账款"期末贷方余额+"预收账款"期末贷方余额

知识链接 9-2

资产负债表中的应收、应付及预收、预付项目的填列口诀

两收合一收，借贷分开走。
两付合一付，各走各的路。

五、资产负债表编制举例

【例 9-1】嘉陵电子实业有限公司 2023 年度结账后，各相关科目的期末余额如表 9-2 所示。编制资产负债表如表 9-3 所示。

表 9-2 科目余额表　　　　　　　　　　　　　　　单位：元

会计科目	借方余额	贷方余额
库存现金	3 500	
银行存款	1 600 500	
交易性金融资产	20 000	
应收票据	6 000	
应收账款	28 000	
在途物资	325 000	
原材料	961 371	
库存商品	1 900 800.82	
预付账款	14 000	
长期股权投资	60 000	
固定资产	1 140 300.30	
累计折旧	(380 500)	
无形资产	28 800	
长期待摊费用	100 000	
短期借款		540 000
应付账款		14 000
预收账款		35 000
应付职工薪酬		164 780.70
应交税费		18 590.04
应付利息		7 000
应付股利		30 000.49
其他应付款		9 000
长期借款		700 000
应付债券		160 000
实收资本		2 500 200

续表

会计科目	借方余额	贷方余额
资本公积		1 500 000
盈余公积		90 700.65
利润分配		38 500.24
合计	5 807 772.12	5 807 772.12

表 9-3 资产负债表

会企01表

编制单位：嘉陵电子实业有限公司　　2023 年 12 月 31 日　　单位：元

资产	期末余额	年初余额	负债和所有者权益（或股东权益）	期末余额	年初余额
流动资产：		略	流动负债：		略
货币资金	1 604 000		短期借款	540 000	
交易性金融资产	20 000		交易性金融负债		
应收票据及应收账款	34 000		应付票据及应付账款	14 000	
预付款项	14 000		预收款项	35 000	
其他应收款			合同负债		
存货	3 187 171.82		应付职工薪酬	164 780.70	
合同资产			应交税费	18 590.04	
持有待售资产			其他应付款	46 000.49	
一年内到期的非流动资产			持有待售负债		
其他流动资产			一年内到期的非流动负债		
流动资产合计	4 859 171.82		其他流动负债		
非流动资产：			流动负债合计	818 371.23	
债权投资			非流动负债：		
其他债权投资			长期借款	700 000	
长期应收款			应付债券	160 000	
长期股权投资	60 000		长期应付款		
其他权益工具投资			预计负债		
其他非流动金融资产			递延收益		
投资性房地产			递延所得税负债		
固定资产	759 800.30		其他非流动负债		

续表

资产	期末余额	年初余额	负债和所有者权益（或股东权益）	期末余额	年初余额
在建工程			非流动负债合计	860 000	
生产性生物资产			负债合计	1 678 371.23	
油气资产			所有者权益（或股东权益）		
无形资产	28 800		实收资本（或股本）	2 500 200	
开发支出			其他权益工具		
商誉			其中：优先股		
长期待摊费用	100 000		永续债		
递延所得税资产			资本公积	1 500 000	
其他非流动资产			减：库存股		
非流动资产合计	948 600.30		其他综合收益		
			盈余公积	90 700.65	
			未分配利润	38 500.24	
			所有者权益（或股东权益）合计	4 129 400.89	
资产总计	5 807 772.12		负债和所有者权益（或股东权益）总计	5 807 772.12	

任务3　利润表

一、利润表的概念与作用

利润表是反映企业在一定会计期间的经营成果的财务报表。

利润表的作用主要有以下几个方面：

（1）反映一定会计期间收入的实现情况。通过编制利润表，将一定期间的收入与其同一会计期间相关的费用进行配比，以计算出企业一定时期的净利润（或净亏损）。

（2）反映一定会计期间的费用耗费情况。通过利润表反映的收入、费用等情况，能够反映企业的生产经营的收益和成本耗费情况，表明企业的生产经营成果。

（3）反映企业经济活动成果的实现情况，据以判断资本保值增值等情况。通过利润表提供的不同时期的比较数字（本月数、本年累计数、上年数），可以分析企业今后利润的发展趋势及获利能力，从而为做出经济决策提供依据。

编制利润表

二、利润表的列示要求

利润表列示的基本要求如下：

（1）企业在利润表中应当对费用按照功能分类，分为从事经营业务发生的成本、管理费用、销售费用和财务费用等。

（2）利润表至少应当单独列示反映下列信息的项目，但其他会计准则另有规定的除外：①营业收入；②营业成本；③税金及附加；④管理费用；⑤销售费用；⑥财务费用；⑦投资收益；⑧公允价值变动损益；⑨资产减值损失；⑩非流动资产处置损益；⑪所得税费用；⑫净利润；⑬其他综合收益各项目分别扣除所得税影响后的净额；⑭综合收益总额。金融企业可以根据其特殊性列示利润表项目。

（3）其他综合收益项目应当根据其他相关会计准则的规定分为以后会计期间不能重分类进损益的其他综合收益项目和以后会计期间在满足规定条件时将重分类进损益的其他综合收益项目两类列报。

（4）在合并利润表中，企业应当在净利润项目之下单独列示归属于母公司所有者的损益和归属于少数股东的损益，在综合收益总额项目之下单独列示归属于母公司所有者的综合收益总额和归属于少数股东的综合收益总额。

三、我国企业利润表的一般格式

（一）利润表的内容

利润表依据会计恒等式"收入－费用＝利润"设计而成。其主要反映以下几方面的内容：

1. 营业收入

以主营业务收入为基础，加上其他业务活动实现的收入，反映企业一定时期内经营活动的成绩。

2. 营业利润

以实现的收入、投资收益减去营业成本、税费和期间费用，反映企业一定时期内经营活动的结果。

3. 利润（或亏损）总额

在营业利润的基础上，加减营业外收支等后计算得出。反映企业一定时期内全部经济活动的最终结果。

4. 净利润（或亏损）

用利润总额减去所得税，反映企业实际拥有，可供企业自行支配的权益。

（二）利润表的格式

利润表通常包括表头和表体两部分。表头应列明报表名称、编表单位名称、财务报表涵盖的会计期间和人民币金额单位等内容；利润表的表体反映形成经营成果的各个项目和计算过程。

目前，利润表的结构主要有多步式和单步式两种。在我国，主要采用多步式格式。其具体包括五部分内容：营业收入，营业利润，利润总额，净利润，每股收益。

我国企业利润表的格式一般如表9-4所示。

表9-4 利润表　　　　　　　　　　　　　　　　　　　　　会企02表

编制单位：　　　　　　　　　　　年　月　　　　　　　　　　　　单位：元

项目	本期金额	上期金额
一、营业收入		
减：营业成本		
税金及附加		
销售费用		
管理费用		
研发费用		
财务费用		
其中：利息费用		
利息收入		
资产减值损失		
信用减值损失		
加：其他收益		
投资收益（损失以"-"填列）		
其中：对联营企业的投资收益		
公允价值变动损益（损失以"-"填列）		
资产处置收益（损失以"-"填列）		
二、营业利润（亏损以"-"填列）		
加：营业外收入		
减：营业外支出		
其中：非流动资产处置损失		
三、利润总额（亏损总额以"-"填列）		
减：所得税费用		
四、净利润（净亏损以"-"填列）		
五、其他综合收益的税后净额		
（一）不能重分类进损益的其他综合收益		
（二）将重分类进损益的其他综合收益		
六、综合收益总额		
七、每股收益		
（一）基本每股收益		
（二）稀释每股收益		

四、利润表的编制方法

(一)"本期金额"栏的填列方法

"本期金额"栏根据"主营业务收入""主营业务成本""税金及附加""销售费用""管理费用""财务费用""资产减值损失""公允价值变动损益""投资收益""营业外收入""营业外支出""所得税费用"等科目的发生额分析填列。其中,"营业利润""利润总额""净利润"等项目根据该表中相关项目计算填列。

(二)"上期金额"栏的填列方法

"上期金额"栏应根据上年该期利润表"本期金额"栏内所列数字填列。如果上年该期利润表规定的各个项目的名称和内容同本期不一致,应对上年该期利润表各项目的名称和数字按本期的规定进行调整,填入利润表"上期金额"栏内。

由于利润表是动态报表,反映企业在某一期间经营成果的构成,其日期的填写不同于资产负债表,应填具体的会计期间,如月份、季度或年度。在编制年终利润报表时,应将"本月数""本年累计数"分别改为"本年金额"和"上年金额"。

五、利润表编制举例

【例9-2】嘉陵电子实业有限公司2023年12月份有关损益类账户的发生额如表9-5所示。

表9-5 嘉陵电子实业有限公司2023年度损益类账户科目余额表　　　　单位:元

账户名称	借方发生额	贷方发生额
主营业务收入		12 000 000
其他业务收入		200 000
投资收益		500 000
营业外收入		10 000
主营业务成本	8 007 900.50	
税金及附加	133 600	
其他业务成本	90 000	
管理费用	1 087 400.90	
财务费用	350 000	
销售费用	289 000	
营业外支出	50 000	

要求:根据上述资料,编制嘉陵电子实业有限公司2023年度的利润表。

编制的嘉陵电子实业有限公司2023年度的利润表如表9-6所示。

表 9–6　利润表

会企02表

编制单位：嘉陵电子实业有限公司　　2023年12月　　单位：元

项目	本期金额	上期金额
一、营业收入	12 200 000	
减：营业成本	8 097 900.50	
税金及附加	133 600	
销售费用	289 000	
管理费用	1 087 400.90	
研发费用		
财务费用	350 000	
其中：利息费用		
利息收入		
资产减值损失		
信用减值损失		
加：其他收益		
投资收益（损失以"-"填列）	500 000	
其中：对联营企业的投资收益		
公允价值变动损益（损失以"-"填列）		
资产处置收益（损失以"-"填列）		
二、营业利润（亏损以"-"填列）	2 742 098.60	
加：营业外收入	10 000	
减：营业外支出	50 000	
其中：非流动资产处置损失		
三、利润总额（亏损总额以"-"填列）	2 702 098.60	
减：所得税费用	675 524.65	
四、净利润（净亏损以"-"填列）	2 026 573.95	
五、其他综合收益的税后净额		
六、综合收益总额		
七、每股收益		
（一）基本每股收益		
（二）稀释每股收益		

课堂实训 9-1： 科达公司 2023 年 12 月份各损益类账户的发生额资料（未结转利润前）如表 9-7 所示。假定该公司无纳税调整项目。

要求：根据所给资料，编制科达公司 2023 年 12 月份的利润表（见表 9-8）。

表 9-7　科达公司各损益账户发生额

2023 年 12 月　　　　　　　　　　　　　　　　　　　　　　　单位：元

账户名称	本月借方发生额	本月贷方发生额
主营业务收入		1 780 000
其他业务收入		10 000
投资收益	30 000	150 000
营业外收入		5 000
主营业务成本	1 075 000	
税金及附加	19 600	
其他业务成本	2 000	
管理费用	34 000	
财务费用	7 000	
销售费用	21 000	
营业外支出	10 000	

表 9-8　利润表　　　　　　　　　　　　会企 02 表

编制单位：科达公司　　　　2023 年 12 月　　　　　　　单位：元

项目	本期金额	上期金额
一、营业收入		
减：营业成本		
税金及附加		
销售费用		
管理费用		
研发费用		
财务费用		
其中：利息费用		
利息收入		
资产减值损失		
信用减值损失		
加：其他收益		
投资收益（损失以"-"填列）		

续表

项目	本期金额	上期金额
其中：对联营企业的投资收益		
公允价值变动损益（损失以"-"填列）		
资产处置收益（损失以"-"填列）		
二、营业利润（亏损以"-"填列）		
加：营业外收入		
减：营业外支出		
其中：非流动资产处置损失		
三、利润总额（亏损总额以"-"填列）		
减：所得税费用		
四、净利润（净亏损以"-"填列）		
五、其他综合收益的税后净额		
六、综合收益总额		
七、每股收益		
（一）基本每股收益		
（二）稀释每股收益		

任务4 现金流量表

一、现金流量表的概念及编制基础

（一）现金流量表的概念

现金流量表是指反映企业在一定会计期间现金和现金等价物流入和流出情况的报表。

现金流量是指一定会计期间内企业现金和现金等价物的流入和流出。企业从银行提取现金、用现金购买短期到期的国债等现金和现金等价物之间的转换不属于现金流量。

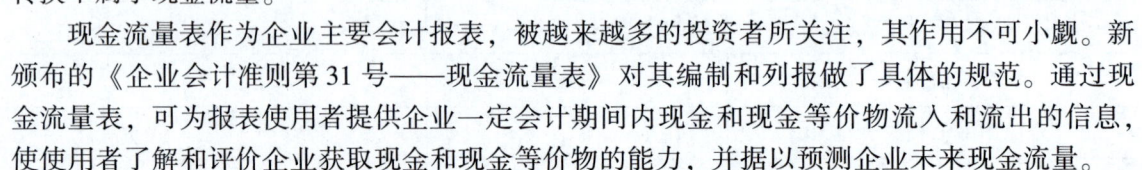

现金流量表作为企业主要会计报表，被越来越多的投资者所关注，其作用不可小觑。新颁布的《企业会计准则第31号——现金流量表》对其编制和列报做了具体的规范。通过现金流量表，可为报表使用者提供企业一定会计期间内现金和现金等价物流入和流出的信息，使使用者了解和评价企业获取现金和现金等价物的能力，并据以预测企业未来现金流量。

现金流量表和所有者权益表

（二）现金流量表的编制基础

现金流量表是以现金为基础编制的财务状况变动表。

现金是指企业库存现金以及随时用于支付的存款，包括"库存现金"账户核算的库存现金，以及企业"银行存款"账户核算的存入金融机构、随时可以用于支付的存款，也包括"其他货币资金"账户核算的外埠存款、银行汇票存款、银行本票存款和在途货币资金等其他货币资金等。

需要注意的是，银行存款和其他货币资金中不能随时用于支付的存款，不能作为现金，而应列作投资。

现金等价物是指企业持有的期限短、流动性强、易于转换为已知金额现金、价值变动风险很小的投资。期限短，一般指从购买日起三个月内到期。如企业持有的三个月内到期的债券投资。现金等价物虽然不是现金，但其支付能力与现金差别不大，因此可视为现金。企业应当根据具体情况，确定现金等价物的范围，一经确定，不得随意变更。

现金流量是指企业现金和现金等价物的流入和流出的数量，流入量和流出量的差额即为现金净流量。

二、现金流量表的内容与格式

（一）现金流量表的内容

现金流量分为经营活动产生的现金流量、投资活动产生的现金流量和筹资活动产生的现金流量三大类。

1. 经营活动产生的现金流量

经营活动是指企业投资活动和筹资活动以外的所有交易和事项。就工商企业来说，经营活动主要包括销售商品、提供劳务、经营性租赁、购买商品、接受劳务、广告宣传、推销产品、支付工资和交纳税款等流入和流出现金及现金等价物的活动与事项。各类企业由于行业特点不同，对经营活动的认定存在一定差异，在编制现金流量表时，应根据企业的实际情况，进行合理的归类。

2. 投资活动产生的现金流量

投资活动是指企业长期资产的构建和不包括在现金等价物范围内的投资及其处置活动。投资活动主要包括：取得和收回投资，购建和处置固定资产、无形资产和其他长期资产，处置子公司及其他营业单位等流入和流出现金及现金等价物的活动与事项。

3. 筹资活动产生的现金流量

筹资活动是指导致企业资本及债务规模和构成发生变化的活动。筹资活动一般包括吸收投资、发行股票、分配利润、发行债券、偿还债务等流入和流出现金及现金等价物的活动与事项。其中的债务，是指企业对外举债所借入的款项，如发行债券、向金融机构借入款项以及偿还债务等。

偿付应付账款、应付票据等商业应付款属于经营活动，不属于筹资活动。

（二）现金流量表的格式

在我国，现金流量表采用报告式结构。现金流量表有六项内容，前三项分类反映经营活动产生的现金流量、投资活动产生的现金流量和筹资活动产生的现金流量，分段揭示现金净流量。第四项是汇率变动对现金及现金等价物的影响；第五项是现金及现金等价物净增加额；第六项是期末现金及现金等价物余额。

现金流量表包括正表和附注两部分。具体格式内容如表9-9、表9-10所示。

表9-9　现金流量表　　　　　　　　会企03表

编制单位：　　　　　　　　　年　月　　　　　　　　　单位：元

项目	本期金额	上期金额
一、经营活动产生的现金流量		
销售商品、提供劳务收到的现金		
收到的税费返还		
收到的其他与经营活动有关的现金		
经营活动现金流入小计		
购买商品、接受劳务支付的现金		
支付给职工以及为职工支付的现金		
支付的各项税费		
支付其他与经营活动有关的现金		
经营活动现金流出小计		
经营活动产生的现金流量净额		
二、投资活动产生的现金流量		
收回投资收到的现金		
取得投资收益收到的现金		
处置固定资产、无形资产和其他长期资产收回的现金净额		
处置子公司及其他营业单位收到的现金净额		
收到的其他与投资活动有关的现金		
投资活动现金流入小计		
购建固定资产、无形资产和其他长期资产支付的现金		
投资支付的现金		
取得子公司及其他营业单位支付的现金净额		
支付其他与投资活动有关的现金		
投资活动现金流出小计		
投资活动产生的现金流量净额		
三、筹资活动产生的现金流量		
吸收投资收到的现金		
取得借款收到的现金		

续表

项目	本期金额	上期金额
收到其他与筹资活动有关的现金		
筹资活动现金流入小计		
偿还债务支付的现金		
分配股利、利润或偿付利息支付的现金		
支付其他与筹资活动有关的现金		
筹资活动现金流出小计		
筹资活动产生的现金流量净额		
四、汇率变动对现金及现金等价物的影响		
五、现金及现金等价物净增加额		
加：期初现金及现金等价物余额		
六、期末现金及现金等价物余额		

表9－10　现金流量表补充资料格式

年　月　　　　　　　　　　　　　　　　　　　　　单位：元

补充资料	本期金额	上期金额
1. 将净利润调节为经营活动现金流量		
净利润		
加：资产减值准备		
固定资产折旧、油气资产折耗、生产性生物资产折旧		
无形资产摊销		
长期待摊费用摊销		
处置固定资产、无形资产和其他长期资产的损失（收益以"－"填列）		
固定资产报废损失（收益以"－"填列）		
公允价值变动损失（收益以"－"填列）		
财务费用（收益以"－"填列）		
投资损失（收益以"－"填列）		
递延所得税资产减少（增加以"－"填列）		

续表

补充资料	本期金额	上期金额
递延所得税负债增加（减少以"－"填列）		
存货的减少（增加以"－"填列）		
经营性应收项目的减少（增加以"－"填列）		
经营性应付项目的增加（减少以"－"填列）		
其他		
经营活动产生的现金流量净额		
2. 不涉及现金收支的投资和筹资活动		
债务转为资本		
一年内到期的可转换公司债券		
融资租入固定资产		
3. 现金及现金等价物净变动情况		
现金的期末余额		
减：现金的期初余额		
加：现金等价物的期末余额		
减：现金等价物的期初余额		
现金及现金等价物的净增加额		

知识链接 9-3

会计之最

○中国有关会计事项记载的文字，最早出现于商朝的甲骨文。

○中国"会计"称号的命名、会计的职称均起源于西周。

○中国会计机构最早设立于西周，设司会之职主管会计，为计官之长。

○"会计"二字连用最初的基本含义是：既有日常的零星核算，又有岁终的总合核算。通过日积、月累到岁会的核算，达到正确考核王朝财政经济收支的目的。

○中国最早对会计进行论述与评价的著名人物是孔子，他曾主管仓库，提出"会计当而已矣"的名言。

○中国的记账方法，最早诞生于秦代，建立起以"入、出"为会计记录符号的定式简明会计记录方法。以"入－出＝余"作为结算的基本公式，即"三柱结算法"，也称为"入出（或收付）记账法"。

○中国的收付记账法最早传入外国，是在唐代贞观末年（649年）传入日本。

○中国最早的会计专著为唐朝的《元和国计簿》，由史官李吉甫撰写，元和二年（807年）十二月面世，共十卷。

○中国历史上最早的比较完备的会计著作为宋朝景德四年（1007年）由权三司使丁谓主编的《景德会计录》六卷，元祐三年（1088年）户部尚书李常及苏辙等人主编的《元祐会计录》三十卷。

○中国最早创办的会计刊物是在1915年创刊的、由上海银行主编的《中国银行会计通讯录》和由上海沪宁铁路局主编的《铁路会计统计年报》。

○中国第一所会计师事务所是1918年谢霖在北京创办的"正则会计师事务所"。

○中国最早记载珠算的著作是古算书《数术记遗》。

○欧洲最早的一部用阿拉伯数字记录的簿记是德国人约翰·戈狄里卜（Johdnd Gotllieb）所著。

○世界上第一本复式簿记著作是意大利的卢卡·帕乔利（Luca Pacioli）所著的《数学大全》，该书于1494年11月10日在意大利威尼斯出版。卢卡·帕乔利因此被誉为"近代会计之父""近代会计的奠基人"。

○在中国共产党的领导下，最早成立的会计学会是1945年5月在晋冀鲁豫边区诞生的，并出版了会计学术刊物。

○新中国第一部会计制度是1950年由重工业部、中央贸易部、中国人民银行、财政部等分别制定的。

○1964年我国首创并试点推行增减复式记账法。

○世界最大规模的会计大赛是1989年4月20日—1990年4月14日由中国会计学会等单位举办的全国首届会计知识大赛，发放试卷400万份，回收试卷260万份。

○中国的复式记账最早产生于明末清初（1600年左右）的"龙门账"，清代的"三脚账"（跛形账）、"四脚账"（天地合账）均为复式记账原理。

○中国第一位女会计师是张蕙生，她于1930年取得会计师执照。

○最早给予收付记账法以比较完善解释的是始于宋朝淳化五年（994年）的"四柱清册"，奠定了"中式会计"的基本原理。

○中国第一部介绍西式簿记的专著是清朝末年蔡锡勇、蔡璋父子的《连环账谱》，于光绪三十一年（1905年）冬在湖北出版。

○中国第一部会计法是北洋政府在1914年10月2日颁布的，共九章三十六条款。

○我国最早设置会计系的大学是复旦大学。1921年左右，复旦大学商学院开设会计系。

○中国最早发起组织会计师公会的是上海会计学界。上海中华民国会计师公会于1925年3月正式成立。最初，入会者仅三四十人。

○世界上第一所会计学校是1581年在意大利创立的威尼斯会计学院。这也是最早的会计师组织。

○最早规定会计师收费章程的是1742年意大利的米兰。

○1973年美、英、法等九国最早发起成立了国际会计标准委员会。

○中国最早采用西式簿记法记账的是大清银行，1908年聘日本人为顾问，但用的是现金收付分录法。

○ 中国最早确认会计师职业，始见于1918年9月7日的《会计师暂行章程》。
○ 中国第一位会计师是谢霖，1918年9月取得农商部颁发的第一号会计师证书。
○ 我国最早的公债是清朝光绪年间发行的"昭信票"。

（资料来源：《会计之友》，2009-01-06）

任务5　所有者权益变动表

一、所有者权益变动表的内容与格式

（一）所有者权益变动表的概念

所有者权益变动表是反映构成所有者权益各组成部分当期增减变动情况的报表。通过所有者权益变动表，可为报表使用者提供以下信息：

（1）所有者权益总量的增减变动；
（2）所有者权益增减变动的重要结构性信息；
（3）直接计入所有者权益的利得和损失。

（二）所有者权益变动表的内容

新准则颁布后，所有者权益变动表将成为与资产负债表、利润表和现金流量表并列披露的第四张财务报表。在所有者权益变动表中，企业至少应当单独列示反映下列信息的项目：

（1）净利润；
（2）直接计入所有者权益的利得和损失项目及其总额；
（3）会计政策变更和差错更正的累积影响金额；
（4）所有者投入资本和向所有者分配利润等；
（5）提取的盈余公积；
（6）实收资本或股本、资本公积、盈余公积、未分配利润的期初和期末余额及其调节情况。其中"直接计入所有者权益的利得和损失"的项目为其他综合收益项目。

（三）所有者权益变动表的格式

1. 以矩阵的形式列报

为了清楚地表明构成所有者权益的各组成部分当期的增减变动情况，所有者权益变动表以矩阵的形式列示。一方面，列示导致所有者权益变动的交易或事项，即所有者权益变动的来源，对一定时期所有者权益变动情况进行全面反映；另一方面，按照所有者权益各组成部分（包括实收资本、资本公积、盈余公积、未分配利润和库存股）列示交易或事项对所有者权益各部分的影响。

2. 列示所有者权益变动表的比较信息

根据财务报表列报准则的规定，企业需要提供比较所有者权益变动表，因此，所有者权益变动表还就各项目再分为"本年金额"和"上年金额"两栏分别填列。

我国所有者权益变动表的具体格式如表9-11所示。

表 9－11 所有者权益（股东权益）变动表　　　　会企 04 表

编制单位：　　　　　　　　　　　　　　　　　　　　　　　　　　　单位：元

项　目	行次	本年金额						上年金额					
^	^	实收资本（或股本）	资本公积	减：库存股	盈余公积	未分配利润	所有者权益合计	实收资本（或股本）	资本公积	减：库存股	盈余公积	未分配利润	所有者权益合计
一、上年年末余额													
加：会计政策变更													
前期差错更正													
二、本年年初余额													
三、本年增减变动金额（减少以"－"号填列）													
（一）净利润													
（二）直接计入所有者权益的利得和损失													
1. 可供出售金融资产公允价值变动净额													
2. 权益法下被投资单位其他所有者权益变动的影响													
3. 与计入所有者权益项目相关的所得税影响													
4. 其他													
上述（一）和（二）小计													
（三）所有者投入资本和减少资本													
1. 所有者投入资本													
2. 股份支付计入所有者权益的金额													
3. 其他													
（四）利润分配													
1. 提取盈余公积													
2. 对所有者（或股东）的分配													
3. 其他													

续表

项目	行次	本年金额						上年金额					
		实收资本（或股本）	资本公积	减：库存股	盈余公积	未分配利润	所有者权益合计	实收资本（或股本）	资本公积	减：库存股	盈余公积	未分配利润	所有者权益合计
（五）所有者权益内部结转													
1. 资本公积转增资本（或股本）													
2. 盈余公积转增资本（或股本）													
3. 盈余公积弥补亏损													
4. 其他													
四、本年年末余额													

二、所有者权益变动表的填列方法

（一）所有者权益变动表项目的填列方法

所有者权益变动表各项目均需填列"本年金额"和"上年金额"两栏。

"上年金额"栏内各项数字，应根据上年度所有者权益变动表"本年金额"栏内所列数字填列。如果上年度所有者权益变动表规定的各个项目的名称和内容同本年度不相一致，应对上年度所有者权益变动表各项目的名称和数字按本年度的规定进行调整，填入所有者权益变动表"上年金额"栏内。

"本年金额"栏内各项数字一般应根据"实收资本（或股本）""资本公积""盈余公积""利润分配""库存股""以前年度损益调整"等科目的发生额分析填列。

企业的净利润及其分配情况作为所有者权益变动的组成部分，不需要单独设置利润分配表列示。

（二）所有者权益变动表主要项目说明

（1）"上年年末余额"项目，反映企业上年资产负债表中实收资本（或股本）、资本公积、盈余公积、未分配利润的年末余额。

（2）"会计政策变更"和"前期差错更正"项目，分别反映企业采用追溯调整法处理的会计政策变更的累积影响金额和采用追溯重述法处理的会计差错更正的累积影响金额。

为了体现会计政策变更和前期差错更正的影响，企业应当在上期期末所有者权益余额的基础上进行调整，得出本期期初所有者权益，根据"盈余公积""利润分配""以前年度损益调整"等科目的发生额分析填列。

（3）"本年增减变动额"项目分别反映如下内容：

①"净利润"项目，反映企业当年实现的净利润（或净亏损）金额，并对应列在"未分配利润"栏。

②"直接计入所有者权益的利得和损失"项目，反映企业当年直接计入所有者权益的

利得和损失金额。

③"净利润"和"直接计入所有者权益的利得和损失"小计项目，反映企业当年实现的净利润（或净亏损）金额和当年直接计入所有者权益的利得和损失金额的合计额。

④"所有者投入资本和减少资本"项目，反映企业当年所有者投入的资本和减少的资本。

⑤"利润分配"项目，反映当年对所有者（或股东）分配的利润（或股利）金额和按照规定提取的盈余公积金额，并对应列在"未分配利润"和"盈余公积"栏。

⑥"所有者权益内部结转"项目，反映企业构成所有者权益的组成部分之间的增减变动情况。

任务6　会计报表附注

一、会计报表附注的意义

会计报表附注是会计报表的重要组成部分，是对在资产负债表、利润表、现金流量表和所有者权益变动表等报表中列示项目的文字描述或明细资料，以及对未能在这些报表中列示项目的补充说明和详细解释。

编制会计报表附注的意义：一是拓展了企业财务信息的内容，为使用者提供了更多的决策所需的信息，使之更好地理解会计报表的内容；二是突破了揭示项目必须用数字加以计量的局限性；三是充分满足了企业财务报告对使用者经济决策的信息要求，增进了会计信息的可理解性；四是提高了会计信息的可比性，比如，通过揭示会计政策的变更原因及事后的影响，可以使不同行业或同一行业不同企业的会计信息的差异更具可比性，从而便于进行对比分析。

二、会计报表附注的内容

附注是财务报表的重要组成部分。应按照以下顺序披露其内容：

（1）企业的基本情况。

①企业注册地、组织形式和总部地址。

②企业的业务性质和主要经营活动。

③母公司以及集团最终母公司的名称。

④财务报告的批准报出者和财务报告批准报出日。

（2）财务报表编制基础。

财务报表的编制基础是在持续经营还是非持续经营基础之上。

（3）遵循企业会计准则的声明。

（4）重要会计政策、会计估计。

企业应当披露采用的重要会计政策和会计估计，不重要的会计政策和会计估计可以不披露。在披露时，企业应当披露重要会计政策的确定依据和财务报表项目的计量依据，以及会计估计中所采用的关键假设和不确定因素。

（5）会计政策和会计估计变更以及差错更正的说明。

（6）报表重要项目的说明。

企业对报表重要项目的说明，应当按照资产负债表、利润表、现金流量表、所有者权益变动表及其项目列示的顺序，采用文字加数字描述相结合的方式进行披露。报表重要项目的明细金额合计，应当与报表项目金额相衔接。

（7）其他需要说明的重要事项。

重要事项主要包括或有事项、资产负债表日后非调整事项、关联方关系及其交易等。

知识链接9-4

会计报表的装订

会计报表编制完成及时报送后，留存的报表按月装订成册，谨防丢失。小企业可按季装订成册。

第一，会计报表装订前要按编报目录核对是否齐全，整理报表页数，上边和左边对齐压平，防止折角，如有损坏部位，修补后完整无缺地装订。

第二，会计报表装订顺序为：会计报表封面、会计报表编制说明、各种会计报表按会计报表的编号顺序排列、会计报表的封底。

第三，按保管期限编制卷号。

任务7 会计档案

一、会计档案管理概述

（一）会计档案的概念

会计档案是指会计凭证、会计账簿和会计报表以及其他会计资料等会计核算的专业材料，它是记录和反映经济业务的重要历史资料和证据。

（二）会计档案的内容

会计档案的内容一般指会计凭证、会计账簿、会计报表以及其他会计核算资料等四个部分。

（1）会计凭证。会计凭证是记录经济业务、明确经济责任的书面证明。它包括自制原始凭证、外来原始凭证、原始凭证汇总表、记账凭证（收款凭证、付款凭证、转账凭证三种）、记账凭证汇总表、银行存款（借款）对账单、银行存款余额调节表等。

（2）会计账簿。会计账簿是由一定格式、相互联结的账页组成，以会计凭证为依据，全面、连续、系统地记录各项经济业务的簿籍。它包括按会计科目设置的总分类账、各类明细分类账、现金日记账、银行存款日记账以及辅助登记备查簿等。

（3）会计报表。会计报表是反映企业会计财务状况和经营成果的总结性书面文件，主要有月、季度会计报表及年度会计报表，包括资产负债表、损益表、财务情况说明书等。

（4）其他会计核算资料。其他会计核算资料属于经济业务范畴，与会计核算、会计监督紧密相关的，由会计部门负责办理的有关数据资料。如经济合同、财务数据统计资料、财务清查汇总资料、核定资金定额的数据资料、会计档案移交清册、会计档案保管清册、会计档案销毁清册等。实行会计电算化单位存储在磁性介质上的会计数据、程序文件及其他会计核算资料均应视同会计档案一并管理。

（三）会计档案的归档

根据《会计档案管理办法》规定，单位当年形成的会计档案，在会计年度终了后，可暂由单位会计机构保管一年。期满之后，应由会计机构编制移交清册，移交本单位的档案机构统一保管；未设立档案机构的，应当在会计机构内部指定专人保管。但出纳人员不得兼管会计档案。

单位会计机构向单位档案部门移交会计档案的程序如下：

（1）编制移交清册，填写交接清单；

（2）在账簿使用日期栏填写移交日期；

（3）交接人员按移交清册和交接清单所列项目核查无误后签章。

移交本单位档案机构保管的会计档案，原则上应当保持原卷册的封装，一般不得拆封，个别需要拆封重新整理的，档案机构应当会同会计机构和经办人员共同拆封整理，以分清责任。

二、会计档案的保管

1. 会计档案的保管要求

会计档案是重要的历史资料，必须妥善保管。电算化会计档案的保管还要注意采取防盗、防磁措施。会计档案的保管要求如下：

（1）会计档案室应选择在干燥防水的地方，并远离易燃品堆放地，周围应备有适应的防火器材；

（2）采用透明塑料膜做防尘罩、防尘布，遮盖所有档案架和堵塞鼠洞；

（3）会计档案室内应经常用消毒药剂喷洒，经常保持清洁卫生，以防虫蛀；

（4）会计档案室保持通风透光，并有适当的空间、通道和查阅地方，以利查阅，并防止潮湿；

（5）设置归档登记簿、档案目录登记簿、档案借阅登记簿，严防毁坏损失、散失和泄密；

（6）会计电算化档案保管要注意防盗、防磁等安全措施。

2. 会计档案的保管期限

会计档案的保管期限可分为永久和定期两类。定期保管限分为10年和30年两类（修订后的《会计档案管理办法》已于2015年12月11日公布，2016年1月1日正式施行，规定会计凭证及会计账簿等主要会计档案的最低保管期限延长至30年，其他辅助会计资料最低保管期限延长至10年）。会计档案保管期限，从会计年度终了后的第一天算起。各类会计档案的具体保管期限按照《会计档案管理办法》的规定执行。企业和其他组织会计档案保管期限如表9-12所示。

表9-12 企业和其他组织会计档案保管期限

序号	档案名称	保管期限	备注
一	会计凭证类		
1	原始凭证	30年	

续表

序号	档案名称	保管期限	备注
2	记账凭证	30 年	
3	汇总凭证	30 年	
二	会计账簿类		
4	总账	30 年	
5	明细账	30 年	
6	日记账	30 年	
7	固定资产卡片		固定资产报废清理后保管 5 年
8	辅助账簿	30 年	
三	财务报告类		包括各级主管部门汇总财务报告
9	月、季度财务报告	10 年	包括文字分析
10	年度财务报告（决算）	永久	包括文字分析
四	其他类		
11	会计移交清册	30 年	
12	会计档案保管清册	永久	
13	会计档案销毁清册	永久	
14	银行余额调节表	10 年	
15	银行对账单	10 年	
16	纳税申报表	10 年	

三、会计档案的销毁

1. 会计档案的销毁程序和办法

单位会计档案保管期满需要销毁的，可以按照以下程序和办法进行：

（1）本单位档案机构会同会计机构共同鉴定，严格审查，提出销毁意见，编制会计档案销毁清册，列明销毁会计档案的名称、卷号、册数、起止年度和档案编号、应保管期限、销毁时间等内容。

（2）单位负责人在会计档案销毁清册上签署意见。

（3）单位销毁会计档案时，单位档案机构和会计机构应共同派员监销；国家机关销毁会计档案时，应当由同级财政部门和审计部门派员参加监销；财政部门销毁会计档案时，应当由同级审计部门派员参加监销。

（4）监销人在会计档案销毁前，应当按照会计档案销毁清册所列内容清点核对所要销毁的会计档案；会计档案销毁后，监销人和经办人员应当在会计档案销毁清册上签名盖章，注明"已销毁"字样和销毁日期，同时将监销情况写出书面报告一式两份，一份报告本单位负责人，另一份归入档案备查。

2. 保管期满不得销毁的会计档案

对于保管期满但未结清的债券债务原始凭证和涉及其他未了事项的原始凭证，不得销毁，应单独抽出立卷，由档案部分保管到未了事项完结时为止。单独抽出立卷的会计档案应当在会计档案销毁清册和会计档案保管清册中列明。

正在建设项目期间的建设单位，其保管期满的会计档案也不得销毁。

会计档案的销毁是一项严肃的工作，各单位必须严格按照《会计法》和《会计档案管理办法》的规定进行。故意销毁依法应当保存的会计凭证、会计账簿、财务会计报告的行为，以及授意、指使、强令会计机构、会计人员及其他人员故意销毁依法应当保存的会计凭证、会计账簿、财务会计报告的行为，都是违法行为，如果构成犯罪的，要依法追究刑事责任；尚不构成犯罪的，也要承担行政责任，违法单位和责任人员会受到相应的行政处罚和行政处分。

知识链接 9-5

会计工作交接

1. 会计人员在办理会计工作交接前，必须做好以下准备工作

（1）已经受理的经济业务尚未填制会计凭证的应当填制完毕。

（2）尚未登记的账目应当登记完毕，结出余额，并在最后一笔余额后加盖经办人印章。

（3）整理好应该移交的各项资料，对未了事项和遗留问题要写出书面说明材料。

（4）编制移交清册，列明应该移交的会计凭证、会计账簿、财务会计报告、公章、现金、有价证券、支票簿、发票、文件、其他会计资料和物品等内容；实行会计电算化的单位，从事该项工作的移交人员应在移交清册上列明会计软件及密码、会计软件数据盘、磁盘等内容。

（5）会计机构负责人（会计主管人员）移交时，应将财务会计工作、重大财务收支问题和会计人员的情况等向接替人员介绍清楚。

2. 移交点收要求

（1）库存现金要根据会计账簿记录余额进行当面点交，不得短缺，接替人员发现不一致或"白条抵库"现象时，移交人员在规定期限内负责查清处理。

（2）有价证券的数量要与会计账簿记录一致，有价证券面额与发行价不一致时，按照会计账簿余额交接。

（3）会计凭证、会计账簿、财务会计报告和其他会计资料必须完整无缺，不得遗漏。如有短缺，必须查清原因，并在移交清册中加以说明，由移交人负责。

（4）银行存款账户余额要与银行对账单核对相符，如有未达账项，应编制银行存款余额调节表调节相符；各种财产物资和债权债务的明细账户余额，要与总账有关账户的余额核对相符；对重要实物要实地盘点，对余额较大的往来账户要与往来单位、个人核对。

（5）公章、收据、空白支票、发票、科目印章以及其他物品等必须交接清楚。

（6）实行会计电算化的单位，交接双方应在电子计算机上对有关数据进行实际操作，确认有关数字正确无误后，方可交接。

3. 专人负责监交

为了明确责任，会计人员办理工作交接时，必须有专人负责监交。移交清册应当经过监交人员审查和签名、盖章，作为交接双方明确责任的证件。

4. 交接后的有关事宜

（1）会计工作交接完毕后，交接双方和监交人在移交清册上签名或盖章，并应在移交清册上注明：单位名称，交接日期，交接双方和监交人的职务、姓名，移交清册页数以及需要说明的问题和意见等。

（2）接管人员应继续使用移交前的账簿，不得擅自另立账簿，以保证会计记录前后衔接，内容完整。

（3）移交清册一般应填制一式三份，交接双方各执一份，存档一份。

一体化训练

参考文献

[1] 中华人民共和国财政部.企业会计准则 2019[M].北京:经济科学出版社,2019.
[2] 中华人民共和国财政部.会计基础考试大纲(2014 修订)[EB/OL].(2014-04-04).
　　http://www.mof.gov.cn/gp/xxgkml/hjs/201404/P020140421323840971505.pdf.
[3] 徐勇,盛强.会计基础与实训[M].北京:清华大学出版社,2011.
[4] 程淮中.基础职业会计[M].4版.北京:高等教育出版社,2019.
[5] 孔德兰.会计职业素养读本[M].北京:中国人民大学出版社,2014.
[6] 潘上永.基础会计[M].北京:高等教育出版社,2018.
[7] 赵丽生.会计基础[M].3版.北京:高等教育出版社,2021.